続・アッ!と
おどろく
宇宙論

…この物理学は
冗談なの
だろうか?…

一休ス兵衛
Hitoyasumi Subeh

風詠社

はじめに

　前書「アッ！とおどろく宇宙論」の双子姉妹編としてこの本をお届けします。なぜ双子の姉妹なのかと言えば、もともと１つの本だったのを、編集により２つに分けたからです。

　前書では宇宙論や物理学はほとんど端折ってあり、応用論とくに文明論のところに重点を置きましたが、この本では宇宙論と物理学のところが中心になります。

　前書の第３章（SST モデルの応用展開、生命論と文明論）は、この物理学説のきわめてユニークな側面を物語っていました。しかしテーマがだんだん重たくなっていたので、最後の第４章（文明の分水嶺、生か死か？）はせめてエンタテインメントをと思って書いたのですが、本書ではこの２つの章は全面的に削除しました。その代わりと言っては何ですが、前書では割愛した「補遺」をぜんぶ掲載させていただきました。

　このようなことを自分から言うのはおかしいのですが、前書も本書もまともな思考を外れた「奇書」の類いであろうと思われます。本の中で著者のス兵衛は、これは物理学の本なのだ！と力説するのですが、力説すればするほど滑稽に感じられるかも知れません。

　それと言うのも、ふつうの物理学書とは似ても似つかない内容だし、物理学とは思えないような理屈の体系になっているからです。どなたでも「なんだこれは？」と言いたくなるはずです。じっさい、私自身が「オイオイ冗談だろ！」と思いつつ、しかし理屈がどこまでも途切れることなく続いていくのに辟易というか、驚嘆というか、概ね面白がってできたのがこの本です。

　がしかし、私も常識というものを少しはわきまえているつもりですので、前書ではあえて物理学は強調せず、これはファンタジーだと思ってもらえるよう努めました。本書でもそれは変わりませんが、著者のス兵衛は相変わらず申しております。この本はレッキとした物理学の本なのだ！と。

　そこで、前書の書きだしのところに戻ってみましょう。

"THE NEVER ENDING STORY"という映画をご覧になった方があると思います。母を亡くした主人公のバスチアン少年が、街の古書店で映画と同じ題名のズッシリ分厚い本に出会い、夢中になって数奇なファンタジーの世界に引きこまれていく物語でした。本がほしいと持ってきた少年に古書店の主人が言います。・・・これは危険な本だから気をつけなさい。

　数奇なファンタジーの世界に引きこまれて、現実に戻れなくなる「危険」がどれぐらいあるのかについてですが、前書より本書のほうがはるかに危ないと思います。

　常識豊かな大人にはさしたる危険はなく、少し骨がおれるかも知れませんが、物理学に興味のあるなしに関係なく面白く読めるはずです。しかし、バスチアン少年と同じような年齢の子どもたち、あるいは中学生や高校生には危険です。とくに大学受験生で物理を選択するような諸君には「厳禁」です。下手に引きこまれると滑る恐れがあるからです。大学進学が叶ったら大いに読んでいただきたい。

　第2章（SSTモデルは4つの力の概念を革新する）では、吹きだしセリフの入ったマンガ絵を沢山えがいてこの新規物理学説を解説してあります。本文など飛ばしてこれらのマンガ絵を眺めていただくだけで、学説のあらましはご理解いただけると思います。同時に、これは冗談だろう？とか、冗談じゃない！と思う人があるかも知れませんが、いずれ只のおふざけではないことも分かるでしょう。

　いろいろな目新しい「物理用語」が飛びだしますが、常識をわきまえた大人は、まずこれらの用語にひっかかって、本をほうり投げてしまうのです。「何のこと？」とか「そんなバカな！」とか、いろいろと考えてしまうからです。私なんかは、子供たちの大好きなゲームをやると、多彩なアイテムやキャラを理解しようとするだけで目が回ってしまうのと同じです。ところが子供たちは、何が飛びだしても「そうなんだ！」と、つまらない疑問などもたずに先に進んでしまえます。

　そうやって先に進んでしまうと、数奇なファンタジーの世界にドンドンと

引きこまれて困ったことになるわけです。もしかしたら、スマホとにらめっこして入りこめる世界より、もっとクセになるかも知れないのでご用心。

　以上、この本の危険性や取扱いについては説明しましたので、製造物責任を問われることはないと信じます。さて、この本は、現代物理学に対する以下でお話しするような疑問がモチーフとなって書きはじめたものです。

　・・・量子力学で描かれる世界像を一言でいえば、「存在の本質は波動」ということでしょう。物質が粒子のように形がはっきりした存在から成っているとみなせるのはきわめて特殊な条件下だけのことであり、ふだんの物質は存在確率の雲のようなものでできている。だから、質量をもった粒子という実体（変化しないもの）は存在しないのです。

　スマホやパソコン、自動車など機械類の制御システム、日々進化しつづけるAIなど、現代文明の様々な道具類やシステム類の中で、エレクトロニクスと呼ばれる工学分野のお世話になってないものはない・・・と言っても過言ではないでしょう。この工学分野の基礎を築いているのが量子力学です。
　「存在の本質は波動」という言葉や思想を量子力学が直接お喋りするわけではありませんが、その学問的成果などを、人間がどう理解し解釈したらよいのかという問題になると、どうしても「存在の本質は波動」と考えるしかなさそうだという結論になってしまうわけです。
　それにしても、物質は現実に存在する実体ではなく、私たちが「存在するかのように」思い込んでいるだけだとは・・・なんとも神秘的な魅力あふれる世界像だと言えましょう。私たち自身が、幽霊の仲間と一緒に暮らす幽霊のような存在。あるいは、世界はある種のバーチャルリアリティー。こんな言い方をしたら、専門家の皆さんには何か言いがかりのように聞こえるかも知れません。しかしながらこの神秘性には、私だけでなく大人も子供もワクワクするはずです。事実、現実というのはそのとおりだと言っている宗教家や思想家もあります。
　今日、「存在の本質は波動」ということが科学的真理であるのは疑いよう

ありません。しかし、科学的真理ということがあらゆる事柄の免罪符、あるいは、あらゆるところを通れる万能の通行手形というわけではありません。私は、現代物理学はあと１つだけ、次のように子供っぽく、もしかしたら哲学的であるかも知れない疑問に答えなければならないと思います。・・・存在の本質が波動だというのは「波動だらけの方程式[1]でできた眼鏡」で見るからじゃないの？ほんとうの世界が、眼鏡で見えたとおりかどうかは分からないじゃないか！　　　　　　　　　[1]「シュレーディンガー方程式」と言います。

「粒子だらけの方程式でできた眼鏡[2]」をもう１個拵えて、２つの眼鏡をもった「立体メガネ」で世界を見てみれば、ほんとうの世界がどうなっているか、もっとよく分かるようになるかも知れない。・・・ということで、万物を破れかぶれで徹底的に粒子とみなす物理学を「デッチあげる」ことになりました。

その結果どうなったかといいますと、滅茶苦茶な結果が予想されたのに、まったく想定外にうまく行ったので、本にして皆さまに紹介することになりました。　　[2]　結局、「粒子だらけの方程式でできた眼鏡」というのは、古典的で平易なニュートン力学の方程式だけで拵えられることが証明されました。

後半の補遺は、想定外にうまく行った物理学による論文ですが、残念ながら「エレガントな理論」に仕上げるまではできていません。しかし、出てくる数式はすべて高校で習う平易な初等数学のものだから、前書はじめに自慢しましたように、プロの物理学者が思わず天を仰いで絶句するような内容だと自負しています。

反面、神秘的な世界に胸おどらせていた皆さま方を、「なぁ～んだ！そういうことかい！」と、いたく失望させてしまうかも知れません。

この本が出版の運びにまで来られたのは、風詠社の大杉　剛社長のご尽力のおかげです。社長は原稿のオリジナリティーを認めて、私の我儘をよく聞いていただきました。風詠社様には心からの感謝をささげます。もちろん、この本をお買い上げいただいた読者の皆さまにいちばんの謝意と敬意をささげます。

目　　次

はじめに ………………………………………………………………………………… 3

§1　アッ！と驚く宇宙論、SST モデルとは ……………… 12

§1.1　　SST モデルの理論的基盤 ……………………………………… 13

§1.2　多宇宙の物理モデル、宇宙と宇宙の間隙を埋める「空間 0」……… 16

§1.3　宇宙を開き、支えつづける「コアスピンエンジン」…………………… 21

§1.4　粒子創生の原理「渦流メカニズム」………………………………… 28

§1.5　宇宙開闢の模様とその後を描いてみよう …………………………… 39

§1.6　宇宙のメンテナンス、「はたき独楽の原理」による

エネルギー伝達 ………… 48

§1.7　アッ！と驚く宇宙論・・・真打の師匠が総括します …………………… 51

§2　SST モデルは 4 つの力の概念を革新する ……………… 57

§2.1　SST モデルが生んだ万能の概念「実体的重力場」………………… 58

§2.2　実体的重力場の並進運動から生まれる慣性質量 ……………… 65

§2.3　実体的重力場の密度勾配から生まれる重力 ……………………… 72

§2.4　実体的重力場のスピン運動から生まれる強い力、

そして電磁力 …………… 78

§2.4.1　強い力と電磁力の SST モデル ……………………… 78

§2.4.2　電子力学序論 ……………………………………………… 86

§2.4.3　フレミングの法則に関する SST モデル …………… 89

§2.4.4　磁石の SST モデル …………………………………… 95

§2.4.5　超電導現象の SST モデル ……………………………… 97

§2.4.6　強い力と電磁力の SST モデル・・・まとめ ………… 103

§2.5　ニュートリノ系列とフォトン系列の相互作用から生まれる弱い力 …… 104

§2.5.1　ベータ崩壊の SST モデルから弱い力の SST モデルへ ………… 104

§2.5.2　意外な展開・・・強い力の仕上げ接着剤グルーオン …………… 107

§2.6　SSTモデルよもやま話 ··· 112

　§2.6.1　原子の創生を司る「内部空隙の逐次造成原理」 ·············· 112

　§2.6.2　公差8のわけ ··· 117

　§2.6.3　π中間子崩壊のSSTモデルから見えてくること ·············· 119

　§2.6.4　ベータ崩壊から真質量換算係数κが飛びだす ··················· 131

　§2.6.5　この物理学は冗談なのだろうか？ ······································· 134

補遺　SSTモデルの定量的検証 ·· 136

　【論文形式について】【研究成果の要約】 ··· 136

　【結論】 ··· 137

§A　SST標準モデルについて ··· 138

　§A.1　SST標準モデルの発端 ··· 138

　§A.2　ミクロ領域のSST標準モデル ··· 143

　§A.3　マクロ領域まで包含するSST標準モデル ······································· 148

　§A.4　原子の安定性指標、重力圏半径比率ιの発見 ······················· 150

　§A.5　重力圏半径比率ιと喪失質量$\varDelta \mathrm{m} / \eta$の相関について ············· 157

　§A.6　　SST標準モデルのまとめ ··· 161

§B　新しい原子モデル、それにもとづく電子のエネルギー計算 ········· 164

　§B.1　核軌道モデルの幾何学的表記、および動力学特性 ············· 164

　§B.2　電子軌道（2次慣性構造）の幾何モデル ······················· 170

　§B.3　電子軌道モデルの力学的製作に向けて

　　　　　　　　　　　　　　···超接近重力場の特性解明 ················· 173

　§B.4　原子モデルの動力学的製作 ··· 180

　§B.5　原子の複合核軌道モデルにおける電子のエネルギー計算 ··········· 190

§C　太陽系の SST モデル 214

§C.1　惑星の公転半径と公転速度に関する「発見」と
　　　　　　　　　　　SST モデルによる解釈 214

§C.2　太陽の原子核モデル 227

§C.3　惑星系モデル（太陽の 2 次慣性構造）製作の考え方 239

§C.4　惑星系モデルのパラメータ最適化とモデルの改良 246

§C.5　惑星系モデルの改良過程と最適化 253

§C.6　拡大する時空のモデルによる記述 255

§C.7　太陽系の SST モデル・・・おわりに 269

参考文献 271

装幀　2DAY

続・アッ！とおどろく宇宙論

・・・この物理学は冗談なのだろうか？・・・

§1 アッ！と驚く宇宙論、SST モデルとは

　前書「アッ！とおどろく宇宙論」では、肝心の物理学については大幅に圧縮してあったので、読者の中には少なからぬフラストレーションを覚えた方があったかも知れません。本書「続・アッ！とおどろく宇宙論」では、物理学のところを中心にして、他は大幅に削除してあります。その代わり前書の「幻の補遺 §A ～ C」は後半に完全に収録しました。前書のフラストレーションは解消するはずです。

　それではかえってフラストレーションが増えるという人もあるかも知れません。物理学を毛虫のように毛嫌いする人は仕方ありませんが、本書の副題、「この物理学は冗談なのだろうか？」にご注目ください。幻ではなくなった補遺 §A ～ C を除けば、数式は使わず、図や絵だけで十分に理解できる物理学になっています。しかも補遺で沢山でてくる数式はみな、中学校や高校で習う初等代数の数式ばかりです。こんな単純な数学で量子力学や相対性理論などの超難解数学理論をも記述しうるのが、プロの物理学者には冗談としか思えないことなのです。

　だから読者の皆さんは、すこしタチの悪い冗談でも聞き流すつもりでSST モデルが提供するファンタジーの世界をさ迷って下されば、いつの間にか、科学の最先端に横たわる物質や宇宙の謎をも解いてしまえる宇宙の賢者になっているはずです。

　という訳でございまして、著者のス兵衛がとある会場で講演するというスタイルは前書と同じです。講演の内容が奇想天外なものだから聴衆のヤジが飛びまくり、野次馬との漫才になってしまうのも相変わらずです。

　本章 §1 は、はじめは前書と重複しますが、あとは未発表の内容になっています。理論物理学のファンタジーを存分に展開してまいりますのでお楽しみください。

12

§1 アッ！と驚く宇宙論、SST モデルとは

§1.1　SST モデルの理論的基盤

　SST モデルは、スピン空間論（spinning space thery、略して SST）と名づけた宇宙論を、物理学的に検証できるように設計製作された宇宙の模型、つまりモデルである。このモデルの製作材料はプラスチックではなく、さまざまな仕掛けがしてある物理学概念でございます。

　まず、SST モデルの理論的基盤について説明します。すこし取っつきにくいと思いますが、モデルの根底にある基本思想などについてお話しするのは、最初の手続き、あるいはセレモニーとして必須の事柄ですから、いたし方ありません。

1.　SST モデルの基本思想

　通常の物理学思想では、物質という実体が存在し、物質の空間内での運動が現象であるとします。スピン空間論はこれに異を唱え、空間こそが存在する唯一の実体であり、物質はスピンする特異的空間領域（atomic spin、略して AS）が作り出す現象の 1 つにすぎないとします。これが SST モデルの基本思想となります。

　要するに物質（AS）の材料は「空間そのもの」だということです。物質（AS）が創生される原理は、空間そのものが強烈にかき混ぜられてできる「渦」が独立したものです。

2.　空間の幾何学的な形

　では、存在する唯一の実体である空間はどんなものかと言えば、幾何学的には 9 次元の空間となります。なぜ次元数を 9 つにしたのか？ひも理論[2]でまともな計算結果を得るには、空間次元の数は 8 以下でも 10 以上でもなく、9 つでなければならないことを知ったからです。ここで、ス兵衛のノーミソ

13

にはピーンと来た。三次元空間が３組あるんだ！というわけでございます。

　空間次元の座標軸は互いに直交していればいいので、空間次元の数が９つだったら、お互いどうし完全に直交し、お互い目にも止まらず余計なお邪魔も干渉もせず、仲良く共存して暮らせる三次元空間がちょうど３組できるじゃないか！

　私たちが暮らす現宇宙の三次元空間には、あと２組の三次元空間が重なって存在する。この両隣のお隣さんと現宇宙との距離はゼロだから、私たちには見えないんだけど私たちは四六時中見ている。経験していると認識できないけど四六時中経験しているはずだ。つまり私たちはこの３組の三次元空間で暮らしている！この３組には、「良い空間」、「悪い空間」、「普通の空間」と名前がついてるそうですよ。

　・・・空間は３次元ではなく時間軸を入れた４次元時空じゃなイカのウン玉！

　会場には、ワタツミ国竜王さまのお使い番、イカのウン玉くんがお見えです。そしてありがたいことに、鋭い突っ込みを入れてくれました。

　ひも理論の先生たちも空間次元の３つに時間次元を加えて考えるクセがついてるから、ひも理論は９次元ではなく10次元で組立てることになる。10は４では割り切れないので、残念ながらSSTモデルのようなスッキリした空間像は生まれようもなくなったじゃなイカのウン玉君！いっそ12次元で組立てたらよかったのにね。

　・・・じゃあ、時間はどうするんだ。もう時間がないなどと言って逃げようたって許さないぞ！ス兵衛の答えていわく、いやいやその通り！面白い神様[3]があってね、「時間というのはない。強いていうならパラパラまんがだね」と言ったそうだよ。

3．SSTモデルにおける時間の概念

　いま神様が言った「パラパラまんが」モデルで時間の問題を片付けましょう。

14

§1 アッ！と驚く宇宙論、SST モデルとは

先の章 §1.3 の「コアスピンエンジン」は、次章 §1.2 の「空間 0」からエネルギーを汲みあげて、3 組の三次元宇宙に順々にピュピュピュッ、ピュピュピュッ、・・・、・・・、と時間をおいてエネルギーを注入しているのである。

　なぜ時間をおくのかと言えば、1 組の三次元宇宙がエネルギーを受入れて、宇宙にくまなく配って、次のエネルギーを受入れる態勢になるには、ある程度時間が必要だからだ。流通業者の倉庫が満杯なのに、次の商品を仕入れる訳にはいかないのと同じことですよ。

　SST モデルにおける時間の最小単位は、ピュピュピュッ、という三拍子のビートが打たれる間の時間である。その単位時間量は、現在のビッグバン理論で、宇宙の温度がおよそ 1032K に下がる（！）のに要した時間、いわゆるプランク時間と呼ばれる 10^{-43} 秒、あるいは、その整数倍ぐらいではないかと予想される。

　私たちが見ている刻々と変化する宇宙の森羅万象というのは、1 枚がプランク時間程度の速度でめくられるパラパラまんがを見ているということでございます。

　パラパラまんがの 1 枚 1 枚では、何んと！時間は止まっている。森羅万象は、全く変化せず凍りついているということです。ピュピュピュッの間に1 枚ずつ描かれたパラパラまんがは、宇宙開闢から現在まで延々と積み重なって、さらにドンドン厚みを増しつつある。そのうち山崩れが起こるだろう。・・・とイメージするのは、パラパラまんがを 1 ページずつしか見ることができない、三次元空間の住人である私たちである。そのために 9 つの空間次元を用意したのだ。九次元空間の存在なら、パラパラまんが全体を見ることができ、それがどんどん厚みを増す様子を観察できるだろう。これと似たような問題は、補遺 §C.6 でも考えることに[※]なる。

　　※補遺における時間では「パラパラまんがモデル」ではなく、「三次元時間」という
　　　概念を導入することになる。三次元空間の 3 つの空間次元には、それぞれに付随
　　　する時間軸が伴う。したがって、時間についても空間と同じように「時間距離」
　　　だけではなく「時間面積」や「時間体積」というものが定義できる。しかし、3 つ

の時間軸は空間次元の x,y,z 軸と同じように互いに直交してはいるが、3つとも x,y,z 軸それぞれと平行する軸であり、x,y,z 軸いずれとも直交する独立した「次元」ではない。

「パラパラまんがモデル」であれ、「三次元時間」概念であれ、敬愛するアインシュタインの大発明、空間次元とは独立した「時間次元」概念に従うものでないことは確かである。

§1.2 多宇宙の物理モデル、宇宙と宇宙の間隙を埋める「空間0」

宇宙の創生工事は、準備の第0工程、コアスピンエンジン創生の第1工程、インフレーションによる AS 創生の第2工程、同じくインフレーションによる AS 構造の維持メンテナンスを行う第3工程の4つの工程で行われます。

第1工程と第2工程は時間的にはほんの一瞬で終わるので、ふつうはこれを宇宙創生と称します。しかし、第3工程の AS 構造の維持メンテナンスは、138億年経ったいま現在も延々と続けられている。これらの模様は、次章§1.3以下で詳しく語りましょう。

第0準備工程は、たったの138億年間ではなく、悠久の過去から未来永劫まで延々と続けられるものと推定されますが、本章 §1.2 のメインテーマなので、以下詳しくご案内いたします。

空間0を私たちの宇宙空間のスケールから見れば、空間0は、9つの空間次元がすべてプランクスケール（10^{-35}m）まで縮められた空間だと言うことができます。

こんな信じがたい空間0の概念はどうやって発明されたかの種明かしをすれば、3組の三次元宇宙と同様に、これもひも理論のパロディである。ただし「無限大とは閉じた円のことである」という禅問答の答えみたいな概念を1つ付け加えました。

宇宙が果てのない閉じた空間であるということは、アインシュタインが一

§1 アッ！と驚く宇宙論、SSTモデルとは

般相対性理論で明らかにしたことです。しかし「果てがない」という空間の属性は、宇宙にかぎらず、この地球の表面も、パチンコ玉の表面も同じです。

「どこまで進んでも果てがないということと、距離無限大とは等価である」とすれば、すべて辻褄が合うのです。私たちが無限大と認識している空間次元のx,y,z軸の端から端までの距離は、じつは両端が連続的につながっているため、どこまで進んでも果てがないだけのこと。つまり、閉じた円の端から端までの距離は無限大です。

・・・閉じた円でありさえすれば、宇宙であっても、ひも理論でプランクスケール程度とされる微小な「ひも」であっても、空間のサイズとは関係なく、空間次元の端から端までの距離は「無限大」なのである。

ひも理論では、9次元のうち、3つの次元が無限大に伸びたものが三次元空間であり、他の6つの次元はプランクスケールに縮小しているとされる。これに対し兵衛の皺のない麗しきノーミソでは、次元は伸び縮みなどしない。空間が占める容積の大小とは無関係に、空間次元のサイズはすべて無限大である。これから述べる空間0でも、微小なひもでも、空間次元の端から端までの距離である空間次元のサイズはすべて無限大なのだ。

さて空間0の物語の舞台装置を下の図に示しておこう。プランクスケール程度であった筈の空間0の中に、またしても現代宇宙論の「多宇宙モデル」のパロディが描かれる。

空間0の細かい粒々は無限小サイズの空間要素。つまりビッグクランチで消滅した宇宙である。

大小様々な無数の宇宙は、創生後の時間経過により、膨張しつつあったり縮小しつつあったりする。

宇宙の中心に描かれたの

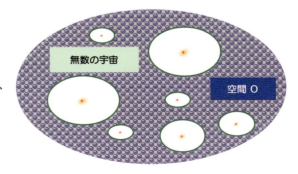

17

が、次章§1.3の主役「コアスピン core spin」と、それが作りだす「コアスピンエンジン」である。

　・・・宇宙からみて極小サイズの空間0があって、その空間0の中に極大サイズの宇宙が無数に存在しているなんて、いったい全体なんなのだろうか？

　前のページの図では説明しておかなければならない重要なポイントが2つあります。第1のポイントは、宇宙と空間0との境界面は、私たちの三次元宇宙のあらゆる座標位置に「浸みこんで存在※」していることである。
　だから界面を突きぬけて三次元宇宙に出現するのは図のコアスピンだけではない。宇宙開闢の後は、宇宙空間の方から界面をこじ開けてエネルギーをくみ出す連中がわんさかと現われます。
　　　※この界面モデルは、真打で師匠のわたくしが「9次元空間内の穴あきクライン曲面」のことだと、§1.7で解説しますよ。
　第2のポイントは、宇宙空間を「こじ開けた」と言うぐらいだから、宇宙空間はつねに、空間0から収縮圧を受けていることである。私たちの宇宙は、この収縮圧に抗して膨張を続けるほど元気なのだが、いずれコアスピンエンジンシステムが老朽化※すれば、収縮圧に負けて際限もなく収縮せざるを得なくなるだろう。宇宙はビッグクランチで空間0の空間要素1個分となって消滅することになるのである。
　　　※真打で師匠のわたくしは、§1.7で、絶妙の話芸を用いてエロティックな解説をいたしますよ。
　この収縮圧のことは補遺§B.3において「ニュートン収縮」という概念にもとづく数理モデルで一般化いたします。
　前ページの空間0の絵で、細かい粒々で描いたサイズ無限小の「空間要素」たちは、どのような運動を行い、どのようなドラマを繰りひろげるのでありましょうか？
　無限小サイズの空間要素たちは、無限に開いた空間0のなかを、ギュウギュウ詰めでだいぶ窮屈ではあるが、彼らなりに自由自在にスピンし運動しているのである。

§1　アッ！と驚く宇宙論、SSTモデルとは

しかし、空間0にはスピン軸の「上を下にしてはならぬ」という厳しい掟があり、空間要素は、すべて同一方角を向いた非対称スピン状態※にある。したがって、空間要素どうしには強い分離斥力※がはたらく。

※§1.3の2段めで説明する非対称流体力学の概念です。

だが、空間要素どうしは分離斥力の障壁を乗り越えて合体し、相応の大きなサイズをもった複合体を形成していく。この合体は空間要素がてんでバラバラに勝手に並進移動して衝突融合するような、行儀の悪い熱的確率過程で起こるのではなく、隣り合った空間要素どうし、あるいは複合体どうしが合体して上位サイズの複合体に成長する。

最初に合体した複合体の中では、右の図のように、2つの空間要素が仲良く抱きあってウインナーワルツを踊ります。

見物に押しよせる周囲の空間要素がもつスピン回転力が動力となり、ウインナーワルツ全体は踊り手のスピンとは逆方向に回転させられる。この逆回転の分だけ2つの空間要素のスピン速度が下がる。結果、分離斥力は緩和され、その上周囲から圧迫されるわけだ。空間要素どうしの距離は合体前より近くなり、密度は部分的に上がることになる。

この合体現象は相転移を起こして、空間0全体に波及するのだが、すべての空間要素が合体してしまうのではなく、合体で生じた1段階上位次元の複合体のまわりには、必ず、一定数の単独の空間要素が存在するという、きわめて秩序立った「礼節をわきまえた」合体が行われるのである。

お気づきのとおり、このウィンナーワルツは踊り手のスピン方向とは逆の方向にまわるワルツであり、この世のウィンナーワルツとは回転のしかたが逆になる。この世とちがって、空間0ではこれ以外に空間要素どうしの距離を縮める方法はないのである。

このようにして空間要素は合体して倍から倍と仲間の空間要素を増やし、サイズ次元的に上位の輪舞体を形成していく。しかし一貫して隣の輪舞体ど

19

うしが合体し、その間は、必ず単独の空間要素が占める。・・・空間０のきわめて秩序立った、静かなステージ空間の階層構造が形成されるのである。

　最初の２人が踊る正転ワルツ（左回りを正転と呼ぶことにする）の幾組もの群れは正転ワルツどうしの分離斥力により整然たる第２ステージを形成する。次は、４人の輪舞がつくる正転輪舞で成る第３ステージが形成される。もっと進めば§2.6.1で述べる原子核の複合核軌道のような複合輪舞体のステージも出現するだろう。そして、この過程はどこかで整然と止まり、空間０は、整然とダンスを踊る村人たちのマスゲーム風景となるはずであった。

　ところがである。何段階かめのステージでとんでもない事件がおこり、静かで穏やかだった空間０の田園風景は上を下への大騒ぎとなる。文字どおり上を下にする掟やぶりのならず者が現われたのである。

　そんな奴はこの広大な空間０といえども、せめて１個だけだったことを切に祈りたいところだ。多数現われたら、私たちの愛してやまないこの宇宙は他にもどっさりと存在する多宇宙モデルが出現するからである。しかし17ページの絵を見ると、切なる祈りは通じなくて、多宇宙モデルの勝利で終わったようですな。

　ならず者は、あろうことか「上を下にしてはならぬ」という空間０の厳しい掟を破って逆立ちし、ほかの村人たちの正転ダンス体とは反対にスピンする反転ダンスをはじめてしまったのだ。

　そして、秩序正しく正転群舞や輪舞やワルツを踊っている村人たちを、見境もなく、接近引力※で自分のダンス体内部にとりこんで、際限もなく合体し太りはじめたのである。

　　　　　　　　　　※これも§1.3の２段めで説明する非対称流体力学の概念です。

　この乱暴狼藉はいつ果てるともなく続くかと思われたのだが、ならず者のまわりには、しだいに村人の数が少なくなり、すぐ近くには村人はまったくいなくなる。「深い真空の溝」が掘られて、いくら頑張っても村人たちをもはや吸収合併できなくなった。たがいの間の相互作用の道が絶たれたということだ。真空の溝に村人（空間要素）がないということは、溝のところは

「空間ではない」ということである。

そうなったところで、村からならず者の姿はフッと消滅したのである。空間０からならず者の姿が消えて、ホッと胸をなでおろした村人たちは、ヤレヤレしかたがないと、荒れ果てた村をまたセッセと再建修復していき、もとのような静かで穏やかな田園風景をとり戻すのであった。

空間０におけるならず者の出現と消滅が、実は、三次元宇宙のコアスピンの誕生だった。コアスピンエンジンシステムの誕生でもあり、宇宙開闢の瞬間を迎えることとなる。

・・・極小サイズの空間要素が無数に動員されてコアスピンが出現し、それが極大サイズの宇宙空間を開闢させる。そしていずれ、宇宙空間はビッグクランチ処理されて、極小サイズの空間要素となって空間０に帰り働く。これをス兵衛は「ウロボロスの蛇産廃リサイクルシステム」と呼んで、宇宙の構成原理としています。

§1.3　宇宙を開き、支えつづける「コアスピンエンジン」

空間０では忌み嫌われたならず者でしたが、彼が私たちの三次元空間に出現すると「コアスピン core spin」と呼ばれ、たいへんな働き者となります。

空間０では、ブラックホールみたいに周りから粒子を呑みこむ一方だったならず者でしたが、私たちの宇宙空間に出現した途端に、周りにエネルギーを発散する一方のホワイトホールみたいな存在となるのです。

なぜそうなるのかの理屈は分かりませんが、ス兵衛としては九次元空間から三次元空間への移動が「次元爆発」とでも称すべき現象をもたらすのではないかと考えています。

理屈を考えていても分からないので、とりあえずコアスピンとは「想像を絶するエネルギーとスピン速度を有する、プランクスケール程度のスピン体」と、イメージしやすいように定義いたしましょう。

コアスピンが三次元空間にはじめて出現した瞬間に、私たちの宇宙空間は開かれました。コアスピンの想像を絶するエネルギーとスピン速度は、三次元空間そのものを抉るような衝撃をもたらし、それは凄まじい高密度エネルギーと速度を有する衝撃波（ソリトン）となって、空間そのものを抉りながら周辺に拡大します。畑を耕して広げるようなものです。
　この衝撃波が波及した範囲が私たちの宇宙空間となった・・・このイメージから、衝撃波が波及する現象を「インフレーション」、衝撃波のことを「インフレーション衝撃波」と呼ぶことにいたします。下に、インフレーション衝撃波波及のイメージ図を描きます。

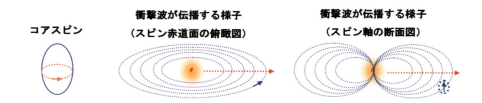

　インフレーション衝撃波が波及した範囲が私たちの宇宙空間だとすれば、上の図のとおり、宇宙空間の形はコアスピン周りが凹んだ赤血球細胞のような形になる。
　ふつうの星や銀河は凹んだ領域には少なく、周辺領域に多くが存在することになります。中心の凹んだ領域にある天体はどんなものかについては後で論じますが、クェーサ群であろうと考えています。またコアスピンのごく近辺（コアスピン領域）では何が起こっているかも論じますが、コアスピンが発するエネルギーの大部分を消費して生成され、速やかにコアスピンに再吸収される「超高エネルギー粒子群」であろうと考えています。

　さて、前章§1.2の空間0の物語には続きがあります。・・・ようやく再建修復を終えて静けさをとり戻した村には、反転ダンスを踊るならず者は二度と現われない筈だった。
　ところが、コアスピンエンジンなどという邪悪な物のおかげで、ならず者は村人たちの前に何度も出現し、大勢の村人たちの犠牲者を出し、村を滅茶

§1 アッ！と驚く宇宙論、SSTモデルとは

苦茶に壊して去っていくのを繰り返し、それは138億年たったいま現在でも続いているのである。

その度に村人たちは村の再建修復をやっては壊され、やっては壊されをくり返してきたが、ヤケを起こして反乱となった話はついぞ聞かない。これは、主神から何かの罪をえて、大きな岩を山の上に運んでは落とされ、運んでは落とされる罰を受けているというギリシアかローマの尊い神様の物語だったのだ！

1. コアスピンエンジンとは

コアスピンエンジンも、エンジンと言うからにはエネルギーをガソリンなどのエネルギー源から汲みだして別の種類のエネルギーに変換する装置です。コアスピンエンジンのエネルギー源は、空間0というすぐ隣の9次元空間にあり、汲みだしたエネルギーを私たちの宇宙に永続的に供給してくれる。

エネルギーを汲み出す方式は、ピストン運動を利用するレシプローカルエンジンと似ています。宇宙の中心に、コアスピンという想像を絶する超々高速でスピンする極微サイズのスピン体が突如出現して、宇宙のあらゆる構造物にエネルギーを配る「爆発行程」がインフレーションである。次の瞬間コアスピンは消滅するが、これは宇宙空間との相互作用が一旦失われて私たちの目に見えなくなっただけのことで、本当に無くなったのではない。消滅したコアスピンは、今度はすぐ隣にある空間0に突如出現し、空間0のならず者となって「エネルギー吸入行程」に移っただけである。空間0でエネルギー満タンになると、再びこの宇宙に出現してインフレーションを行って、また消滅する。

出現－消滅というのを詳しくみると、(1) 宇宙に出現 (2) エネルギー放出（インフレーション）(3) 一部エネルギー回収 (4) 消滅＝空間0に出現 (5) エネルギー吸入、そして (1) 消滅＝宇宙に出現ということだから、5ストロークエンジンだということになる。5ストロークなんて見たことも聞いたこともないのだが、インフレーションの後の (3) 行程で放出したエネルギーの一部（おそらく大部分）を回収しないことには、コアスピンがこの宇宙か

23

ら消えて空間０に移動することはできないから仕方がないのだ。

　なお、コアスピンの消滅というのは、宇宙にたくさんあるとされるブラックホールができることではない。ブラックホールが消えて、中の特異点からコアスピンが飛び出したかと思えば、次はコアスピン領域に作った超高エネルギー粒子群を回収して、またまたブラックホールができる、というような方式を、コアスピンエンジンのようなハイスピードが要求される装置には制式採用できないからである。

　しかしこれは、現在考えられている重力ブラックホールの概念で考えれば制式採用できないだけのこと。重力ではなく、接近引力と分離斥力という非対称流体力学的な力※が作用している場であると考えればよいのである。

※２段めで解説します。

　重力のかわりに、それよりはるかに「強い力」が作用することになるので、ブラックホールの形成も消滅もきわめてスピーディに行われる。これならコアスピンエンジンに制式採用できるというものである。

　インフレーションでコアスピン領域にできた超高エネルギー粒子群が、すべてコアスピンとは反対方向にスピンする非対称スピン状態※にあるとするだけで、ブラックホールはきわめて速やかに形成・消滅し、巨大な規模でもなくなる。

※２段めで解説。

　インフレーションのとき、コアスピン領域で誕生した超高エネルギー粒子群はかなりの超高速でスピンする。コアスピン領域の比較的小さな空間で創生された超高エネルギー粒子群の総エネルギーは、インフレーションで放出されたエネルギーの大部分を占めると考えることができる。しかも全部がコアスピンに対し反対向きの非対称スピン状態にあるとなれば、コアスピンとの間で生じる接近引力も、想像を絶するほどの「強い力」となるはずである。

　「強い力」というのは、原子核だとか陽子や中性子のような極微空間領域だけでなく、スピン速度が超々高速であれば、コアスピン領域のような少し広大な宇宙空間でも働くのである。

　したがって、コアスピンをめぐる宇宙で最大のブラックホールは速やかに、というより一瞬ででき上がりコアスピンの消滅をもたらす。そして一瞬後に

は、空間0でエネルギー満タンとなったコアスピンが飛び出してブラックホールが消える・・・転じてホワイトホールとなってインフレーションを引き起こす。・・・ブラックホール状態のときコアスピンはこの世に存在しないので、「点滅ホワイトホール」と呼ぶほうが適切でありますな。

「非対称流体力学」とか「非対称スピン状態」、「接近引力・分離斥力」とか、説明しなかった用語は、ス兵衛が発明した取っておきのメカです。次の段で説明いたしましょう。

2. 非対称スピン状態にある粒子群で成る流体に関する流体力学

標題を略して「非対称流体力学」と名づけた力学は、粒子内部のように、近距離になって非対称スピン状態にある粒子の運動を取り扱う力学のこと。次のように単純な基本ルールを定性的に述べますが、数理モデルは未完成です。

基本ルールというのは、右のように、粒子のスピン方向が互いに逆のとき

接近引力　分離斥力

分離斥力

は接近引力が、互いに同じなら分離斥力がはたらく。これだけです。

粒子内部の構成粒子間の距離は小さく、非対称スピン状態（スピン軸が自由回転しない状態）にあるが、他の粒子との距離が大きい場合（原子や分子が気体、液体、固体状態で存在するような場合）には、粒子全体のスピン軸自体がランダムに自由回転するようになる。こういう状態を「対称スピン状態」と呼び、対称スピン状態の粒子は従来の流体力学で取り扱われ、非対称流体力学の対象ではありません。

非対称流体力学は広大な空間では適用されることはないのかと言えば、そうでもない。天体スケールのマクロなサイズになれば、全体がジャイロ効果によって非対称スピン状態にあることはご存知のとおりです。

また、1段めで述べたように、コアスピン領域というある程度広大な空間領域でも、超々高速度スピンを行う超高エネルギー粒子群には、粒子でもジ

ャイロ効果が働いて非対称スピン状態にあることが考えられます。

3. 点滅ホワイトホールは宇宙に遍く存在する

　ここでス兵衛は衝撃的な暴露をしなければなりません。・・・実は、コア
スピンエンジンに限らず、宇宙に存在するブラックホールはすべて点滅ホワ
イトホールです。しかもマクロな天体の中心や天体系の中心のみならず、ミ
クロな粒子の中心（コア）にいたるまで、すべてが点滅ホワイトホールでご
ざいます。

　・・・地球や太陽の中心ぐらいでも信じられんのに、ちっぽけな粒子の中心
までが点滅ホワイトホールだなんて、ホラに決まっとるじゃなイカのウン玉！

　いやいや素粒子だって質量さえあれば、シュヴァルツシルト半径というの
があり、素粒子がブラックホールかも知れんことは、大人なら誰でも知って
るよ。
　点滅ホワイトホールは、ブラック状態とホワイト状態がめまぐるしく交替
している小さな領域にすぎません。宇宙のいたる所に存在しもちろん私たち
の身体の中にも無数にある。
　少々規模が大きい地球や太陽の点滅ホワイトホールであっても、もっと大
規模な銀河の点滅ホワイトホールでもさほど大きなサイズではないはずです。
宇宙最大のコアスピンとそのコア構造を成す高エネルギー粒子群（コアスピ
ン領域）だって、天文学的にほんのちょっと離れていさえすれば安全です。・・・
補遺§B.3と§C.2では、「コアクォーク」と称する点滅ホワイトホールが
主役をつとめますよ。

　ブラック状態とホワイト状態が交互に交替しているので、周りのものを呑
みこむだけだったり、弾きとばすだけだったりする筈がない。インフレーシ
ョン衝撃波というのを発しているだけだが、私たちの身体のようなセミマク
ロスケールの構造物は、それに曝されても気づきさえしない。しかし、私た

ちの身体の材料である粒子たちや、星たちは、確実に生命力（スピンエネルギー）を与えられるわけだ。

インフレーション衝撃波というのは、一波一波が、前に登場した神様が発明したパラパラまんがの1ページ1ページを創作している。現代宇宙論では、宇宙ははるか昔の138億年前に創生されたような印象だが、ほんとうはいま現在でも、インフレーション衝撃波の一波一波が、新しい宇宙を創生しつつあるのである。

4. コアスピンエンジンの出力効率について

コアスピンが突然出現した一撃で発生させたインフレーション衝撃波のエネルギーは、超高エネルギー粒子群の生成で大部分が消費される。だから、私たち宇宙周辺部の住民に届けられるのは、ほんのわずかなエネルギーである。

と言うより、私たちにお馴染みの銀河系や太陽系などを構成する原子その他の素粒子を創生し維持メンテナンスを行うのに、幸いなことに、ちょうど良い加減に調整されたエネルギーが届けられると言うべきであろう。

コアスピンが宇宙に供給するエネルギーは、宇宙周辺部まで届く衝撃波エネルギーだけです。大半は、コアスピンエンジンを稼動させ続けるためにコアスピン領域で回収され、再利用されている。

・・・コアスピンエンジンは極めて出力効率の悪いエンジンなのである。

5. コアスピンエンジンに関し残された課題について

コアスピンエンジンを稼動させているコアスピン系天体は宇宙のどこにあるのか、すなわち宇宙の中心はどこにあるのかという問題が残されている。その有力候補として期待しているのは、およそ110～120億光年の遠方にありながら異様に明るく、典型的な銀河の100倍程度のエネルギー放出があるとされるクエーサ群です。

ちょうど最近、120億光年ぐらいのところで飛んでもない質量のブラック
ホールが発見されました。現在の重力ブラックホールの理論からは、宇宙開闢
から18億年ぐらいで、こんなバカでかいのができるとは考えられないので、
新規モデルの開発競争で天文学界は沸き立っているそうです。

　・・・バカでかいのとクエーサ群との位置関係を調べ、それがクエーサ
群の中心にあるようなら、それがコアスピンエンジンである可能性が高い。
SSTモデルは、宇宙のサイズを現代物理学のように難しく考えてはおらず、
現在私たちは半径120億光年ぐらいの位置に暮らしていて、全体は渦巻き銀
河と同じような形で、依然膨張しつつあると考えています。

§1.4　粒子創生の原理「渦流メカニズム」

　さて、「アッ！と驚く宇宙論」も中盤に差しかかりまして、読者の皆さま
にはしっかり驚いていただけたでしょうか？それとも、・・・出てくる物理
概念とやらは、みなファンタジーのキャラみたいにありえない物ばかりだ。
だが理屈だけは尤もらしく、正面切って否定もしにくいような厄介な代物
だ・・・でございましょうか？

　・・・ス兵衛おじいさま。わたくしはすっかり驚いてしまって、目から鱗
が落ちる思いがしてますのよ。他の人たちがヤジ飛ばすの、全然信用できま
せんことよ。
　おお！これはス菜穂お嬢様。よくぞ本質を見抜き正しいご評論を下されま
した。ス兵衛めは感涙にむせぶばかりでございますよ。
　テメェ！　自分のシンパにばっか喋らせようとしてるじゃなイカのウン
玉！　正しいご評論を下さるのは、このオレ様だっ！

　※正しい評論家の真打で師匠のわたくしに言わせるとちゃんちゃらおかしい。ス兵衛
　　のやつは、ス菜穂お嬢様にすっかり惚れ込んで、のちに倅の嫁にと望んだようだ。
　　彼らにも、君にも、何が正しいか分かるわけないじゃなイカのウン玉君よう！

§1　アッ！と驚く宇宙論、SSTモデルとは

　えー、外野がうるさくなってまいりましたが、ファンタジーのキャラみたいに奇想天外な用語ばかりで面食らう人が多いのは確かです。・・・しかしここがファンタジーの世界なのも確かなんで、あきらめてそのつもりでお楽しみ下さいませ。
　ス兵衛が発明したキャラはまだまだあります。本章の標題「渦流メカニズム」というのは、中でも最高傑作だと思っている取っておきのメカキャラでございます。

　渦流メカニズムは、下図（再掲）のインフレーション衝撃波が深く関係します。渦流メカニズムには前と後２つの工程があって、前工程はインフレーション衝撃波内の超高密度エネルギー空間内で実施され、後工程は、インフレーション衝撃波が通りすぎた直後の、いわば「穏やかな宇宙空間」で実施されます。

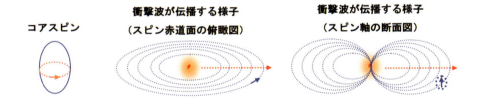

　前工程では、インフレーション衝撃波が空間そのものを超強烈にかき混ぜてできる、極微小の「渦流」から「ASのコア」が創生される。
　そして、空間を抉りとるようにして創生されたASのコアが、衝撃波が去った穏やかな宇宙空間にとり残されて「突然出現」した瞬間、超高速度でスピンするコアが、宇宙空間を強烈にかき混ぜることになるのは想像できるでしょう。これが渦流メカニズムの後工程ですが、ちょうど上の図でコアスピンが突然出現して大宇宙を創生したのと同じ現象が、極微スケールで起こるわけです。
　このようにして、渦流メカニズムの前工程と後工程により、スピンする特異的空間領域と定義したAS（atomic spin）という「小宇宙」が創生されます。

29

1. 渦流メカニズムとは

　右に示すのは渦流メカニズムの前工程を図示したものです。予算の関係で肝心の渦流の絵がス兵衛の手づくりでお粗末さまですが、ご容赦ください。

　以下で、前のページの図の大宇宙創生と、右の小宇宙創生の模様を、物理学的におさらいしてみましょう。

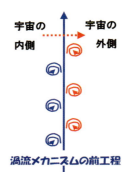

渦流メカニズムの前工程

　まず大宇宙創生において、想像を絶するスピン速度とエネルギーを持ったコアスピンが三次元空間に突然出現したら何が起こるか想像してみよう。

　・・・コアスピンは水に突っこんだ高速回転する棒のように、空間そのものに渦巻きを発生させる。剛体でゼロではないサイズのコアスピンは、すぐそばの空間を粘性摩擦力でズリ動かし、ただの空間に、コアスピン周りを回転するような運動を行わせる。運動し始めた空間は、さらに外側の空間を粘性摩擦力でズリ動かして運動させる。こうして空間の渦流は、コアスピンを中心に外側に拡がっていくわけです。

　お風呂の栓を抜けば排水口を中心に渦巻きができる現象と本質的に同じです。運動させられる対象が水ではなく「空間そのもの」であるところが異なるだけです。このタイプの渦巻きは外側に行くほど流体要素（SSTモデルでは「空間要素」、お風呂の場合は水分子）の運動速度は小さくなります。

　お風呂の渦と同じように、宇宙の空間渦流の場合も、外側に拡がるにつれて速度が小さくなり、もはや、粘性摩擦力で外側の空間要素をズリ動かせなくなる境界地点というのが現われる。これが、いわゆる「宇宙の果て」を形づくることになるわけです。ここまでは、渦流といっても巨大なスケールの渦流であり、お風呂にできる渦とあまり変わりません。

　では、「渦流メカニズム」による小宇宙創生とは一体何なのだろうか？渦流メカニズムは、上に図示したとおり、大宇宙の巨大なスケールに沿って衝撃波が運動するときの、衝撃波波頭で一瞬で働くメカニズム（前工程）が

はじまりとなります。衝撃波は1本だけ孤立したソリトンです。これを分かりやすくイメージするには、地球の経度線が1本しかなく、地球を一周せず北極から南極に半周する線を引いたらそれで出来上がりとしてみよう。この経度線が西から東に凄まじい速度で進むが、地球は止まっているとイメージできたら成功です。

経度線が凄まじい速度で進んで描く球面の外側と内側に、極微スケールの渦流が無数に発生する様子を想像してみよう。そう、前のページの図のように、川の中に立てた棒杭の下流に、次つぎと小さな渦ができる現象（カルマン渦流）と同じです。

ここは凄まじい超高密度エネルギー環境であり、衝撃波は想像を絶する速度で突き進んでいる。しかし左右に極微渦流を無数に創生するための造波抵抗[※]を受けるのだから、しだいに進行速度は小さくなる（と言っても宇宙のはてに着いた頃、光速度c程度に落ちる！）わけです。

※後で述べるとおり、造波抵抗は緩和されるメカがある。

衝撃波内部の超高密度エネルギー環境下で創生される渦流が、極微サイズのスピン体である「ASのコア」に成長するのを、渦流メカニズムの「前工程」という。

宇宙の内側と外側にできる左回りスピンのコアか、右回りコアのどちらかが、衝撃波が去った空間に突然出現し、コアを中心とするASという小宇宙が創生される。これは、コアスピンが大宇宙を創生したのと同じ要領であり、これを渦流メカニズムの「後工程」という。後工程の絵は少し複雑になるので、それを示す前にス兵衛が発明したアイテムの1つ、取っておきの小道具を紹介しましょう。

2. 取っておきの小道具：AS図

ASはスピン空間論（SST）の中心概念であり、「宇宙に存在するあらゆる構造物は、スピンする特異的な空間領域（AS：atomic spin）によってその構造が維持されて存在する」という文脈の中で生まれた概念です。あらゆる構造物とは、ミクロな粒子からマクロな天体や天体系そして宇宙全体に至る

あらゆる構造物のことです。

　右のような「AS図」は説明ツールとして重宝します。AS図は粒子（小宇宙）の構造を模式的に描いたもので、ASがコアスピンのような回転楕円体だとすれば、AS図はその赤道断面図ということになります。

（拘束系粒子）（慣性系粒子）

　右側は、中心集中型の構造をもつ「慣性系粒子」のAS図。作図の都合から中心の「コア」を赤い丸で示すが、実際のコアのサイズというのは、図では見えないほどの点に等しい。

　コア周りのグラジエントで示すのは「コア構造」、その外側の円環は「1次慣性構造」と称します。1次があれば2次もあるわけで補遺§B.2で論じます。ここでは1次慣性構造を単に「慣性構造」と称することにいたします。

　一方、左側の拘束系粒子のAS図にはコアがなく、円環状に分布する粒子だけで、しかも爆発的に拡散しようとする円環でできています。爆発拡散型のAS構造をもつ拘束系粒子で構成される拘束運動系空間※には、拘束系粒子がびっしりと非対称スピン状態で存在し、宇宙全体の回転にあわせて強制的に運動させられています。

※このキャラも、後で説明しなければならない。疲れる〜！

3. 渦流メカニズムは、粒子と反粒子の問題に明快な答を与える

　以下では、前段で登場したAS図を用いて、渦流メカニズムの後工程について述べますが、それだけでなく、渦流メカニズムというのは、重大な宇宙論的課題にたいし明快な答を用意していることが分かったので、順を追って説明します。

　30ページの前工程の図のように、コアの内部構成材料は同じだが、コアのスピン方向だけが互いに反対になったものは、「粒子と反粒子」の関係にあるといたします。

　これについては、興味深い問題やことがらが派生するので、以下のように3項目に分けて説明しましょう。

（1）宇宙に粒子だけが存在する理由は？

　渦流モデルの大きな利点は、前工程図の左右すなわち宇宙の内側にできる粒子（または反粒子）と、外側にできる反粒子（または粒子）の数は、最初から等しいのではなく、内外どちらかのほうが多かったことである。したがって、創生のとき数が多くて、カップリングできず「対消滅」できなかったものが、粒子として宇宙に残ったのである。

　前工程図に示すように、青色で示す衝撃波の動線には、赤い点線の動線成分もあるので、宇宙の外側に押されている。だから内側と外側の物理的環境は異なる。赤い右巻き渦流と青い左巻き渦流が創生される数は最初から等しくないのだ。渦流創生環境の非対称性が、宇宙に粒子だけが存在する原因となるのである。

（2）現代物理学でいう反粒子は、反粒子ではない

　重要なことを要約すれば、・・・粒子の材料となった内部構成粒子は、そのスピン方向も質量も完全に同一だが、粒子と反粒子の違いは、全体のスピン方向だけが逆になっていることである。しかし、粒子と反粒子が共存しうるのは、宇宙開闢のほんの一瞬だけであり、その後は金輪際、両者が共存するようなことはあり得ないのである。

　現代物理学では「質量やスピンが同じ」で荷量だけが正反対の粒子のことを反粒子と呼んでいる。しかしこれは、荷量だけが正反対の「粒子」なのであって、反粒子ではない。SST モデルで言う反粒子は、そのスピンが粒子のそれとは正反対なのだから、両者は、似て非なるものです。反粒子は宇宙開闢の一瞬で生じ直ちに消滅したのであり、その後の宇宙で生まれるわけはないのである。もちろん粒子も生まれることはない。

　現代物理学でいわゆる反粒子とされるものは、粒子全体のスピン方向と構成粒子のスピン方向との関係性が「局所的に反するか不均衡になる」ことにより、荷量が正反対に観測される粒子のことだと解釈できる。いわゆる反粒子の1つとされる陽電子の場合は、§2.4.1で登場する光子欠員電子すなわち「正電荷電子」が、全体と内部スピンの関係性が「局所的な不均衡」を生じ

たケースなのだが現代物理学では陽電子と呼ばれ反粒子とされる。
　現代物理学でいう粒子と反粒子は対発生もしなければ対消滅もしないのだ。対発生や対消滅である「かのような」現象が観測されるだけである。宇宙に創生された粒子は不生不滅。ただ、その存在のあり方（形式）を変えるだけである。

(3) 本物の対消滅とは

　右の図（再掲）のような、超高密度エネルギー状態でコア創生がされた直後に、粒子と反粒子の距離が接近して非対称スピン状態にあるときは、双方は互いの接近引力で直ちに合体し、微小渦流という形で蓄えられたエネルギーを一挙に放出し渦流は離散消滅する。これが本物の対消滅である。

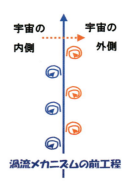

　渦流メカニズムの前工程では、本物の対消滅によるエネルギー放出があるため、インフレーション衝撃波のエネルギー損失はその分だけ減少し、衝撃波の「省エネ飛行」を助ける働きになる。むしろ衝撃波はこの対消滅エネルギーを用いてばく進するのである。

　さて、対消滅による粒子破壊の度合いは、正反粒子の完全消滅をもたらすだろうから、そのエネルギー放出は人類がまだ実用化していないエネルギー源になりうる。
　いわゆる反物質爆弾というホラー語りがあったが、もし反粒子を単独で取りだして存在させる手段があったとしたら、核爆弾よりはるかに強力な兵器ができるだろう。
　また放出エネルギーをうまく処理して有効利用できるなら、跡形も残らないゴミ処理と同時に、無尽蔵にエネルギーを生産できる技術が生まれるわけだ。

4. 宇宙開闢のはじめに拘束運動系空間が創生された

宇宙開闢の最初は、前のページの前工程図の赤い右回り渦流だけがコアとして残り、右図のような拘束系粒子だけが創生されます。なぜそうなるかは、渦流メカニズムの後工程が行われる環境の宿命的条件が関係する。

（拘束系粒子）

「穏やかな宇宙空間」というのは、微小渦流（コア）の材料である流体の海に他なりません。海を構成するサイズ次元的に1段下位の粒子（AS図の赤○）のスピン方向がコアと同方向（図の赤い矢印）であったという宿命により、下に図示する渦流メカニズムの後工程では、拘束系粒子だけが創生されることになります。

下の図では右上のAS図とはスピン方向が逆に見えますが、互いに裏からみて描いただけで、逆方向にスピンしているわけではありません。要するに、粒子とコアのスピン方向が同じであるということが本質的なのである。

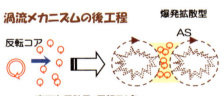

前工程で創生されたコアが、穏やかな海に突然出現すれば、当然、コアはきつく巻き込まれた渦流を解きほぐそうとするでしょう。

左の図の場合、コアの構成粒子と海の構成粒子のスピン方向は同じ、さらにコアのスピン方向も同じです。非対称流体力学の基本ルールによると、お互いどうしの間には分離斥力だけがはたらくことになります。

この場合は、きつく巻き込まれた渦流を解きほぐそうとするコアの欲望を妨げるものはありません。コアは爆発的に拡散して図の右に描いた拘束系粒子を形成します。

拘束系粒子の爆発的拡散を妨げるのは、隣でも爆発的拡散をしようとする隣の拘束系粒子とぶつかったときだけとなります。爆発的拡散は、これらが押し合いへしあいして、宇宙空間全体を隙間なく占めるようになって初めて、停止するのである。

・・・あくまで爆発拡散しようとする拘束系粒子で構成される空間のことを「拘束運動系空間」と称します。個々の拘束系粒子自体が宇宙空間を構成しているのだから、拘束系粒子が、単独でどの方角にでも運動する訳にはいかない。これらは宇宙空間に拘束されて、宇宙空間全体の回転にあわせて強制的に運動させられていることになります。

　もしも私たちが拘束系粒子を単独で分離できたとしたら、粒子はただちに爆発して雲散霧消するはずです。このことは「拘束系粒子の存在には宇宙全体を必要とする」と表現することができます。これは、次に述べる慣性系粒子との大きな相違点です。

5. 拘束運動系空間が創生されたあと、慣性系粒子の創生がはじまる

　宇宙開闢から何回めのインフレーションであるかは分からないので、N 回めと言うことにしましょう。はじめの N 回めまでのインフレーションでは、$AS^0 \sim AS^{N-1}$ という記号で表わす、N 個の拘束運動系空間が重層した宇宙空間が創生されました。
　最上階 AS^{N-1} は、特別に「ヒグス空間」と称し、構成粒子のことは「ヒグス粒子」と称します。サイズ次元的に最上階にある拘束系粒子は、あの有名なヒグス粒子のことだと考えているわけです。

　さて、次の N＋1 回めのインフレーションからは、下の図（再掲）の前工程では青い左巻き渦流の数が優勢となって、ヒグス空間に突然出現するコアは左回りスピンを行うものばかりとなってきます。
　なぜそうなるかを定性的に述べれば、創生される渦流のサイズ次元が高くなれば、渦流形成速度が落ちるから。
　宇宙の外側に向かう衝撃波の赤い動線があるので、宇宙の外側にできる渦流は、完成する前に青い衝撃波

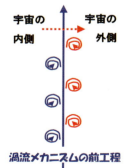

渦流メカニズムの前工程

§1 アッ！と驚く宇宙論、SST モデルとは

の動線に踏みにじられてしまうようになる。そのため、赤い右巻き渦流の数が劣勢になるわけです。

　実は、N＋1回めのインフレーションで創生される渦流はほぼ同数だったと考えられる。理由は、ニュートリノ系列を創生するためだという手前ミソしかありません。しかし、これらがぜんぶ粒子－反粒子の合体で莫大なエネルギーを発して離散消滅したとすれば、この宇宙は存在できなかった。
　ところがそうはならなかった。なぜかは、神の「光あれ！」というロゴスの力が働いたという説が有力です。はっきり言って分かりません。

　・・・（会場ザワザワ）ス兵衛ジイさんとうとうヤキが回ったぜ。あたり前田っ！

　えー、皆さんお静かに！私はすべて分かったと言うつもりはありません。1つぐらいは謎を残しておかないと寂しいでしょう？

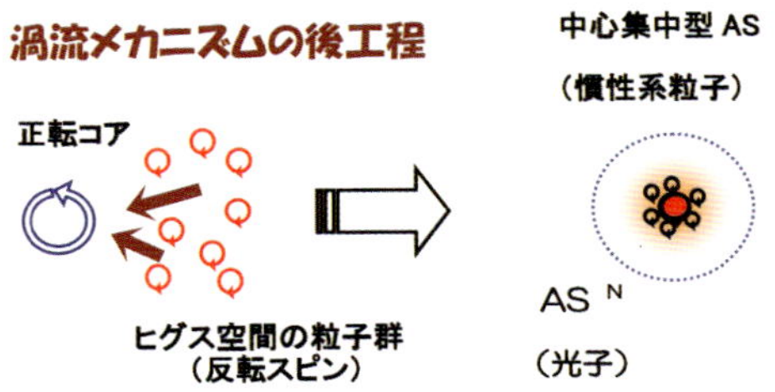

　とにかく、前のページの図の赤い右巻き渦流からは拘束系粒子の特大版「大ヒグス粒子 AS^N」のステージがヒグス空間の屋上に重ねられました。
　そして同時に、ヒグス空間の海に創生された青い左巻き渦流からは、上の図のとおり後工程が施されて、「光子 AS^N」のステージが設けられることになりました。
　図のとおり、正転コアは、周囲のヒグス粒子 AS^{N-1} を接近引力で際限もなく呑み込んでいって、ついには空間0に突き抜ける能力を獲得する。すなわち点滅ホワイトホールとなるのである。・・・これは空間0で出現した反転ならず者がやったのと同じ乱暴狼藉が、この宇宙でも行われたことを意味する。
　光子の誕生は、宇宙空間とは独立に、単独で存在できる粒子の第1号となります。また、スピン軸が自由回転する自由度が獲得され、スピン軸がラ

37

ンダムに回転する、「対称スピン状態」になれる粒子の第1号でもあります。さらに、対称スピン状態であれば宇宙空間をどのような方角にも一直線に運動できる、すなわち慣性運動ができる慣性系粒子の第1号でもあります。

　さて、次の、宇宙開闢からN＋2回め以降のインフレーション衝撃波の襲来は、光子をはじめとする慣性系粒子のステージへの襲来となるわけですが、これは衝撃波にとっては、これまでとは少し勝手がちがってまいります。
　というのは、襲撃する海は対称スピン状態にある慣性系粒子の海となるからです。だから、前工程で渦流は正転コアに成長しても、前のページの後工程の絵のように接近引力で呑みこめる反転の慣性系粒子は半減するわけです。あとの半数との間には分離斥力がはたらいて、外側に弾き飛ばしてしまわざるを得ない。さあ困ったぞ！
　何が困ったかといえば、拘束系粒子のように、すぐお隣に慣性系粒子が迫ってくるわけではないので、弾きとばした正転粒子を引きもどす手段がないからです。・・・しかし幸い、補遺§Bにおいて「超接近重力」という引きもどす力が発見され、右の絵のような（1次）慣性構造を備えた慣性系粒子を完成することができたのでございます。

AS N+x

（慣性系粒子）

6. 拘束系粒子の特性は、暗黒エネルギーの謎を解く

　現代天文学は、宇宙全体の質量（エネルギー）のうち、原子を材料とする私たちの目に見える物質が占める割合はわずか4.9％ぐらいだということを明らかにしました。
　あとの26.8％は暗黒物質という謎の物質、残り68.3％は暗黒エネルギーという謎のエネルギーだとされています。現在、宇宙の膨張は加速度的であること、すなわち膨張速度が、ある加速度をもって増加しているということですが、それが実現するには、膨張させる力を常時加えなければなりません。そのような力を発生させるエネルギー源がどうしても見つからないので、とりあえず、暗黒エネルギーと名づけて、エネルギー量を計算したところ、な

んと宇宙全体の 68.3% もの質量に相当するというのです。

　SST モデルによると、暗黒物質も暗黒エネルギーも謎ではありません。暗黒物質の正体については、§2.1 で実体的重力場について理解する必要があるので後で述べますが、暗黒エネルギーについては、これまで述べたことから正体が分かります。

　すでに宇宙開闢の瞬間に、暗黒エネルギーは、4 段めで述べた爆発拡散型の AS 構造をもつ拘束系粒子の中に仕込まれています。これまで 138 億年間も無数の拘束系粒子は爆発的膨張をつづけ、宇宙空間を膨張させ続けてきたのだ。そして今現在も相変わらず元気で、膨張速度は加速度をもって増大しているわけです。

　その様子は、補遺 §C.6 で、たとえば地球の公転半径が右の図のように爆発的に拡大しているグラフで表わされる。この図は宇宙全体が加速度的に膨張するなら、部分の地球の公転半径も同じように拡大するはずだとい

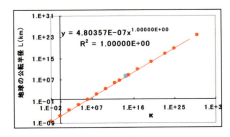

う理屈を理論的に支持するものです。ただし、このように観測されると予言する図ではありません。

　しかし膨張の加速度はコアスピンエンジンの加齢とともに減衰してきたはずです。だからこの加速度を時系列的にプロットしたグラフを見てみたいものです。ス兵衛の予想どおりであれば、加速度はやがてゼロに達しその後はマイナスとなり、宇宙は、加速度的収縮（ビッグクランチ）に向かうことでしょう。

§1.5　宇宙開闢の模様とその後を描いてみよう

　本章では、これまで述べてきた宇宙の創生原理によって、実際の宇宙開闢ではどのような現象が生じるのか、その模様をできるだけ具体的に描いてみましょう。

宇宙創生の第 0 準備工程は、空間 0 における反転スピンならず者の誕生であった。次の第 1 工程では、ならず者転じて正転スピンを行うコアスピンの出現により、第 2 工程の、宇宙開闢の壮大なドラマが開始されました。

1. 宇宙創生の前半：拘束運動系空間の構築

コアスピンは、最初のインフレーション衝撃波の一押しで、宇宙空間の土木造成工事をアッという間に完了して AS^0 ステージを完成すると、直ちに消滅いたしました。

この世から消滅している間、コアスピンは空間 0 に再び現われて反転スピンならず者に転じ、再び乱暴狼藉を働くと、また消滅する。

この世の AS^0 ステージにコアスピンとして現われると、ただちに、2 回めのインフレーション衝撃波で AS^0 ステージを耕し AS^1 ステージを構築し、また消滅します。

このようにして、N 回めのインフレーションまでで「拘束運動系空間」が完成します。この空間は、サイズ次元が 1 段ずつ上る $AS^0 \sim AS^{N-1}$ という N 個のステージから成る階層構造を内蔵します。各ステージの構成要素は「拘束系粒子」と総称し、最上階はヒッグス空間（AS^{N-1} ステージ）、構成要素はヒッグス粒子と呼ぶことになりました。

以上で、宇宙の創生は拘束運動系空間の構築をもって終了するはずだった。・・・が、そういうわけには行かないので、以上を宇宙開闢前半のドラマということにいたします。

後半は後ほどということで、前半で完成した拘束運動系空間を調べてみることにしましょう。

もっとも驚かされるのは、インフレーションというのは、想像を絶する凄まじいエネルギー放出過程でありながら、粒子がランダムに飛び交う熱的現象はいっさい生じなかったことです。とうぜん、爆発や崩落事故などはただ

§1　アッ！と驚く宇宙論、SST モデルとは

の１回も起こらず、きわめて整然と秩序正しく拘束運動系空間の創生工事は完了いたしました。

　また驚かされるのは、各ステージには、同じサイズの拘束系粒子がびっしりと整列させられ、すべてが同じ方向に運動させられている。まるで大軍団の行進を観ているようです。

　カメラをズームアップすると、下位ステージの同じ姿のちっぽけな兵士たちが、かなりハイスピードの整然たる行進を行っています。上位ステージのバカでかい（彼らにしてみれば）兵士にぶつかりそうになると、整然と巧みに隊列を曲げて行進するので、全体の乱れはまったく生じません。

　サイズ次元というのはこういうことだったのだ。上位ステージのバカでかい粒子に対し、下位ステージのちっぽけな粒子の集団は流体としてふるまう。下位ステージを流体としてとり扱えたからこそ、インフレーション衝撃波は渦流メカニズムを施すことができ、ちっぽけな粒子集団を「畳んで丸めて」上位ステージのバカでかい粒子を創生できたのである。

　すると、拘束運動系空間の重層構造は、最下位の AS^0 ステージの回転速度が最大で、ステージを昇るごとに、速度は非対称流体の粘性摩擦（非対称粘性摩擦）で低下していき、最上階のヒグス空間（AS^{N-1} ステージ）の回転速度は最低となる。・・・拘束運動系空間というのは「宇宙のオートマミッション機構」を備えているのだ！

　最上階のヒグス空間の回転速度というのは、最下位の AS^0 ステージに立って測定すれば逆回転して同じ速度・・・であれば、回転速度ゼロということになる。とにかく、ヒグス空間の回転速度は、私たちの観測機器で測定可能な速度になっているであろう。

　もし私たちがヒグス粒子の速度を測定できるようになれば、それは、ヒグス空間という宇宙の絶対座標系に対する私たちの運動速度を測定したことになる。私たちは、絶対速度の測定法を獲得したことになるのである！

　宇宙空間を航行中に、自船の座標位置とヒグス粒子の速度を測定すれば、

41

自船がどこをどの絶対速度で航行中であるかが分かる。他の僚船から座標位置と絶対速度の通信連絡があれば、通信連絡のタイムラグだけを補正すれば、相対論的補正は行わなくても、僚船の現在位置と航行方角と航行速度を特定することができる。航海士は、自船をどの方角に向けてどの速度で航行すれば、何時間後に僚船と合流できるかを計算できるわけだ。

2. 宇宙創生の後半（ビッグバン）：慣性運動系の構築

　宇宙創生の後半はサラッと見てみよう。拘束運動系空間の最上階層であるヒグス空間に、次のN＋1回めのインフレーションが施されて、1段上位のAS^{N}ステージが創生されたとき異変が起こります。

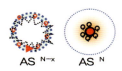
（拘束系粒子）（光子）

　異変の原因は創生された粒子が光子AS^{N}であったこと。それまでの拘束系粒子の構造が左側のような爆発拡散型だったのに対し、光子の構造は右側のような中心集中型になる。これで中心に点滅ホワイトホールのコアを備え、光子は単独で自立して存在できるだけでなく、スピン軸を自由に回転できるようになった。

　光子のスピン方向は全方角にランダムに変わる対称スピン状態となります。単独で自立して存在し、対称スピン状態の光子は、拘束運動系空間をどの方角にでも自由に運動できるようになりますが、これは拘束系粒子には絶対まねのできない芸当でございます。

　光子は慣性運動ができる粒子すなわち慣性系粒子の第1号。「異変」とは、慣性運動ができる光子群が空間をランダムな方角に飛び交う「熱的現象」がはじめて発生し、AS^{N}ステージは凄まじい光爆発の渦に覆われてビッグバンが始まったことです。

　対称スピン状態について喩え話をしましょう。・・・人が雑踏の中を進むときは、流れに任せる被拘束状態（非対称スピン状態）がいちばん楽だ。しかし遠くに恋人の姿をみつけると、右肩と左肩を交互に入れ替えるように

「対称スピン」を行って雑踏をかきわけ恋人がいる地点を真っ直ぐにめざすだろう。対称スピン状態の慣性系粒子が拘束運動系空間で慣性運動を行えるのはこれと本質的に同じである。

　ビッグバンは光爆発の「渦」に覆われて始まったのであれば、光子も純然たる粒子として扱う以上、ビッグバンのとき光子群は液体状態にあったとしなければならない。ビッグバン状態の AS^N ステージという液体には、内部に大小さまざまな渦ができるのは当然です。宇宙背景放射にゆらぎがあることは、ビッグバンで光子群が液体状態にあったことの名残りにすぎないのである。

　粒子である光子が拘束運動系空間を慣性運動するとき、拘束運動系空間に生じる波動が光として私たちの視神経を刺激する。この場合、光子の運動速度は波動の進行速度と同じなので、光はつねに拘束運動系空間を伝搬する衝撃波として観測されることになる。
　しかし有名な干渉縞実験でも、粒子である光子や電子が衝突するのはあくまでも到達した1点だけであり、まわりの干渉縞などは、拘束運動系空間を伝播する波動が引きおこしたものであります。粒子と波動はあくまでも別物である。アメンボが水上を進むとき水面に波が発生することと本質的に同じことである。アメンボと波は別物だ。しかし、粒子と波動はあくまでも別物であると言ってしまうと、これは量子概念の否定につながり、いろいろと物議をかもすことになるでしょう。補遺§Bというのは、この問題に対する1つの解答を与えるものです。
　次章§2では新しい物理学の講演を行いますが、この物理学の特徴は、慣性系粒子と拘束運動系空間との相互作用ということがすべての基盤になっていることです。

3.　現在のビッグバン理論と原子創生論について

　宇宙創生の後半は、建設工事が終了した拘束運動系空間の表面をペンキ塗

装するだけの作業であり、コアスピンエンジンシステムを備えた宇宙にはたやすい仕事だった。しかし以下のように言葉を羅列すると、これはちょっとした難工事に見えます。

ビッグバン条件下の AS^N ステージにも、次の $N + 2$ 回めのインフレーションが来て、もう1段上位の AS^{N+1}（電子）ステージが創生される。同様にして、AS^{N+1} ステージから AS^{N+2}（クォーク）ステージが、次いで AS^{N+2} ステージから AS^{N+3}（核子）ステージが、AS^{N+3} ステージから AS^{N+4}（原子）ステージが、・・・という要領で、慣性運動系に属する粒子群が次々と創生されていく。

最後の AS^{N+4}（原子）ステージの完成は、1度だけのインフレーションで達成されたわけではないようだ。

§2.6.1 で少し細かく見るが、原子番号1の水素原子というのは、実は中性子のことであり、陽子と中性子でなる AS^{N+3}（核子）ステージに属します。この核子群でなるステージに、$N + 5$ 回めのインフレーションが施され、AS^{N+4}（原子）ステージの創生が始まる。

しかしこの $N + 5$ 回めで創生されるのは、水素原子の種々の同位体と原子番号2のヘリウム原子と種々の同位体だけ。$N + 6$ 回めで、はじめて原子番号3のリチウム原子と原子番号4のベリリウム原子、および、それらの同位体群が創生される。$N + 7$ 回めには原子番号5のホウ素系、6の炭素系、7の窒素系、8の酸素系といった要領です。

・・・この分では、最初から数えて何回めかのインフレーションで、メンデレーエフの周期律表は、またたく間に完成してしまうわけです。

しかし現在、残念ながら、当時はビッグバン時代だったから、あまりの高温高圧で図体がでかい方の原子は生き残れなかったことにされています。

現在のビッグバン理論では、生き残ったのは、水素原子（中性子）H が大部分で、あとめぼしいのはヘリウム原子 He で、他はわずかのリチウム原子 Li ぐらいのものだったそうだ。・・・そうこうしている内に、宇宙が冷えてしまって図体のでかい方の原子群は創生されるチャンスを失ったとされてお

44

§1 アッ！と驚く宇宙論、SST モデルとは

ります。

　現在、ヘリウム以上の大きな原子が大量に創生されるのは、太陽などの恒星が、水素を出発原料として核融合反応を行う場面だとされます。だからビッグバンからずいぶん時間が経ってから、これらの原子ははじめて創生されたことになります。

　太陽の 1/2 ぐらいの質量の星ではヘリウム原子が誕生するところまでは行っても、それ以上は無理。太陽の 1/2 〜 8 倍ぐらいの質量の星で、ヘリウム原子を原料に炭素と酸素原子までは誕生させる。私たちの太陽もこのクラスの星の仲間なので、炭素と酸素原子までは生産できるがそれ以上は無理。太陽の 8 倍以上の質量になってはじめて、炭素と酸素原子を原料にする核融合反応も起こせるようになり、大きな原子が次々と製造され、太陽の 10 倍以上の質量になると、最終的にもっとも安定した鉄原子まで製造できたとされます。

　太陽の 10 倍以上の質量の星が鉄原子まで作ったところで、星の中に原子を「作って蓄える」事業は終了します。星が生まれてからこの事業が終了するまで何百万年かかったのですが、鉄より重い原子が作られるのは、その後の実に短い時間内だとされています。

　重力崩壊というカタストロフィーが一瞬にして起こり、星の中心部は凄まじい衝撃波の嵐に襲われます。その熱でさまざまな核反応が起こり、鉄より重い多くの種類の原子が作られました。しかし、これら様々な種類の原子を生産目標に達するまで作って、倉庫に蓄えるのに許される納期限まで、もう時間的余裕はないのである。

　衝撃波が、ニュートリノの助けを借りて星の中心部から表面に到達するまでに、わずか 2 日間ほどしかありません。納期限までの時間は、・・・徒に高まる緊張と慌しさに加え、終末への予感をはらんだ、さぞや不気味な時間だったことでしょう（ペペン〜）超新星爆発は忽然と発し星は表面だけでなく中心部にいたるすべての原子在庫を一挙に（パシッ！）宇宙空間に放出して

45

しまうのです。地道な原子製造メーカーが、いーっぺんに、乱脈きわまる流通業者になってしまったのでございます。

ここまで、ヘリウム以上の大きな原子が創生される宇宙プロセスの話は、野本陽代さんの著書[4]からの受売りに、ほんのちょっとだけ脚色を加えたものでした。野本さんごめんなさい。だけど決して野本さんを批判したのではありません。ス兵衛としては、現在のビッグバン理論や原子創生論には、少しばかり不満があるのです。

補遺§C.5では、太陽系はビッグバンの一瞬で創生されたことの蓋然性を検証いたします。太陽系の創生以前に全原子の創生は完了していなければならないので、すべての原子も、すべての天体系と同様にビッグバンの一瞬で創生されたのである。§1.3で述べた通り、コアスピンエンジンは放出したエネルギーの大半を回収するので、ビッグバンの温度は、現在のビッグバン理論ほど高くはなく、すべての原子種が十分に生き残ることができたのである。

4. フォトン系列とニュートリノ系列の分離について

光子→電子→クォーク→核子→原子と連なるフォトン系列の、最初の根源的材料は光子だから、これらの粒子や、それから成る私たちの身体や天体などの物質は、すべて光子体 MFPB（made from photon body）であると言うことができます。

右の図ではもう1つニュートリノ系列というのがあります。最初の電子ニュートリノは、光子と同時に生まれた大ヒグス粒子を材料として創生され、光子と同じく、コア

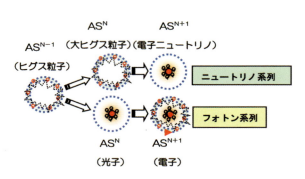

（点滅ホワイトホール）だけで成る粒子としています。それに始まる系列をニュートリノ系列と称します。

　最近になって、東京大学に続けてノーベル物理学賞をもたらしたのは、カミオカンデとスーパーカミオカンデというお金のかかる基礎実験物理学の分野だった。カミオカンデ小柴先生によるニュートリノ天文学創始、スーパーカミオカンデ梶田先生によるニュートリノ振動実在の証明と、どちらもニュートリノに関する研究成果でした。

　ニュートリノ系列もフォトン系列と同様に渦流メカニズムで創生されるとすれば、電子ニュートリノ AS^{N+1} → μ ニュートリノ AS^{N+2} → τ ニュートリノ AS^{N+3} と順々に創生されることになる。補遺 §A で紹介する下の SST 標準モデルのクラス編成表ではその通りに編成するが、現在不思議なことにニュートリノは物質の構成要素ではないとされています。

AS^{N-1}	AS^{N}	AS^{N+1}	AS^{N+2}	AS^{N+3}	AS^{N+4}	系列名
ヒグス粒子	光子	電子	u&dクォーク	核子	原子	フォトン系列
		電子クォック	u&dクォック	s&cクォック	b&tクォック	（クォック系列）
	大ヒグス粒子	電子ニュートリノ	μ ニュートリノ	τ ニュートリノ	ウンウンニュートリノ	ニュートリノ系列
※クォックとは、自由空間に単独である状態のコアクォークのこと。　ニュートン列とは、ニュートリノ系列の粒子とフォトン系列との複合体のことをいう。			μ 粒子	τ 粒子	ウンウン粒子	ニュートン列

　しかし §2.5（弱い力の概念）では、ニュートリノはまぎれもなく粒子の構成要素であることを論じます。現在はゲージ理論という超難解な数学モデルで説明されている強い力、弱い力や電磁気力に関して、SST モデルはユニークな物理モデルを提供いたします。

　電子－ニュートリノ－正電荷電子※と結合した複合粒子は、核子間の強い力に関わる「核子グルーオン」であり、核子内のクォークどうしを強い力で結合する「クォークグルーオン」とは正電荷電子※に他ならないことを論じます。弱い力は強い力を構成する重要な要素ともなるわけです。

　　　　　　　　　　　　※ §2.5.2 を参照。ただし最終的に §2.6.3 で修正される。

§1.6 宇宙のメンテナンス、「はたき独楽の原理」による エネルギー伝達

　・・・じじい大事な事を忘れたろうっ！インフレーション衝撃波とやらが想像を絶するエネルギーを持つことは分からんでもないが、だがそれはサプライサイドの問題だ。オレたち消費者の都合など全く無視してるじゃなイカのウン玉！

　ああっ！これはうっかり忘れるところだった。しかし、そのことについても随分と長いあいだ悩んだのじゃ。最近、大好きなマンガを読んでいたらはじめてピーンと来た！その話をしてくれようじゃなイカのウン玉くん！

　ここではじめて消費者サイドの都合も考えた「はたき独楽の原理」についてお話ししましょう。近ごろはずいぶんと進歩したはたき独楽もあるようですが（昔からあるよっ！）、私が初めて遊んだはたき独楽は、手づくりの粗末なものでした。この独楽を回すのはけっこう難しくて、遊ぶにはちょっとしたコツを覚える必要があった。

　このはたき独楽は、ふつうの独楽とは反対に、体育館やアスファルト舗装など表面が硬くてツルツルした場所では、かなり上手にならないと遊べません。舗装してない砂混じりの土の広場が最適です。はたき独楽は、太さ5cmぐらいの木の棒の先端をナタなどを使ってきれいに尖らせてから、長さ5～6cmにノコギリで切取って製作し、ちびた丸エンピツを大きくしたような形のものでした。簡単に回り続けるものではありません。はたきのような道具（短冊形の布きれを竹棒に結びつけたムチ）を使って、独楽を回しはじめたら、すぐに独楽の重心に近い部位を何度も「はたいて」回し続けなければなりません。はたく独楽の部位を誤ったり、はたく力が弱すぎたり強すぎたりすると、独楽はひっくり返って回るのを止めたり、はたいた方向に横滑りし甚だしいときは横に飛ばされてしまう。

　独楽には、はたかれる度に、スピンさせる力と同時に、はたく方向に並進運動（横滑り）させる力も加わります。横滑りさせる力への抵抗力を高めるため、舗装してない砂混じりの土の広場が最適だというわけです。

48

※「はたき独楽」という名前は私が勝手につけたものです。はじめてこの遊びに触れたのは、ス兵衛が紅顔の美少年だった頃、よその大きなお兄さんが拵えて回し方を教えてくれたものだ。鹿児島弁ではたき独楽なら「はたっゴマ」、たたき独楽なら「たたっゴマ」と呼んだはずだが、もう忘れてしまいました。

1. はたき独楽の原理によるエネルギー伝達のしくみ

　インフレーション衝撃波の波頭部分というのは、拘束運動系空間を伝わる波が外側に向かって想像を絶する速度で拡がっていくだけではなく、中心のコアスピンのスピン赤道面と直交する1本の経度線のような、線状波となったソリトンが、コアスピンのスピン方向と同じ方向、すなわち外側に拡がる方向とは直交する方向に伝播している領域です。

　粒子の場合、要するに、はたき独楽の独楽が粒子のコアに相当し、はたきが、インフレーション衝撃波に当たります。そして宇宙中心のコアスピンは、はたき独楽で遊んでいる子供だというわけです。

　慣性系粒子はコアがあるので、コアの向こう側を右から左にチップするようにはたかれて正転スピンが加速されると同時に並進運動する力が与えられる。しかし、拘束系粒子はコアのない形だから、コアの手前側からやさしく撫でるようなはたき方されて反転スピンを加速しなければならない。マクロサイズの星や銀河の場合には、慣性系粒子と同じ要領で中心のコアだけはたけばよいわけだ。

　・・・だが極微サイズから大きなサイズまで何種類もある独楽を、たった1本のはたきではたけるわけないじゃなイカのウン玉！

　その心配はあまりしなくてよさそうです。空間0の物語で触れたように、空間0には、何層ものサイズ次元に属する回転ダンス体があった。あのならず者は、それらを根こそぎ呑みこんだ。コアスピンが発するインフレーション衝撃波の内部には、あらゆるサイズの拘束系粒子と、あらゆるサイズの慣性系粒子や天体のコアのスピンと、うまい具合に共振できる波がすべて含ま

れていることになる。

・・・むしろインフレーション衝撃波に含まれる波と共振できる粒子や天体のコアだけが創生されたと考えるほうが当たっているだろう。

・・・粒子の向こう側をはたいたり、手前側をはたいたりだなんて、そんな器用なことができるわけないじゃなイカのウン玉！

忘れっぽいのはス兵衛だけじゃないと知って安心した。ほら！ §1.4の渦流メカニズムで渦巻き図を使って説明したばかりだよ。衝撃波動線の外側には右巻き、内側には左巻きの渦ができてたじゃなイカのウン玉君！

2. 宇宙のすべての運動エネルギーは、はたき独楽の原理で伝達される

インフレーションの波頭は、粒子のコアをスピンさせる力を与えると同時に、並進運動させる力も与える・・・この並進運動させる力は、SSTモデル的には、微小な粒子だけに作用する力ではありません。太陽系で惑星を公転させる力であり、また太陽や惑星を自転させる力でもある。宇宙のあらゆる天体と天体系における自転現象と公転現象を引き起こす力なのである。

地球中心のコアから送られるインフレーション衝撃波を受けてスピンする地球系の無数の粒子群があります。その中で、私たちの身体を構成する粒子群も、インフレーションエネルギーを受取ってスピン運動が維持されるだけでなく、地球のコアのスピンと同じ方向に並進運動させられる。

私たちの身体を構成する粒子群は、並進させられるままでいることにより、地球中心のコア（点滅ホワイトホール）がこの地球を自転させるのに、ささやかながら協力しているわけだ。ときどき西に向かって走り協力を拒もうとする人はあるけど、無駄な抵抗というもの。作用反作用の法則で、地球を足で蹴って東に回してしまうからね。

地球のコアは、太陽の点滅ホワイトホールから送られるインフレーション

エネルギーを受け取って、スピン速度を維持するとともに、太陽中心のコアが行っているスピン運動と同じ方向に並進運動させられて太陽の周りを公転していることになる。

SST モデルでは、天体と天体系の自転や公転は、宇宙のコアスピンエンジンシステムで伝達されるエネルギーを使って行われる運動だ。これらの運動は、エネルギー消費過程であるという点では、私たち動物類の身体をもつ者が、筋肉を使って行う運動と本質的に変わらないのである。

天体と天体系の自転や公転は、ニュートン力学の第 1 運動法則、すなわち慣性の法則には従うのだが、単なる惰性で続いている運動ではありません。

この惰性運動はそうそう簡単には減速しないので、一見惰性で続いているように見える。しかし、宇宙空間が何もない「真空」でないことは昔から分かっているのだから、たとえばこの地球が生まれてから 46 億年もの長い間、単なる惰性で自転や公転を続けられないことは自明である。

不断のエネルギー供給があるからこそ、これらのエネルギー消費過程は進行する。もし、エネルギー供給がとだえたら、当然天体や天体系の自転や公転は止まってしまう。エネルギー供給は粒子のスピン運動を維持するため、つまり粒子が粒子として存在できるための「存在エネルギー」も供給しているのだから、天体や天体系の自転や公転運動が停止するということは、宇宙そのものの消滅を意味するのだ。

インフレーション衝撃波というのは、宇宙空間と宇宙空間内に存在するあらゆる構造物（AS）を創生しただけでなく、それらの存在と運動を維持し、メンテナンスするアフターケアまで行う。そのメカニズムを「はたき独楽の原理」という。

§1.7　アッ！と驚く宇宙論・・・真打の師匠が総括します

エー、ここのところは真打で師匠の有名な噺家のわたくしから、ザッと全体を見渡してご案内させていただきましょう。ちかごろテレビなんかでも宇宙に関するニュースや番組が多くて、コンビニの書物コーナーでは、エロ本と並んで宇宙をテーマにした本がけっこう売れています。私たち人類の尽きる

ことのない好奇心は、宇宙とセックスに向かうということですよ。これは、新人類の若い人たちの主要情報源、ネット世界でも同じことでしょう。

ス兵衛によると、補遺§A～Cはレッキとした物理学論文だそうですが、わたくしに言わせると、要するに、なあ～んだ！そういうことかという事柄を、難しげにお喋りしただけでございます。

だから、・・・それがどうした？と、わたくしがス兵衛に言うと、ま
たまた長い講釈がはじまるわけでございます。わたくしの冷静かつ客観的な評論
に対し、ス兵衛はいつもカッとなって、また長々と尤もらしい講釈を繰り
ひろげるわけですよ。「スピン空間論的宇宙のおはなし」と銘打った長～い
物語の三部作 [1] ができて、読者の皆さまに多大なご迷惑をおかけしたのは、
こういういきさつでございました。わたくしの冷静かつ客観的な評論は、結
果的にス兵衛を挑発し、ますます張りきらせてしまったという側面もござい
ます。そういう意味では、まあ、わたくしにも責任があるわけでございます。

とにかく、ス兵衛の話には「超難解数学」を目の仇にするところがありま
すので、・・・お前さんは超難解数学ができないからそんな事いうのだろうと、
図星をさしてやることにしています。ところが、というより案の定、ス兵衛
のやつはムカッときて、このように申します。・・・適切な物理モデルなしに、
数学モデルだけをいじくり回すからその数学は必然的に超難解となる。超難
解がイカンと言うんじゃなく、適切な物理モデルを製作しようとしない怠慢
がイカンと言っとるんだぁ！

現在の超難解数学では、粒子は点であり空間的拡がりゼロの存在として扱
う※。そうしないと超難解どころではなく超々難解数学になるので止むを得
なかったのだろう。

　　　　　※ひも理論はそうではないが、4次元時空モデルを用いるので超難解を免れない。

しかし、点である粒子が、なんで質量を持ったりスピン運動量を持ったり
できるのだ？これは子供でも分かる疑問だ。量子力学の、量子概念を悪用し
たごまかしは、すでに、ここいら辺りから始まっている。ごまかしただけで
なく、超難解数学のもつれた糸をますますもつれさせる努力を懸命に行って
いるのだ。・・・なぜ「空間的広がりのある粒子」という、適切な物理モデル
の製作をサボるのだ？補遺§B.1で示すような、至って単純な「空間的広が

52

§1 アッ！と驚く宇宙論、SSTモデルとは

りのある」粒子のモデルなんか、誰でも製作できるじゃなイカのウン玉ぁ！

　どうです皆さま？このス兵衛の剣幕と、理屈の尤もらしさには、なあ〜んだ！そういうことか！と、思わず説得されそうになったのではありませんか？・・・いやいや、正しい評論家で、真打で師匠、かつ小金持ちのわたくしはそんな甘ちゃんではない。
　そのSSTモデルなんだが、出所はどうやらこれまでの「アッ！と驚く宇宙論」にあるようだ。だが何だあ！村人が仲良くダンスを踊る、のどかな田園風景だという「空間0」というのは！創生された宇宙の話になると、「拘束運動系空間」が宇宙の本体で、粒子や地球、星や銀河などは表面の装飾にすぎないだの、「コアスピンエンジンシステム」だの「点滅ホワイトホール」だの、奇抜さだけが取り柄で中味のないホラ吹き話だらけだ。おまけに「ウロボロスの蛇産廃リサイクルシステム」というやつが宇宙の構成原理などと、またまた大ボラを吹く！

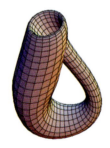

クラインの壷

　・・・と、ここまでわたくしがス兵衛のやつを追いつめてやったところ、やつが懐からおもむろに取りだして「これが目にはいらぬかっ！」と突きつけた代物が、右の絵にあるヘビのウンコみたいな「クラインの壷」というやつでございます。
　そしてまたス兵衛の講釈がはじまります。・・・クラインの壷というのは位相幾何学（トポロジー）の概念で、境界も表裏の区別も持たない2次元曲面の1つである。
　クラインの壷は、3次元のチューブをひねり内部を辿ると外部に行き着くようにしたものだが、3次元空間内に実現するためには自己交差が必要である。しかしクラインの壷そのものに交差はない。そのことを強調するために自己交差の部分（壁を突き抜ける部位）を壷の裏側に隠してある。
　ス兵衛のいわく。わしは位相幾何学なぞ理解できないが、この学問が売る商品ならよく分かる。要するに、壷の外側をなぞっているうちに、いつの間にか壷の内側をなぞっていることに気がつくというような、ファンタステ

ィックな壺を売るのだ。

　だが、このままでは宇宙の構成原理「ウロボロスの蛇産廃リサイクルシステム」を物語るものではありえない。前のページの絵では、上部の壺の入口が大きく開いていて、酒を注いだり飲んだりするのに便利そうな形になっている。が、宇宙の構成原理とするには壺の出入口は極端に狭め、プランクスケール（10^{-35}m）ぐらいの出入り口とすればよい。

　出入り口を極端に狭めても、直径ゼロにならないかぎり位相幾何学的にクラインの壺でありつづけるはずだ。結局このクラインの壺は、下の図のように描くことができる。

　クライン曲面で囲まれた内部空間が宇宙空間であり、曲面の外側にあるのが空間０である。△△で図示したのが点滅ホワイトホール。うち、オレンジ色で示すのが、宇宙開闢を行った最大の点滅ホワイトホール、コアスピンエンジンだ。

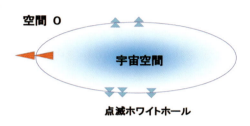

　要するに、ラグビーボールにプランクスケールていどの穴をあけたものだ。空間０と宇宙空間の境界がプランクスケールていどの厚みをもった二重平面で、穴あきだらけの魔法瓶のようなものとイメージすればよい。裏表の表面は一体化したクライン曲面と言えるのだ。境界の厚みがゼロではなく、極微小でも厚みがあるところがミソである。

　それから、この極微小の穴は、空間０のみならず、宇宙空間のあらゆる座標位置で発生させうるのも重要なミソである。・・・９次元空間にあるクライン曲面のうまみはここにあるとぐらいにしか説明できないけどね。そうでないと、無数にある星や銀河、粒子の中心にまで点滅ホワイトホールを配布できないでしょ？

　これがなぜ宇宙の構成原理になるかというと、次のページに図示するとおりである。点滅ホワイトホールの特異点（ただしサイズゼロではない）にあたるコアやコアスピン（ニコちゃんマーク）というのは、空間０と宇宙空間

の双方の空間要素から、サイズに関して散々文句をつけられるのだ。

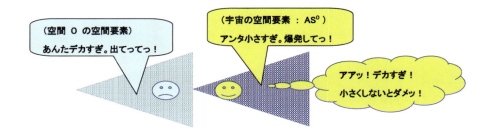

　図の左側の青いニコちゃんは、宇宙空間で働かされやせ細って空間0に現われた途端に、村人たちが出てけと押しよせる。やむなく村人たちを吸収合併し、サイズを元どおり大きくしてクラインの壺の出入り口から宇宙空間に逃れざるを得なくなる。
　ところが宇宙空間に現われた途端に、宇宙空間の空間要素 AS^0 たちから、小さすぎる（エネルギー保有量のわりには）と文句をつけられる。結局図示のとおり散々こき使われて消耗し、やむなく、放出した近くの軍勢（超高エネルギー粒子群）を撤収しブラックホールの特異点ぐらいまで、つまりプランクスケール程度のクラインの壺の出入り口を通過できるぐらいまでサイズを縮めて、ふたたび空間0に逃れざるを得なくなるのだ。
　このように、空間0ではサイズが大きすぎるから出てけ、宇宙空間では、サイズが小さすぎるから爆発して「インフレーション衝撃波」を放つよう命じられる。

　われらがニコちゃんたちは、いつまで経っても一物のサイズ（ついに言った！）の悩みを抱え、壺の出入り口付近で行ったり来たりするしかない。このピストン運動（また言った！）により空間0から宇宙空間へエネルギーが供給されるわけだ。
　このセックスは（とうとう居直った！）宇宙が空間0から一方的にエネルギーを奪うのだから強姦行為なんだが、最後は収支決算が合うことになっている。

コアスピンだって、やり続け（バカ者っ！）ではいずれ衰える。しだいにエネルギー収奪力を失って、最後はピストン運動もやれなくなって宇宙空間側で立ち往生だ。エネルギー供給が途絶えた宇宙空間は産業廃棄物となり、最期はビッグクランチで壺の出入り口でも抜けられるほどのサイズとなり、まるごと空間０に吸収される。空間０は積年の恨みを晴らし、宇宙がため込んだ良質のエネルギーがぎっしり詰まった空間要素を１個とり戻すことになる。つまり空間０が一方的に奪われつづけたエネルギーというのは、累計すると宇宙１個分のストック、すなわち空間要素の１個分なのだから、収支は合うわけだ。

・・・皆さまいかがです？　ス兵衛のやつは、この本の画期的なところは宇宙とセックスは同一物であることを物理学的に明らかにしたことだと申しておるのですが、なあ～んだ！そういうことかと、ご納得いただけたでしょうか？

　まあ、宇宙の構成原理を説明するのにこんなエロティックな語り口があるというのは画期的でございましょうから、真打で師匠のわたくしの話芸に免じて、勘弁してやろうではなイカのウン玉ぁ！

（著者より一言）ただ今シャシャリでて、長々と講釈垂れましたのは、ス兵衛の同年代の友人、と申すには、あまりにも憎っくき噺家のじじいです。オイ！お前さんの話芸とやらのおかげでこの本はエロ本にされそうだが、中味は断じてそうではないっ！この本はれっきとした物理学の本である。

§2 SST モデルは 4 つの力の概念を革新する

素粒子物理学の優等生「標準模型」のクラス編成表は下の表のとおりです。

物質の構成要素となるフェルミオン				
第一世代	アップクォーク up 3 MeV	ダウンクォーク down 7 MeV	電子ニュートリノ electron neutrino ～ 0	電子 electron 0.5 MeV
第二世代	チャームクォーク charm 1200 MeV	ストレンジクォーク strange 120 MeV	μ ニュートリノ muon neutrino ～ 0	μ 粒子 muon 106 MeV
第三世代	トップクォーク top 174000 MeV	ボトムクォーク bottom 4300 MeV	τ ニュートリノ tau neutrino ～ 0	τ 粒子 tau 1800 MeV
力を伝える ゲージボソン	電磁気力 光子 photon 0	弱い力 ウィークボソン weak gauge bosons W ±　　Z 80000　91000 MeV	強い力 グルーオン gluons 0	重力 グラビトン (glaviton) （？）

※縦に並ぶ各世代の素粒子は、電荷は同じだが質量が異なる。

　ある日のこと理沙ちゃんに「あたしと同んなじ名前のアメリカ人のきれいな女の人の本は勉強してないでしょ？」と言われ、理沙と同じ可愛い女の子だから勉強しなきゃダメ！と約束させられた。上の表は急いで読んだ本[5]の 120 ページから引用しました。

　よく見かける編成表は、縦横の並べ方が反対なのですが、これは質量（MeV）が縦の列で読めるのが気に入りました。リサは世代を重視しているな？と勝手に思い込んだのだが、クォークの並べ方が、1 箇所（u&d）を除いて、補遺 §A で述べる SST 標準モデルのグラフを描いた表とそっくり同じになっています。

　それから、今どきの標準模型では、ゲージボソンのうち重力を司るグラビトンは消えています。その代わりにでもないでしょうが、どこにも位置づけ

57

られない形でヒグス粒子が入れてあります。リサ先生の場合は空欄でしたが、私は昔どおりにグラビトンをカッコつきで入れておきました。§2.3でス兵衛はヒグス粒子こそグラビトンに他ならないと主張します。その伝でいけば上の表のグラビトン欄にヒグス粒子を位置づけられるわけです。ただし、ゲージ理論とは全く異なる理屈なので、ゲージボソンの仲間に入れることはできません。・・・とにかく、電磁気力、弱い力、強い力、重力は、宇宙で働く根源的な「4つの力」とされています。

§2.1　SSTモデルが生んだ万能の概念「実体的重力場」

　実体的重力場とは、拘束運動系空間を構成する拘束系粒子群の宇宙大の高速度の流れが、慣性系粒子のコアが存在する位置で局所的に減速されて生じる渋滞構造のことである。

　慣性系粒子の中心にあるコアであれ、周囲の慣性構造にある多数の粒子のコアであれ、とにかく慣性系粒子のコア（点滅ホワイトホール）があれば、拘束系粒子群の流れは局所的に減速され、その減速ポイントを中心とする拘束系粒子群の「動的平衡体※としての渋滞構造」が形成される。この動的平衡体が実体的重力場である。

> ※ある空間領域に、外から仲間入りする粒子の数と、外に出ていく粒子の数が同じであれば領域内にある粒子の数は一定に保たれる。内部にある粒子は入れ替わるけれど、外見は変わらないようなもののことを動的平衡体と言います。私たちの身体や交通渋滞などはその典型例です。

　右の図にグラジエントで模した実体的重力場の重要な性質は、重力場全体が粒子のスピン状態に合わせて対称または非対称スピン状態にあっても、重力場を構成する拘束系粒子群は、母体である拘束運動系空間の粒子群と同じ方角を向いた、まったく同一の非対称スピン状態に保たれることです。

　実体的重力場は、非対称流体（非対称スピン状態にある粒子で構成される流体）です。現在の数学的にだけ定義される重力場とは異なり、「非対称流体の塊」という物理的実体である。

§2 SST モデルは 4 つの力の概念を革新する

　実体的重力場の構成要素である拘束系粒子が背景の拘束運動系空間と同じ非対称スピン状態にあることは、交通渋滞のケースとそっくりです。交通渋滞[6] 全体の構造というのが、減速ポイント（不自然に遅い車や事故現場、絶景スポットなど）を中心として、前後のどちらが特別ということはない対称的な形であるのに対し、渋滞構造を構成する車は、渋滞に巻き込まれる前も脱出した後も、当然渋滞中も、同じ前方の目的地（非対称な一方向）に向かって走ることと本質的に同じことです。

　しかし前のページの図では、直線的な交通渋滞とは異なり慣性系粒子まわりの全方位に渋滞が広がった対称的な形になっています。なぜだろうか？拘束系粒子群は慣性系粒子に向かって一方位から突進してくるのだが、減速ポイントの慣性系粒子は対称スピン状態にあるため、直線的に生じた渋滞を対称スピンで全方位に分散させる。そのため、球形の対称的な実体的重力場が形成されると考えておけばよいと思います。

　実体的重力場のサイズは、減速ポイントのコアが存在する空間領域が大きいほど、また、拘束系粒子の突進速度が大であるほど密度濃く大きなサイズになると考えられます。

　もう 1 つ、実体的重力場の重要な属性は、構成粒子である拘束系粒子が最上階ステージのヒグス粒子だけで成ることです。なぜならフォトン系列の慣性系粒子はすべて、光子体 MFPB（made from photon body）であるからだ。

　これまで述べたことから、光子 AS^N が無数のヒグス粒子の塊りであることは理解できたと思います。宇宙のオートマミッション機構と称しましたが、サイズ次元の原則から、流体として光子 AS^N と相互作用しうる拘束系粒子は、その直下ステージのヒグス粒子 AS^{N-1} だけです。それより下位ステージの拘束系粒子はサイズが小さすぎて、流体として光子 AS^N の運動に影響を与えることはないのです。

　フォトン系列の慣性系粒子は、この光子を究極材料とする構造体、すなわち MFPB なのだから、その中にある光子群がヒグス空間と相互作用して実体的重力場を形成いたします。結局、実体的重力場の構成要素はヒグス粒子だということになるわけです。

1. MFPB にヒグス空間が及ぼす粘性摩擦抵抗の概念と、特殊相対性理論との関係

　ところが、ヒグス空間と光子との相互作用に関しては特殊な状況を考慮しなければなりません。§1.5 の 1 段めで述べたとおり、ヒグス空間は宇宙のオートマミッション機構により回転速度が小さい。実体的重力場は渋滞原理で形成されるが、ヒグス粒子群が減速ポイントである光子に突進する速度はさほど大きくないので、このままでは、光子がまとえる重力場のサイズはきわめて小さいわけです。

　MFPB が減速ポイントである光子を多数抱えていても、ヒグス粒子が高速で突進してこなければ、個々の光子は極めて小さい重力場しかまとえないわけです。この状況では、MFPB の方がヒグス空間を高速で運動しない限り、抱えている光子群の重力場サイズは、きわめて小さいままなのである。

　光子は光速度 c で運動すると言いますが、これには、単独で自由空間にありさえすれば、という条件があります。

　光子が 30 万キロ競泳大会に出場するとしてみましょう。光子は、スタートするまでは極めて小さなサイズの重力場をまとっているだけなので、ヒグス空間との粘性摩擦抵抗は極めて小さくて、かなりの記録が予想されます。・・・号砲一発スタートしました。予想のとおりすばらしい加速です！グングン速度が増すごとに、ヒグスプールとの相互作用により、まとった重力場のサイズも大きくなりましたが、はじめのうちは粘性摩擦抵抗はさほどではありません。次第に抵抗は大きくなりますが、懸命に頑張ってまだまだスピードは上がっています！・・・しかし重力場サイズも容赦なく大きくなって、加速度はドンドン下がってまいりました。光子は疲れもみせず懸命に頑張り続けますが、遂に重力場サイズは最大限に達し、加速度ゼロとなって定速度 c で泳ぐようになりました。・・・光子はそのまま泳ぎ続け、ゴールの 30 万キロ地点に到着したときの記録は 1 秒という、慣性系粒子部門の、単独競泳宇宙最高新記録が達成されたのでございます。

§2 SSTモデルは4つの力の概念を革新する

　・・・しかし、MFPB粒子の構成成分となった光子は、粒子と同じ速度で運動させられる。まして私たちの身体や天体などのMFPB構成成分とされた場合、光子はもっとノロくさい速度で運動しなければならないわけです。

　すると、慣性系粒子や物体、天体などのMFPB運動の加速度をaとすれば、
　　$1/a \propto \Sigma$（光子重力場の容積）$\propto$ 粘性摩擦抵抗力　・・・【2.1.1】
という関係が大ざっぱに成りたつことになります。Σ記号はMFPBが含む光子重力場ぜんぶの総和という意味です。

　このことは、ニュートンの第2運動法則 $f = ma$ は、
　　$f_N + f_H = ma$　・・・【2.1.2】
　　　　f_N：第2運動法則に従う力　$f_H = \zeta(v)$：ヒグス空間の粘性摩擦抵抗力
と書き換えられることを意味します。【2.1.2】式は、
　　$m = f_N / a + \zeta(v) / a = f_N dt/dv + \zeta(v)dt/dv$　・・・【2.1.3】
とすることができます。第2運動法則は、
　　ニュートン質量：$m_N = f_N dt/dv = \text{const}$　・・・【2.1.4】
ということであり、ヒグス空間との粘性摩擦抵抗力 f_H に対応する質量 m_H は、
　　ヒグス質量：$m_H = \zeta(v)dt/dv$　・・・【2.1.5】
で、こちらはMFPBの運動速度vに対して非線形グラフとなることが予想されるので、図示すれば右のようなグラフが描けます。

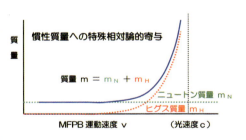

　赤い点線グラフの左側のように、MFPBの運動速度vが低いうちは構成要素の光子群とヒグス空間との相互作用は無視できて、粘性摩擦抵抗に対応するヒグス質量 m_H はほとんどゼロに等しい。ところがMFPBの運動速度vが光速度cに近づいてくると、光子がまとう重力場は、俄然そのサイズを大きく膨らませてくるわけだ。

　$\zeta(v)$ の内容を吟味しなければならないが、以上の事柄はアインシュタインの特殊相対性理論に対応すると考えられます。ただし4次元時空の概念は

不要である。

2. 実体的重力場の極端な保守性により、鋳型重力場（MB）が付加される

　慣性質量は、物質を構成する粒子1個の慣性質量に、粒子の数をかければ求められると考えるのは、ごく自然だし当たり前のことだ。ところが自然界ではこの当たり前が通らないことが明らかとなり科学者たちを悩ませてきた。
　当たり前が通らない事件は、最初は微細な素粒子を扱う分野で起こり、現在は、巨大な宇宙を対象とする分野で「暗黒物質」の謎となっている。

　単なる渋滞原理で形成された実体的重力場とは性質のことなる実体的重力場があることが分かってきた。これを「鋳型重力場 mold body（MB）」と称する。これに対し、単なる渋滞原理で形成される実体的重力場のことは、「鋳物重力場 casting body（CB）」と称する。
　CBは、鋳型に対する鋳物のような関係で、MBに包まれて存在している。微細な粒子から巨大な銀河などの天体系にいたる、あらゆる慣性運動系の存在（CB）は、MBに包まれて存在しているのである。

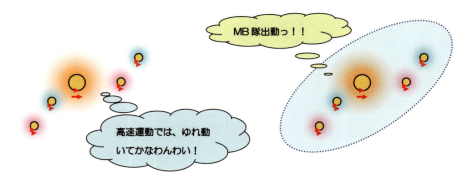

　鋳型重力場MBの形成原理は、今のところ定性的にしか表現できないが、上に図示するような「実体的重力場の極端な保守性」によるものである。実体的重力場は動的平衡体という「はかない」存在であるが、常に、拘束運動系空間という秩序正しい空間から非対称流体力学的相互作用によってコント

ロールされている。はかない存在でありながら、動的平衡体の形や位置関係がむやみに変化することには頑なに抵抗するのである。

原子が分子という上位構造体に編成されるときも図のような MB 隊出動はあるが、まだ小規模なので、分子の質量は個々の原子の和であるように見える。地球と月の連星系、また太陽系でも似たようなもの。

ところが、銀河のように巨大スケールで複雑な構造体になると少々の MB 隊ではまとめきれない。MB の容積が集団の慣性質量を決める※のだから、こうなると、銀河の慣性質量は、個々の構成天体の質量の総和よりずっと大きな値で観測される。これが「暗黒物質」と呼ばれるものの正体である。

※次章 §2.2 で論じます。

銀河よりさらに大規模かつ複雑な、宇宙の大規模構造と呼ばれるものになれば、もっと大きな割合の質量をもつ MB 重力場が必要となる。かくして宇宙全体の 26.8% もの質量を占める MB 重力場、人呼んで「暗黒物質」が、わずか 4.9% の CB 重力場の集団を束ねているのである。

・・・拘束系粒子が、慣性系粒子のコアに運動を妨害されて受動的に動的平衡体とやらを作るのは分からんでもないが、単独では自立できない拘束系粒子が、コアの妨害もないところで、慣性系粒子の塊りと似たような集団行動をとるなんてこと、できるわけないじゃなイカのウン玉！

さすが！竜王様お使い番のウン玉くん！鋭い突っ込みにはまいったよ。これにはさすがのス兵衛も随分と悩んだのじゃ。悩んだ挙句に、下の絵のようなアイテムを思いついた。

拘束系粒子にはスピン軸回転の自由度も、慣性運動を行う自由度もないが、粒子が密集したところで、周囲の仲間に押されて右の絵のような重ね餅型の複合体を作らされることが考えられる。

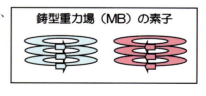

渋滞原理でできた CB 重力場というのは、背景の拘束運動系空間にくらべ

ると不自然に拘束系粒子が密集した領域だから、絵のような「MB素子」（3つ重ねかどうかまでは分からない）を多数生みだしているのだ。

MB素子が、図のように慣性系粒子と似たようなスピン軸倒立の自由度を獲得したとする。ただし倒立だけであって自由回転はできない。しかしこれで十分だ。これにより、斥力空間である拘束運動系空間の中に、接近引力で強固に結びつくこともできるMB素子の集団を編成する準備が整ったことになる。

斥力空間であるCB重力場ではMB素子は余計者だから、MB素子を次々と外側に放出してMB重力場が形成されるのだ。MB素子は、慣性系粒子という「物質的基盤」を持たない粒子だが、その集団は、内部には接近引力関係が巧みに配置された、柔軟かつ強靭で自立的な一体化した塊りとなれる。

一体化したMB重力場は、CB重力場の集団を丸ごと締めつけ統制して、秩序正しく、固く結束した集団に仕立てあげることができる。・・・MBというのは、軍の憲兵（MP）のような存在でございますな。呼び名までが似ている！

物体のCB重力場を相補的に包むMB重力場の存在は、上記のとおり宇宙の暗黒物質の謎を解くカギとなる可能性があるが、これを生物に適用した場合、私たちは前書「アッ！とおどろく宇宙論」の第3.1章で経験したような、不可思議な生命の世界に入りこむことになります。

なお、補遺§B.3の1段めで、原子のコアクォーク重力圏半径 L_g というサイズが定義されるのだが、その物理的実体が何を指すのかがよく分からないままである。

もしかしたら、これは原子のMB重力場の半径なのであり、原子のようなミクロ世界では、マクロ世界とは逆にMB重力場はCB重力場の内部に存在し、質量に関して「有効な」密度の領域を形成しているのかも知れない。

§2 SSTモデルは4つの力の概念を革新する

§2.2　実体的重力場の並進運動から生まれる慣性質量

　慣性質量は文字どおりの「質の量」ではありません。「質の空間的拡がり」がヒグス空間と相互作用して生み出される量であり、二次的に派生する量である。

　§1の宇宙創生モデルでは、右の図で慣性系粒子が誕生する初期の様子を示した。この中で、電子のAS図は大きな慣性質量をもつ粒子に共通する「慣性構造」をもつ。

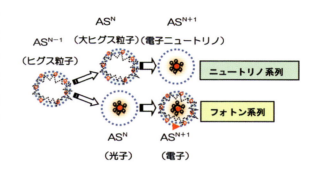

　光子と電子ニュートリノは、コアとコア構造だけで成る慣性系粒子である。コア周りにグラジエントで描かれたコア構造は、ヒグス粒子または大ヒグス粒子で成るのだから、いわば「極端に圧縮された重力場」だと言えます。

　前章§2.1で述べたとおり、フォトン系列の実体的重力場の構成要素はヒグス粒子です。慣性構造を有する粒子の場合は、内部のコア・コア構造が有する重力場は、サイズの大きな慣性構造が有する重力場に「包み隠されて」いるので、粒子の慣性質量は、サイズの大きな慣性構造のヒグス重力場が生みだす。

　光子はコア構造の「極端に圧縮された重力場」により、極端に小さな慣性質量を有する。・・・光子は質量ゼロだゾー！というヤジが飛んでますが無視しましょう。補遺§AのSST標準モデルを読んでいただきたい。そこには、電子ニュートリノの慣性質量まで測定できた人類に、それよりはるかに大きな値をもつ光子の慣性質量を測定できないわけがないと書いてありますよ。

65

コア構造はサイズが微小なので慣性質量の発生源としての貢献はわずかだが、電子のような大きな慣性構造をもつ粒子でも、全体の「質の量」の大部分はコアとコア構造にある。
　だからコア・コア構造が、慣性構造を飛散させずに一定の距離に留めておく役割は絶大です。§2.3 と補遺 §B で、慣性構造を飛散させない力は意外にも重力であり、慣性構造とコア・コア構造との間には「超接近重力」が働いていることを論じ、証明いたします。

1. 慣性質量は MB 重力場のサイズ（容積）に比例する

　本章の冒頭でこう述べました。・・・慣性質量は、「質の空間的拡がり」がヒグス空間と相互作用して生み出す量である。本来の質量とは「質の量」のことであり、質の量とは、MFPB の中に閉じ込められ封印された光子の量（個数）を意味します。

　前章 §2.1 の 1 段めで、ニュートンの第 2 運動法則は、
　　　$f_N + f_H = m\,a$　・・・【2.1.2】
　　　　　f_N：第 2 運動法則に従う力　　$f_H = \zeta(v)$：ヒグス空間の粘性摩擦抵抗力
と表記できることを論じました。そこでは、左辺第 2 項のヒグス空間の粘性摩擦抵抗力 f_H をめぐる特殊相対性理論との関係を説明するのが中心で、第 1 項の第 2 運動法則に従う力 f_N の本質については話しませんでした。・・・実は、この力 f_N も、その本質は f_H と同じくヒグス空間の粘性摩擦抵抗力なのである。

　【2.1.2】式左辺第 2 項、$f_H = \zeta(v)$ は、MFPB の速度 v が光速度 c に近づくにつれ、光子のヒグス重力場のサイズは非線形的に増大し、右の図（再掲）のとおり、ヒグス質量 m_H は無限大に発散することでした。

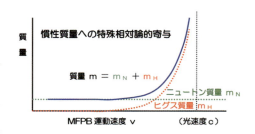

§2　SSTモデルは4つの力の概念を革新する

　65ページで述べた中に、極端に圧縮されたコア構造もわずかながら慣性質量をもたらす、というのがありました。

　光子コア構造の「極端に圧縮されたヒグス重力場」は、MFPBの速度vがちっとやそっと大きくなったぐらいではサイズが目立って増えないのです。従って、サイズ微小な光子のコア構造がもたらす微小な慣性質量の総和であるMFPBの慣性質量 m_N は一定のまま。すなわち、第2運動法則、

　　　　ニュートン質量：$m_N = f_N \, dt/dv = const$　・・・【2.1.4】
が成りたっていたわけです。

　すると低速度領域では、慣性質量は、質の量、すなわちMFPBの中に閉じ込められ封印された光子の量（個数）に比例することになります。「質の空間的拡がり」が、ヒグス空間と相互作用して生み出す量にはなりません。

　そこで前章 §2.1 の2段めで述べたことを思いだしていただきたい。複数の粒子や天体がつくる「空間的拡がり」をもつ構造体は、すこし毛色のちがうヒグス重力場であるMBに構造全体が包まれ引き締められて、安定的に存在することができるのであった。

　構造体が有するヒグス重力場のサイズ（容積）は、MB重力場のサイズ（容積）です。確かに構造体が有する「質の量」は保有する光子の量（個数）だが、構造体のMB重力場のサイズは、保有する光子群がどのような「空間的拡がり」をもって構造体をつくるかによって違ってくる。・・・密集構造であればMB重力場のサイズは小さく、逆に拡散構造であれば大きくなり、同じ「質の量」であっても慣性質量は大きく異なるわけです。

　・・・慣性質量は「質の量」ではなく、MB重力場のサイズ（容積）に比例するのである。

2. 慣性質量 m と真質量 μ の関係

　補遺 §A.2 の SST 標準モデルでチョイ役で登場する「真質量 μ」というのは、じつはここでいう「質の量」のことです。真質量 μ は、

$\mu = nm_p$　（m_p：光子の慣性質量，n：MFPB 中の光子数）　・・・【2.2.1】
と定義することができます。

補遺§A で示す SST 標準モデルのグラフをデフォルメしてすっきり描けば右の図になる。フォトン系列とニュートリノ系列の慣性質量 m と真質量 μ とは右のような関係なのだが、なぜこのような関係になるかについ

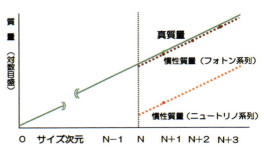

ては、真質量換算係数 $\kappa = \mu/m$ が関係するので、これは§2.6.4 で説明します。

　ここで言いたいのは、サイズ次元の同じ粒子は、慣性質量は異なっていても真質量は同じであることです。例えば 20 万倍以上慣性質量がかけ離れたサイズ次元 N＋1 の電子と電子ニュートリノの真質量は同じであるということである。・・・両者は、真質量は同じでも、真質量の空間的拡がり方が著しく異なる構造を有しているということです。もっともこの場合は、相互作用する背景空間が、電子はヒグス空間であるのに対し、ニュートリノは大ヒグス空間であるという相違点もあるので、図のような極端な慣性質量の差が生じていると考えられます。しかし、同一サイズ次元の粒子の真質量は同じなのだ。

　ニュートリノが時には電子を蹴飛ばして[7]水中では電子を光子より速い速度で飛ばしてチェレンコフ光を発せしめるほどの力持ちであるのは、両者の真質量がほとんど変わらないことによる。・・・因みにチェレンコフ光は、電子とニュートリノのコアどうしが、低い確率で正面衝突して起こる現象だと考えられる。このときは真質量どうしのガチンコ相撲が取られるわけだ。ふだんはショッキリのように互いに素通り※でございます。

　　※フォトン系列の粒子と衝突しても、コアどうしが衝突しないかぎり相互作用しないというニュートリノの奇妙な性質は、§2.5 で弱い力の謎を解くカギとなります。

要するに、同じ重さ（真質量）の紙でも、丸めて紙鉄砲の弾にしたのと、紙風船にしたのとを加速度計で測定すれば、紙風船のほうがカサ高い構造だから慣性質量は大きいということです。

　・・・それは空気中での話で、真空中では同じだと教わったじゃなイカのウン玉！

　それは粗末な装置で測定するからじゃよ。銀河をそっくり乗せられるような加速度計や、粒子のミクロ世界で電子１個でも乗せられるような装置を作って測定してみなさい。空気に代わって、拘束運動系空間というのがあることが分かるじゃなイカのウン玉くん！

3. 慣性系粒子に付きまとう実体的重力場（ヒグス重力場）が慣性質量を生む

　さて、65ページの図で示した３種類の慣性系粒子（光子、電子、ニュートリノ）に限らず、慣性系粒子は対称スピン状態にあるから粒子が慣性運動できることは、§1.5で述べたとおりです。その際、ヒグス空間から受ける粘性摩擦抵抗を自由形泳法のような対称スピンによって最小限にしている。しかし、粘性摩擦抵抗は慣性系粒子「自体」が直接的に受けているわけではないのである。

　慣性系粒子が慣性質量をもつのは、粒子のコアを中心としてひろがるヒグス重力場が、粒子自体と不即不離の関係で存在するからだ。
　§2.1で説明したように、実体的重力場とは、拘束運動系空間を構成する拘束系粒子群の高速度の流れが、慣性系粒子のコアが「減速ポイント」となって、局所的に減速されることによって生じる「渋滞構造」のことだった。

　右の図にグラジェントで模したヒグス重力場の重要な属性は、重力場全体が対称スピン状態にある場合でも、重力場を

構成する個々のヒグス粒子群は、背景のヒグス空間と同一の非対称スピン状態にあることだ。だからこそ、重力場を構成するヒグス粒子だけが、ヒグス空間の仲間たちと「直接的に」非対称流体力学的な力※で相互作用できるのである。したがってヒグス重力場はヒグス空間と直接的に相互作用して慣性質量を生み出すのである。　※この場合、互いに分離斥力を及ぼす粒子間の相互作用。

　ヒグス重力場と、粒子自体を分離するのは不可能なので、重力場が生んだ慣性質量は、私たちが測定したとき、粒子の慣性質量であるかのように認識されるのである。

4. 慣性質量には重力場全体の並進運動だけが関係し、スピン運動は関係ない

　慣性質量に関係するのは「重力場全体の丸ごとの並進運動」だけである。重力場全体の重心が慣性座標系において静止しているか、等速度で運動している限りは、重力場という動的平衡体とヒグス空間との間には、ヒグス粒子の出入り速度が均衡する一定の動的平衡状態が実現しています。それゆえ、この動的平衡体が静止しているか等速度で運動している限り、背景のヒグス空間との間に力学的相互作用が現われることはない。

　しかし、動的平衡体を静止状態から運動させるか、あるいは運動を加速するには、動的平衡体とヒグス空間とのヒグス粒子の出入り速度に関し、1つの平衡状態から、別のレベルの平衡状態に到達させる必要があります。そのためには一定の法則に従う力が必要となります。すなわち、ニュートン力学の第2運動法則、

　　$f = ma$　or　$m = f / a$

の比例定数として測定可能な、慣性質量 m が測定されることになるのである。

　要約すれば、ヒグス重力場全体を丸ごと並進加速するのに必要な力 f と加速度 a の比として慣性質量 m は定義される。慣性質量に関しては重力場の「全体的スピン状態とは無関係に」全体を丸ごと並進加速する運動だけが問題となることが大きな特徴です。

5. ニュートン質量 m_N とヒグス質量 m_H の本質について考察する

1段めで・・・この力 f_N も、その本質は f_H と同じくヒグス空間の粘性摩擦抵抗力なのである・・・と述べました。これは§2.1ではじめて登場した一連の関係式、

$\quad f_N + f_H = m\,a \quad$ ・・・【2.1.2】
$\qquad f_N$：第2運動法則に従う力　　$f_H = \xi(v)$：ヒグス空間の粘性摩擦抵抗力
$\quad m = f_N / a + \xi(v) / a = f_N\,dt/dv + \xi(v)\,dt/dv \quad$ ・・・【2.1.3】
$\quad$ニュートン質量：$m_N = f_N\,dt/dv = \text{const} \quad$ ・・・【2.1.4】
$\quad$ヒグス質量：$m_H = \xi(v)\,dt/dv \quad$ ・・・【2.1.5】

で定義される f_N と $f_H = \xi(v)$（vの関数）について述べたものであり、その本質は、f_H と同じくヒグス空間の粘性摩擦抵抗力であるとしたものでした。

しかしこの段では、はたして f_N（ニュートン力）と f_H（ヒグス力）の本質が、同じくヒグス空間の粘性摩擦抵抗力であると言えるのかどうか、もっと吟味し考察してみましょう。

前段で述べたように、f_N（ニュートン力）というのは、動的平衡体（重力場）とヒグス空間とのヒグス粒子の出入り速度に関し、1つの平衡状態から、別のレベルの平衡状態に到達させるために必要となる力ですが、この力の大きさは、動的平衡体（重力場）の容積に正比例すると考えられます。

一方、右の図（再掲）のように、ヒグス質量 m_H が光速度で無限大に発散する現象は、MFPBの構成要素である光子のヒグス重力場自体が太る現象です。§2.1の1段めで光子が出場した30万キロ競泳大会を思いだせば理解できるはずです。

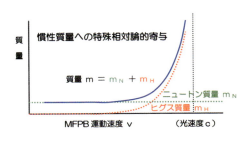

これは、粘性摩擦抵抗力であると述べた f_H（ヒグス力）が無限大に発散するのではなく、ヒグス重力場の容積が一定の上限値に収斂する結果、ヒグス力 f_H が一定の上限値に収斂する現象です。その結果、加速度 a がゼロに収斂

するので、f_H/a と計算される（観測される）ヒグス質量 m_H が無限大に発散するのである。

「粘性摩擦抵抗力」というのは誤解を招きやすい表現だったかも知れない。ニュートン力 f_N もヒグス力 f_H も、その本質は同じく上記の「動的平衡体の平衡状態を別のレベルの平衡状態に変化させるのに要する力」なのである。

§2.1 の 30 万キロ競泳大会にかぎらず、この力を直感的に分かりやすく理解するには、「粘性摩擦抵抗力」というアナロジー表現はいたって便利なのだ。あるいは、この力を数学的に記述するときにも役立つかも知れません。

§2.3　実体的重力場の密度勾配から生まれる重力

右の電子の AS 図でよく見えなかった人もあると思うので説明します。赤い丸印の中心のコアと、円環にある赤い丸印の粒子とは、同方向の非対称スピン状態にある。両者間には分離斥力がはたらいて爆発拡散型の慣性構造が創生されたのだった。すると、慣性構造は拘束系粒子と同じ爆発拡散型の AS 構造だから、このままでは自爆して存在できないはずだという疑問が当然生じる。

（電子）

補遺§B における超接近重力の証明が正しいとしても、自爆を防止する力は重力だなどという見解には、あきれて肩をすくめる方が多いことだろう。・・・4つの力の中で、電磁力や強い力に較べると、重力はあまりにも弱い力なので統一理論では扱いかねるというのが常識になっているのです。ひも理論[2] を読んだら、無意味なグラビトン解がいくつもあって始末に負えないと著者のブライアン先生はボヤいていました。

SST モデルでいう重力というのは、宇宙空間のように広大な領域で働く重力でも、粒子内部のようなミクロ領域で働く重力でも、すべて「ヒグス重力場の密度勾配」が生みだす力である。ただ、ヒグス重力場のサイズや密度、密度勾配の大きさが、ミクロとマクロの場では違うだけなのだ。

ヒグス重力場は、前章§2.2 においては、MFPB の並進運動に対するヒグス

空間の粘性摩擦抵抗力に関わる慣性質量 m の成因となったが、ここでは同じ重力場の密度勾配が、MFPB 粒子や物体、天体間にはたらく重力の成因となるのである。

・・・重力は、2つ以上のヒグス重力場の間にできる「密度勾配の谷」によって生まれるのである。

1. 重力の動因は分離斥力である

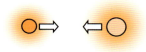

　右の図のように、2つの MFPB が存在するケースで考えよう。2つのヒグス重力場の中心を結ぶ線分上には、必ずヒグス粒子群の密度勾配の谷ができるはずである。
　これをミクロスケールで見れば、重力場を構成する、非対称スピン状態の個々のヒグス粒子の間には分離斥力が働いている。だからそれぞれのヒグス粒子には、常に密度勾配を解消しようとする方向の力が働くことになります。つまり高密度の位置から低密度の位置にヒグス粒子を移動させようとする力が働く。この力の方向は中心から外側に向かい、密度勾配の大きさに比例的な大きさをもつ力だ。これを「分散力」と名づけよう。
　一方、§2.1 で述べたとおり、重力場は、中心のコアという減速ポイント周りにできた渋滞構造であり、外側から中心に向かう「渋滞力」も密度に比例的な大きさをもつ力だ。

　したがって、渋滞力が分散力と重力場内のすべての座標位置で完全に均衡していないと、重力場は存在できない。重力場が単独で存在するかぎり、分散力は渋滞力と均衡し、ヒグス重力場という動的平衡体が維持され静止しているだけである。密度勾配を解消しようとする分散力が外に現われることはないのである。

　ところが、上の図のように2つの MFPB があり、中心と中心を結ぶ線分

上に「密度勾配の谷」ができると様子が変わってくる。常に密度勾配を解消しようとする分散力は、2つの重力場内のヒグス粒子すべてに対して、矢印で示した谷底のある方角に粒子を動かす力となって現われる。これが重力現象だ。

・・・意外なことに、重力の動因は分散力すなわち分離斥力なのだ。

2つの重力場は密度勾配の谷を埋めようとするので重力場間の距離が縮まっていく。MFPBとヒグス重力場を分離するのは不可能だから、重力場間の距離が縮まることは粒子や物体間の距離も縮まることを意味する。これではじめて私たちに観測可能な重力現象が見えてくるのである。

2. アインシュタインが悩んだ「愚問」を解いてみよう

さて前章§2.2では、ヒグス重力場の加速度と所要力に見合った慣性質量があることをお話ししましたが、今はまさにその慣性質量を測定できる場面でもあります。

前のページの図の左側の粒子をパチンコ玉だとし、右側を地球だとします。パチンコ玉は大きな地球の重力場に呑みこまれているが、どこまで行ってもパチンコ玉と地球の中心との間には重力場の密度勾配の谷があるので、パチンコ玉は地球に向かって重力加速度 g で運動することが昔から測定されて分かっています。

そのときパチンコ玉をバネ秤に載せて運動を止めれば、パチンコ玉に働く力 F を測定でき、パチンコ玉の重力質量 m_g（＝ F／g）が求められる。

同じ測定を、パチンコ玉を宇宙船に持ちこんで無重力の宇宙空間で行ないます。宇宙船自体がもつ重力場はないことにすれば、パチンコ玉の重力場が、単独で孤立して存在する条件が整っているわけです。無重力というのは、パチンコ玉の周りのヒグス重力場の密度勾配ゼロということですが、無重力の宇宙空間でロケット噴射を行って宇宙船が加速している最中に地球でやっ

§2　SSTモデルは4つの力の概念を革新する

たのと同じ測定をする。パチンコ玉は、宇宙船に対して加速度aで運動し、パチンコ玉に働く力はfと測定されます。この測定で、パチンコ玉の慣性質量 m_a（$= f / a$）を求めることができる。

　問題はここからだ。重力質量 m_g と慣性質量 m_a は同じ値になるのだが、測定条件はまったく違うのに、なぜ同じ値になるのですか？

　・・・なんたる愚問だ！と言う人は、多分、ニュートンの第2運動法則を使って、問題を解いたのだと思うが、その法則は愚問の中の測定でもう使いましたよ。
　この「愚問」にはあのアインシュタインが随分と悩んだそうだ。悩んだすえ彼は、静かに佇む重力場の存在と、加速運動という存在のあり方は等価だと悟り、ついに一般相対性理論に到達したとされる。

　・・・この難問について、なんと！幼いけれども賢い加奈ちゃんが答があると言います。パチンコ玉の重力場はコーソク粒子でできてるんだから、コーソク空間の仲間としかお付き合いしないんだったら、どこ行ったって条件は一緒でしょ。ピンポーン！正解です。

　ヒグス重力場は、静かに佇む数学的重力場のようにお上品ではないが、いつでもどこでも同じ容積と真質量を有する物理的実体である。重力場の材料はヒグス粒子だけだから、ヒグス空間の仲間だけと相互作用する。
　だから、地球の上だろうが宇宙船の中だろうが、重力場にとっては、相変わらずヒグス空間を運動しているだけのこと。環境にまったく変化はない。・・・地球上と宇宙船の中では測定条件が違うという事だったが、それは単なる引っかけ。測定条件はまったく違わない。

　次のページの図は愚問の中で重力質量 m_g と慣性質量 m_a が測定されている様子を表わしたものです。稲妻印は、黄色がヒグス粒子の流入速度が力を受けて大きくなる増分を示し、青色は流出速度の増分を示します。両者が等

75

しいので、重力場の動的平衡体の内部におけ
る流速は大きくなるけれども、動的平衡体の
内容物の量はつねに一定に保たれています。

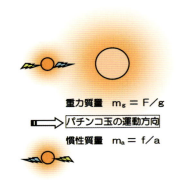

　図の上の方は、前に話した密度勾配の谷に
向かって、パチンコ玉の重力場成分が、いわ
ば吸い出されて失われる分を補充するために
左側から補充されているというイメージ。こ
れに対し下の方は、加速により右側から押し
込まれて増える分を左側から放出して、動的
平衡状態が維持されているというイメージで
ある。

　どちらの場合も、背景にあるヒグス空間が、パチンコ玉の重力場成分の増分
を提供しているし、排出される減分を受入れてもいるのだから、両者の実験
条件に何ら変わるところはない。ニュートンの第2運動法則が成り立つかぎ
り、力と加速度の比である重力質量 m_g と慣性質量 m_a は等しくなるのである。

3. グラビトンとは拘束系粒子のことである

　現代物理学におけるグラビトン（重力子）の概念は、SSTモデルにおけ
る実体的重力場を、その非対称流体としての属性、とくに斥力空間であると
いう属性を、まとめて量子化したような概念ではないだろうか？
　ここを書いていた2014.7.5付けの新聞に、重力波望遠鏡「かぐら」巨大ト
ンネル公開！という記事がありました。検出方法は知らなかったが、コンビニ
学派のス兵衛は2015年末の週刊誌で、マイケルソン－モーリーの実験装置※
とそっくりだと知り驚きました。

> ※光が伝播する媒体「エーテル」の存在を否定した実験とされる。重力波望遠鏡は
> 　エーテルの再発見につながるかも知れないと、ス兵衛は期待しているようでござ
> 　います。

　重力場が極端に大きな加速度を受ける激烈な天体現象が生じた場合、重力

場はその動的平衡状態を急速に調整するために、内部ではヒグス粒子群がきわめて急激に流動する状態が現出する。そのため重力場全体が脈動して波打つこともありうる。

ヒグス重力場というのは、理論的には密度勾配が限りなくゼロに近づきながら宇宙の果てまで拡がる「非物質的実体」だ。現在検出しようとする重力波は、こうした破滅的天体事件が発してヒグス空間を伝播する、振幅が大きく波長の長い重力波のことであろう。

次章 §2.4 以降の、重力以外の３つの力、電磁力、強い力、弱い力に関する内容をみれば分かるとおり、すべてヒグス重力場が動因となって起こる現象です。したがって今お話しした「重力波」に限らず、宇宙で発生する波動現象には、「拘束運動系空間を伝播する重力波」以外の波動現象は存在いたしません。

§2.4.3 では、いわゆる「電磁波」も、重力波という縦波の一種だということになる。拘束運動系空間に横波など発生させようもないからです。横波は、弦楽器の弦や縄跳びなわなどのセミマクロスケールの物体だけが演じうる特技なのである。

拘束運動系空間に発生しうる波動現象は、拘束系粒子の密度が変動する粗密波、つまり縦波だけである。粗密波に振幅や波長などの横波用語を用いるのは、その方が、私たちにイメージしやすいし、数学的に取扱いやすいからである。

ヒグス重力場のヒグス粒子の密度勾配と分離斥力が重力の動因となっているのだから、グラビトン（重力子）とはヒグス粒子に他ならないのである。

次章 §2.4 以降でもヒグス重力場だけが対象となるのだが、もしかしたらサイズ次元的にもっと下位の拘束運動系空間を伝播する重力波も存在するかも知れない。だから、

・・・グラビトンとは、拘束系粒子という非物質的実体のことである。

§2.4 実体的重力場のスピン運動から生まれる強い力、そして電磁力

これから、実体的重力場どうしのスピン運動に伴なう直接的相互作用、非対称流体力学的な戦いがはじまります。

§2.4.1 では、強い力が重力場のスピン運動がもたらす力であることと、電磁力は電子が光子のキャッチボールを行うことによって生じる力であることを論じます。ただし現代物理学でいう「仮想的キャッチボール」ではなく、実際に光子のキャッチボールが行われている様子を描くことになります。

粒子のキャッチボールは、重力場のスピンから生まれる強い力と弱い力を補完する副次的概念となり、力のすべてを説明する概念ではなくなります。

そして次の §2.4.2 では、電子力学基礎論と称して電磁気学の分野の新しい見方を提案いたします。「電子力学」とは、磁力概念を用いない電磁気学のことです。

§2.4.1 強い力と電磁力の SST モデル

実体的重力場は、相互作用する対象との距離によってその形が変形することがある。前章 §2.3 までの対称的な球形というのが、通常私たちが想定している重力場の形ですが、それが変形するとはどういうことだろうか？

じつは、実体的重力場の本来の形は扁平な回転楕円体、それも中心が凹んだ赤血球のような形なんだ。これは、§1.3 で作成した下のインフレーション衝撃波の波及図（再掲）をみれば、すぐに理解できる。

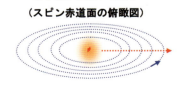
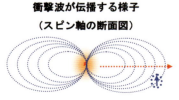

§2 SSTモデルは4つの力の概念を革新する

　宇宙の形は衝撃波の波及範囲なのだから、赤血球のような形であることがイメージできます。それは、宇宙よりサイズ次元が1段下位にある銀河の形が同じようなものであることからも想像できるはずです。・・・慣性系粒子の対称スピン状態からくる球対称的な重力場の形のほうが特別なのであって、非対称スピン状態が本来の形を表わすということです。

　宇宙の構成要素はすべて小宇宙であるとお話ししたように、電子重力場の本来の形は、宇宙全体と同じように、中心にコアがあって中央部が凹んだ赤血球のような形となります。昔懐かしい宇宙ステーションのように描いた右のAS図はその通りになっています。

AS^{N+1}
（電子）

　しかしミクロ世界の粒子は、電磁波や、背景の拘束運動系空間そのものがかく乱要因となって、ジャイロ効果は期待できない。電子の場合もスピン軸がランダムに回転する「特別な」対称スピン状態にあるわけです。

　電子重力場の対称スピン状態が非対称スピン状態に移行し、扁平な回転楕円体のような本来の重力場の形が現われることがある。それは下の図で説明できます。

　要するに、2つの重力場が衝突し1つの合体重力場を形成すると、2つのコアはスピン軸を勝手に回転させるわけには行かなくなる。スピン軸回転の自由度を失い、非対称スピン状態にならざるを得なくなるということである。

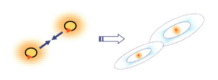

　それは電子どうしの衝突でも、銀河どうしの衝突でも同じだということです。もっとも、銀河はジャイロ効果で電子のような激しい対称スピンは行わないが、長期的にはスピン軸は自由回転することが知られています。

　・・・このことをス兵衛は「非対称性の他発的獲得」と称しています。

1. 接近引力と分離斥力が生まれるメカニズム

粒子重力場が対称スピン状態にあれば、接近引力と分離斥力は働かない。2個の粒子が接近し、重力場が重なって合体重力場が形成された段階ではじめて、非対称スピン状態が見えてくる。合体重力場によって2個のスピン軸回転の自由度は抑制されるわけです。

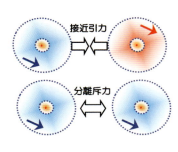

2個の粒子が接近して非対称スピン状態になれば、左の図のような2つの状態しか考えられません。上の絵は互いにスピン軸が倒立した状態で、接近引力がはたらく。その下の絵は互いのスピン軸は並行し分離斥力で離れるところです。これが非対称流体力学の基本ルールだった。

右の図のように、もし、自由空間で対称スピン状態の2つの粒子が接近できたとすれば、中間に重力場密度勾配の谷はあるので、重力だけは働くでしょう。しかし自由空間には電磁波という「重力波」が充満して

いる。粒子は荒海に浮かんでいるようなもので、粒子重力場が合体して結合するのに、重力だけでは弱すぎるのである。

・・・要するに、強い力というのは、重力や電磁力などよりはるかに強力な、接近引力と分離斥力が作用する極微空間で現われるということです。

2. 粒子の内部構造を創生した「強い力」のSSTモデル

右のAS図の中で示した小さな赤丸と黒丸は、ASの構成要素であるサイズ次元的に1段下位の粒子です。すると電子AS^{N+1}の場合、これらは光子AS^Nだということになります。あり江内！と野次ってくれても、これには深いわけがあるんだ。

AS^{N+1}
（電子）

§2　SSTモデルは4つの力の概念を革新する

　§1.5の冒頭でお話ししたが、光子が創生されて AS^N ステージが凄まじい光爆発の渦となってビッグバンが始まる。次のインフレーション衝撃波が襲来したとき、宇宙には光子以外の電子材料がなかった※のだ。衝撃波は仕方なく光子を材料にして電子 AS^{N+1} ステージの宇宙を完成させたのである！

　　　※大ヒグス粒子 AS^N もあったので、この点は補遺§A.1で当面の結論とする。

　しかし、補遺§Bで原子モデルの数理検討を行った結果から類推すれば、前のページの AS 図は電子の内部構成と構造を概念的に示すには便利な小道具なのだが、電子の構造をあまり正確には表わしていないようだ。コア・コア構造に較べれば巨大な1次慣性構造が、せせこましい極微空間でせかせかと凄まじい速度で回転しているのだ。

　このせせこましい姿を右に描いてみました。1次慣性構造に捕捉された正転光子が何個だったかは分からないので、取りあえず3個にしました。

　中心のコアとの間には分離斥力※、隣どうしは何かの弾みで接触したら真逆に擦れてドえらいことになりそうなぐらいギンギンに分離斥力※がはたらいている。・・・こんな状態で正転光子たちが大人しく正転ダンスなど踊っていられるわけがありませんな。光子たちと中心のコアとの距離は極めて近い上に、コアの図体は小さくても全体の質量のほとんどすべてが詰まっている。ここはブラックホール（点滅ホワイトホール）のシュヴァルツシルト半径にほど近い極微空間なのである。光子たちはコアの強力な「超接近重力」に捕まって、大人しくム所暮らししているのだ。

　　　※下記のとおり、超接近重力で際限なく呑みこまれないために分離斥力がはたらく。

　以上のようなモデルは電子にかぎらず、→ クォーク → 核子 → 原子と、サイズ次元の階段を上るミクロ粒子の構造を維持する「強い力」のSSTモデルである。

　粒子創生の場面で、接近引力と分離斥力※という非対称流体力学的な強い力が、コア・コア構造ならびに1次慣性構造という構造を形成し、自転車の車輪のフォークを引き締めて車軸（コア）の留め穴にカチッとはめ込む要領

で、慣性構造の構成粒子が飛び散らないようにしているのが、超接近重力という強い力である。

> ※なお分離斥力は「強い力」を弱める要因だと思われるかもしれないが、接近引力や超接近重力と均衡して構造を安定化するための、強い力の重要な一員なのだ。これがなければ、すべての構造がコアに呑み込まれてしまうような場なのである。

・・・「強い力」のSSTモデルは、接近引力・分離斥力と重力の協同作用である。

しかし神の用心深さはあきれるほどで、この「強い力」だけでは安心されず、次章§2.5では、核子と原子のサイズ次元には接着因子（グルーオン）まで用意される。

3. 創生された電子が行うゲーム「電磁相互作用」のSSTモデル

さて、大人しくム所暮らしすることになった正転光子ではあったが、彼らがム所を脱走したくてウズウズしているのには変わりがない。そこに光速度慣性飛行の操縦桿を切りそこねた対称スピン光子が、囚人と接触事件をおこしたら大変！囚人はここぞとばかりに、こいつをとっ捕まえて自分の独房に押し込んでしまい、自分はさっさと脱走するわけだ。

この脱走野郎が対称スピン状態に戻って光速度爆走飛行で十分に長い距離を走れたなら、脱走は見事成功することになる。しかし、すぐそばにム所があったりすると、今度は脱走野郎がこのム所の囚人にとっ捕まって、そ奴が脱走することになる。しかしそ奴もまた隣のム所で捕まって・・・という具合に、電子どうしの距離が近いと光子が行ったり来たりすることになる。行ったり来たりする光子は同一の光子とは限らないが、けっして「仮想的に」行ったり来たりするのではないのだ。光子に夢想癖があるわけではない※。

> ※（真打の師匠）・・・などと、またドン・キホーテが現代物理学を皮肉ってますよ。引続いて、電磁力の本質は、電子と電子の間のヒグス空間のエントロピーの関係だと講釈いたします。

隣の電子との光子のキャッチボールにより、反作用で電子間の距離が拡がるようなことはない。理由はこうだ。対称スピンの光子が捕まって電子ム所の独房に納まると、スピン軸回転の自由度を失って非対称スピンになるので、電子と電子の間の空間からエントロピー（無秩序さの程度）が失われることになる。代わりに脱走した光子は飛行中に非対称スピンから対称スピン状態に変わるので、その分だけ電子と電子の間の空間からエントロピーを奪うことになる。

　電子が対称スピンの光子をキャッチして非対称スピン化し、非対称スピンの光子を放出する行為は、自身のエントロピー増減に関しては差引きゼロだから、構造不安定をまねく恐れはない。だが、電子と電子の間の空間のエントロピーは、光子のキャッチボールにより減少する一方になる。それは、電子と電子の間に引力が発生することを意味します。

　・・・電子と電子は、光子のキャッチボールという、空間からエントロピーを奪う行為により結合を維持する。これが電磁力のSSTモデルである。

　現代物理学ではゲージボソンの1つとされる光子が電子間で「仮想的に」やり取りされて生じるのが電磁力だ。しかしSSTモデルでは、右図のとおり、実際に光子が行き来して生じるのが電磁力である。脱走犯は対称スピン状態にある。

　つづいて、「正電荷電子」と称する粒子の創生の模様を語りましょう。ビッグバン時代では、創生されたばかりの電子間の距離が近いので、上の図のように、電子どうしは光子のキャッチボールを全宇宙で繰りひろげていた。光子と電子はいたるところで衝突して悶着ばかり起こしているように見えないこともない。・・・ビッグバン宇宙が急速に膨張して電子どうしの距離が開いてくると、光子の脱走が成功する割合が増えてくる。電子がキャッチしそこなった光子は宇宙の果てまで自由に光速度慣性飛行ができるようになっ

たのだ。同時に、光子欠員を抱えたままの電子の割合も増えたのである。

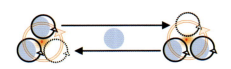

このような経過で宇宙の天気が晴れあがる※と、電子業界では慢性的な光子不足となり、左の絵のように、光子欠員のある電子どうしが、金の卵の光子を奪い合って、両方とも、奪ったと思ったらすぐ奪われて、離れがたく結合する形も現われたであろう。

　　※ビッグバン理論における正式用語。ビッグバンから約38万年後であるとされる。

　このような「電磁力」による結合が成り立つ代表的な場面は、前のページの絵は、共有結合と呼ばれる化学結合の一種ができている分子の中だと思われます。私たちの身体の成分であるタンパク質、多糖類、脂質類の分子の中には無数の共有結合がある。それから、遺伝子DNAやRNAなども共有結合で丈夫な骨組ができています。

　これに対し上の絵は、結合部位の陽性度が高いケースだと思われる。ここでは、間に飛行中の光子があるから引力になるのだが、これを失うと、光子欠員のある電子は「正電荷電子」となって固まり、次の4段めのクーロン力の立役者になったり、後の§2.5では中性子や陽子の重要成分になったりし、現代物理学では、陽電子と呼ばれ、いわゆる「反粒子」の一種とされたりしております。

4．クーロン力のSSTモデル

　光子の欠員を抱えたままの電子は以後どうなったのだろうか？・・・それから2度インフレーション衝撃波がやって来て、2度目のほうで、uクォークとdクォークの3個組混成ダンスが始まったとき、dクォークがポケットに忍ばせて持ち込んでいた。

　持ち込んだはいいものの、dクォークが欠員電子の醜さに恐れをなして「オイ！お前がもてよ！」と言えば、uクォークは「いや！お前が持ち込んだんだろうが！」と互いに争って、可哀想にこの欠員電子はどこにも腰を落ち着けるところがない。が、何とかして光子欠員電子は、陽子の中でも中性子

84

§2 SST モデルは4つの力の概念を革新する

の中でも、3個組のクォークが共有する形に落ちついた。

　光子の欠員補充を希求してやまない光子欠員電子が「正電荷」の正体だ。いま述べたとおりクォークで共有されるので、これが物質を離れて単独で飛び回ることはない※が、粒子加速器実験などで放出されると、現代物理学でいう「反粒子」の陽電子とみなされるのである。

　　　　　　　　　　　　　　※ポジトロニウムの崩壊ではありうるが、未確認。

　光子を放り出す快感を味わいたいふつうの電子は、前段の電磁力の場合のように利害関係が一致するほかの電子があれば、電磁相互作用を行って仲良く結合いたします。

　ところが次のページの絵のように、光子3個で満ち足りた負電荷電子どうしだと「余計な光子はお前がうけとれ！」と互いに言い争って、どちらも受け取らない。彼らはグラブの代わりにバットを持ってキャッチボールするようなものです。これはイチローが2人いないとできない芸当だが、電子は138億年間も練習したので簡単にやれるらしい。

　対称スピン状態の光子がビュンビュン飛び交うことになるので、電子と電子間の空間のエントロピーは増大する一方となる。すなわちクーロン斥力がはたらく。

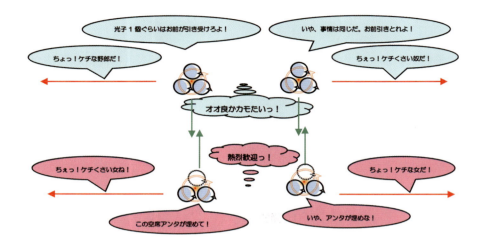

　たまたま、光子欠員（正電荷）電子という都合のよい受入れ先があると、たちまちクーロン引力がはたらく。すなわちクーロンの法則、

　　　$F = \pm Q_1 Q_2 / r^2$

　　　　（Q_1：正負電荷量　　Q_2：正負電荷量　　r：電荷間の距離）
に従う力で、反発したり引きあったりすることになるのだ。

　なお光子欠員（正電荷）電子どうしの場合は、右図のように空席※をバットで打ち合って反発するわけだ。

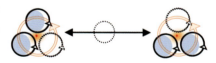

※補遺§A.1では、空席は大ヒグス粒子であると述べる。

§2.4.2　電子力学序論

　これからの話は、電子の持つヒグス重力場が主役となるので、次のページの図で電子を表わすことにします。慣性構造の光子は省略し、中心のコア・コア構造だけを示してある。光子は慣性構造の中をコアを中心に回転しているので、スピンするヒグス重力場を形成すると考えればよいわけです。上の青いのは北極上空から見た図で、下の赤いのは、南極上空から見た図である。
　もちろん、通常の電子は対称スピン状態にあるのだから、南極も北極もな

§2　SSTモデルは4つの力の概念を革新する

くランダムにスピンする球状の「水玉」のようなものになる。これは左の図のように矢印だけを省いた形で示す。

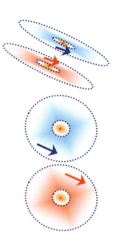

　図の青い矢印は、便宜的に地球回りの「正転スピン」、赤は反地球回りの「反転スピン」と呼ぶ。しかし、2つの矢印はどちらも地球と同じく西から東に進んでいるので、北極から見るか南極からみるかだけの違いだ。・・・なぜこのような道具立てをするかといえば、非対称スピン状態にあるときの他の電子との関係が重要となるからである。つまり右の絵は、非対称スピン状態にある2つの電子が互いにスピン軸を逆さまにしている様子を示すだけであり、同じ電子である。

　非対称流体力学の基本ルールによれば、非対称スピン状態にある赤と青2つの電子重力場の流れは近接面において同方向に流れるので、両者には接近引力が作用し速やかに合体重力場を形成する。最後は2つのコアが激突すると考えそうになるが、実際にコアどうしまでは激突しない。

　なぜ激突しないのかと言えば、2つの重力場が互いに相手の中心位置を通りすぎると、重力場の流れは互いに逆方向になり、ここからは分離斥力が働くようになるからである。たがいに重力場が相手のコアに達した段階で接近運動をやめ、めでたく2つの電子のカップルが誕生することになります。

　このカップルは、お互いに、ボクの、いやわたしのスピン方向に回転しなさい、と揉めるだろうからまったく回転しなくなりそうだ。しかし2人とも自分がスピンしているので、おそらく下の絵のような「そのつもりワルツ」を踊ることになります。

　右を女性、左を男性としてみましょう。わたしは彼を右に回している（赤い実線）から、わたしは左に回転（赤い点線）してるのよっ！これに対し彼は、ボクは彼女を左に回しているのだから、ボクは右に回転してるんだろうなあ？・・・いくらか男性のほ

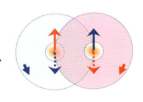

うが懐疑的で楽しくなさそうですが、電子の世界ではそんなことはありません。2人とも楽しくそのつもりワルツを踊って満足している。これは、前章§2.4.1の電磁力やクーロン力のような光子のキャッチボールで成りたつ結合より、はるかに近い最接近結合である。

　じつはこの絵は、量子力学の電子対概念をSSTモデルで説明したものです。光子をやり取りする電磁相互作用による電子対ではなく、もっとミクロな原子の「電子殻」の中での電子ペアの絵である。量子力学は、成立の初期から「パウリの禁則」という形で本質を言い当て、電子殻中の電子の挙動を描いてきたが、補遺§B.2で述べる通り、SSTモデルは電子殻を否定し、電子は原子核の複合核軌道の間隙を縫って運動することを論じます。

　この場合、電子は「そのつもりワルツ」を踊れるほどの最接近ペアリング状態だと考えられる。これがパウリの禁則のSSTモデルですが、補遺§Bでは、その数理モデルまで導くことはできない予定です。

　「そのつもりワルツ」を踊れるほどの、電子の最接近行為は電子力学では扱いません。光子のキャッチボールをしてた連中は非対称スピン状態とはかぎらず、対称スピン状態で光子を投げ合う場合が大部分である。・・・紛らわしいところだが、電磁相互作用で現われる、対称・非対称スピン転換を行うのは電子の構成要素である光子だけである。電子自体は通常の条件では対称スピン状態にあります。

　電子力学というのは、§2.4.1の電磁力やクーロン力のような、光子のキャッチボールで成りたつ電磁力結合の世界を扱う物理学であり、現在、電磁気学と呼ばれています。

　電磁気学とは言わず「電子力学」と称しているのは、当分野の法則や現象をSSTモデルの見地からいくつか調べてみたら、電磁気学の磁力、磁気、磁場などの概念は一切いらないことが明らかだからだ。

　もともと磁場や磁力線というのは、磁石がもつ不思議な力学現象から考えられた便宜的な数学概念だったのであって、物理的実体を伴なう概念ではなかったのである。

§2.4.3　フレミングの法則に関する SST モデル

　フレミングの法則を説明するのに必要な電子重力場の性質は、対称スピン状態の電子どうしが接近すると、両者は一時的に非対称スピン状態に転じて接近引力で接近し電子ペアを組もうとすることです。ところが 2 つの電子重力場は重なって重ね餅になるところまで深入りさせられる。すると 2 つの電子重力場のスピン方向は真逆になるから、これは両者で調整しなければならないわけだ。結果としてエネルギーの低いほうの電子重力場は倒立させられて、2 つの電子重力場の間には分離斥力が作用しはじめる。接近引力で近づき、分離斥力で遠ざかるのだから、エネルギーの低いほうの電子重力場を一定の方向に駆動する力が与えられるのである。

　・・・SST モデルによるとフレミングの法則は、高エネルギー電子と低エネルギー電子のニアミスをきっかけとして、高エネルギー電子から低エネルギー電子にエネルギーが与えられる現象を記述する法則である。

　電動モーターの原理となる左手則と、発電機の原理となる右手則があるとされますが、SST モデルではフレミングの法則に右手も左手もありません。

　次のページに、伝統的な磁場方向をコメントしてフレミングの左手則を図示します。青い電子の能動運動方向は、流す電流として反対方向に中指で示す。受動運動方向は駆動される力の方向と一致し親指で示せば、人差し指の磁場は、あなたの鼻をさすでしょう。これを右手でやれば人差し指は紙面のむこう側をさすので、これが左手則であることが分かります。

　しかし、親指と人差し指でバキュン！の形を作り、図のとおり素直に親指を高エネルギー能動電子の運動方向、人差し指を低エネルギー受動電子の運動方向とすればよいのです。右手でも左手でも構いません。

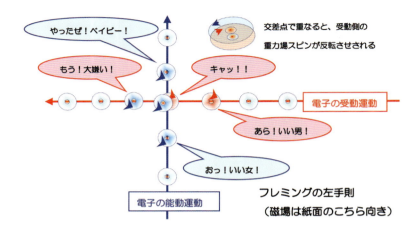

要するに磁場は関係ないのですが、念のため右手則の絵も作成してみよう。

こんどは発電機の原理だから、能動運動は磁石などの中にある電子の運動で、力の方向と一致する。受動運動の反対方向が、流れる誘導電流の向きとなります。

右手でやれば、磁場の人差し指は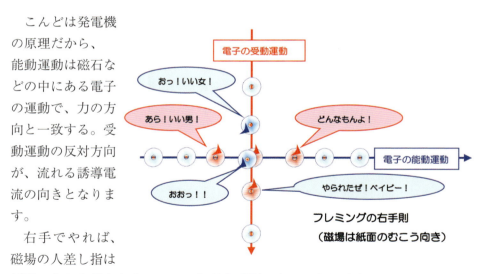
紙面の向こう側をさすので、これが右手則であることが分かる。

・・・ス兵衛の拳銃則でやれば、磁場の向きだの右手、左手だのはまったく関係のないことが分かります。要するに、電子の能動運動方向と受動運動方向は交差すると言うだけの話なので。

§2 SST モデルは4つの力の概念を革新する

1. フレミングの法則を用いる電波の送受信

　右の図で、水平方向の能動電子の流れを左右に激しく振動させたとします。つまり、導体に私たちが日頃お世話になっている交流電気が流れたとする。すると、導体の外側の受動電子は上下に激しく行ったり来たりしなければならなくなる。

　図では6個の電子が描かれていますが、実際は1個の電子が吹き出しのようなセリフを喋りながら行ったり来たり、振動することになる。

　これが電線の外側の空気中などの電子であり、かつ振動させられる電子の振動速度が光速度になれば、拘束運動系空間を光速度で伝播する重力波の衝撃波、つまり電波が発生することになります。

　その様子は左の絵の通りです。電子の往復跳び運動の背景にあるヒグス空間には、ヒグス粒子群がまるで大軍団の隊列のように、宇宙空間にビッシリと秩序正しく整列させられ、宇宙大の回転に合わせて強制的に運動させられているのだった。

　この大軍団の行進は図のやや左斜め上から、右斜め下方向に向かっています。しかし、電子重力場というのは、同じヒグス粒子の仲間がものすごく密集し

91

た集塊隊形なので、どうしても進路を曲げて進むしかない。電子を突き抜けているように見える進路は、突き抜けてるのではなく、紙面の向こう側かこちら側に曲げられています。

　いちばん上の吹き出しのセリフのように、大軍団の兵士たちにとっては、電子重力場が存在するだけでも迷惑な話です。ところが、こいつがものすごい速さで振動運動など始めようものなら、電子近くを進む兵士たちは、パニックの大混乱に陥ってしまう。兵士たちは仕方なく、光速度で進行する疎密衝撃波を発生させ、隊列を乱した責任を他の兵士に次々と転嫁しながら、事なきを得るしだいです。

　さて一方、電波を受信する側の道具立てがどうなるかといえば、電子に左右に振動させられて発生した疎密の責任転嫁の波が、受信アンテナが設置されている場所に届きます。

　この電波は、受信アンテナ付近で遊んでいる電子を左右に振動させることになる。これがフレミングの法則に則って、アンテナ導線の中にいる電子を上下に振動させて、高周波電流を発生させることになる。

　この高周波電流は、発信アンテナに流した高周波電流より、はるかに電子の振動幅（振幅）の小さい微弱な電流となるのはやむを得ませんが、振動数（周波数）は同じです。だから昔なら真空管、今ではトランジスタ原理のIC増幅回路で、ラジオ音声や携帯電話、TV映像やスマホ画面などが見られるほどに、振幅の大きな高周波電流を作れるようになっているわけです。

2. 粒子が重力場を運ぶのではない、重力場が粒子を運ぶのだ！

　それにしても、§1の宇宙論では、インフレーション衝撃波の進行速度は想像を絶するなどと言っておきながら、同じ拘束運動系空間を伝播する電波の場合はなぜ光速度になるのだろうか？

　§1.5の2段めの最後近くで「光はつねに拘束運動系空間を伝搬する衝撃波として観測される」と、サラリと申しあげましたが、なぜ衝撃波でないといけないのだと疑問をもった人もあると思います。

§2 SST モデルは 4 つの力の概念を革新する

　電波というのは衝撃波でなければならないのです。それは私たちがもつ技術のレベルが、衝撃波のような高エネルギー波動しか検出できないということにすぎません。拘束運動系空間には、もっと微弱な速度のゆったりした波動もあるはずですが、残念ながら、私たちにはそれらを検出する技術がないということです。・・・しかし、§2.3 の 3 段めでふれた重力波検出装置「かぐら」などは、衝撃波以外の波動の検出技術の革新につながると、ス兵衛だけかも知れないが、期待しています。

　ともかく、現実として電波は衝撃波でなければならない。衝撃波が発生する条件は、波の発生源（電子）の速度が波の伝播速度と同じになった場合である。慣性系粒子の 1 つである電子自体の最高速度は光速度 c だった。これは MFPB 粒子の宿命である。電波という衝撃波が発生する条件は、前のページの絵では余裕しゃくしゃくに見えたわれらが電子くんが、光速度 c で、体力測定連続横跳びラインを横切ったときである。

　この電波発生条件についてちょっとした計算をやってみました。高周波電流の周波数が 2MHz（AM と FM の中間ぐらい）で、光速度 c で送信アンテナを横切って振動させられる電子の振幅が A（m）だとした場合、これを振動方程式 $y = A \sin(\omega t)$ を用いて計算すると、電子の振動幅 A は、A = 150（m）という計算結果になります。電子の振れ幅が送信アンテナから半径 75m ぐらいというのはすごい！だが、地上直立式のラジオ送信アンテナが立った場所への立ち入り禁止区域はそれぐらいのもの。人が、高エネルギー電子線に当たらないよう配慮して送信所は設計されたわけだ。

　さて問題はこれからだ。フレミングの法則で送信アンテナから弾かれた電子は、初速度 c で 75m ぐらい飛ぶと速度ゼロまで減速し、それから反転して送信アンテナめがけて突進するわけです。ふつうなら世界のはてまで飛んでもよいのに、どうやって戻ってくるの？

　電子の振動方程式 $y = A \sin(\omega t)$ というのは、バネや振り子の単振動を表わしたもの。しかし電子にバネはついていないし、振り子のように、重力ポテンシャル場の中にあるわけでもない。

電子は、フレミングの法則で能動電子と出会った交差点でスピン軸をひっくり返された。スピン軸の反転が、結果として単振動をもたらしたことになるのだが、SSTモデルに基づいて、そのメカニズムを考察してみよう。

粒子のスピン軸が瞬間的にひっくり返された場合、重力場の構成要素であるヒグス粒子のスピン軸は反転しないはずだ。重力場全体のスピン方向が反転するだけである。しかし、重力場全体のスピン方向が反転したからといって、中味のヒグス粒子たちは、素直にそれまでの流動回転方向を瞬間的に反転させられるものだろうか？おそらくそれはできない。個々のスピン軸を反転できないのは勿論、その並進運動の方向も、おいそれと簡単には変更しないはずだ。ヒグス重力場はいたって保守的な空間なのである。

フレミングの法則を示す絵では、瞬間的にすべてが反転するように描いた※が、実際には交差点を通過した電子は、重力場の回転方向を少しずつ反転させていき、交差点にもどり着く時点で反転が完了するのである。その間、電子重力場の中では流動状態が激しく変化して、交差点にもどり着く時点で反転流動状態が完成する。つまり電子重力場の動的平衡状態が、1つのレベルから別の正反対のレベルに移行するのである。

　　　　　　※通常の誘導電流は光速度ではないので、瞬間的に反転するように見える。

ここでは電波発生時に光速度で運動する電子重力場を論じている。しかも、交差点にもどり着いて反転スピン状態が完成したかと思ったら、送信アンテナには逆方向の電流が流れていて、またもやひっくり返されるのだ。能動電子との交差点を通過するたびにスピン軸がひっくり返されるわけだ。電子重力場は送信アンテナを左右2方向に光速度cで2回通過するのだが、そのたびに能動電子から光速度まで加速されると同時にスピン軸がひっくり返されるわけである。

この単振動現象をイメージできたとき、私たちは不思議な感覚に襲われるはずである。電子にくっついたちっぽけなバネが伸びきって後戻りさせられるとイメージすれば、75mも伸ばされたバネなどちぎれてしまうだろう。そんなバネなどなしに、電子には後戻りさせる一定の力がはたらき、等加速度～等減速度運動が実現しているのである。

§2.2で話したように、重力場の動的平衡状態を変化させるには力を加え

§2 SSTモデルは4つの力の概念を革新する

る必要があった。しかしこの場合、外から力が加わっていない状態でも、動的平衡状態だけが変化するのである。こう考えるしかないだろう。・・・重力場の動的平衡状態の変化が力を生み、その力が重力場に加速（減速）運動を行わせる。重力場と背景の拘束運動系空間との相互作用が、電子を運動させる力の原動力なのだ。

・・・重力場の流動状態の変化が力を生み、粒子を運動させ運んでいるのである。

§2.4.4 磁石のSSTモデル

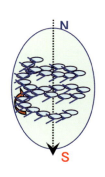

まず右の絵をご覧下さい。磁石はこんなものでございます。磁石内の電子は磁石の内壁（電子がそこから脱出できない界面の重力場）を路面として使い、重力場スピンという動力付き車輪で走っているとイメージしたら分かりやすい。ただし、これは電子が非対称スピン状態になってはじめて実現するという条件つきだ。が、重力場スピンだから永久運動装置だ。・・・この一輪バイク野郎は、磁石の内壁に沿ってスパイラル永久運動を行っている。

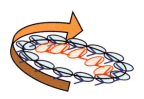

内部の電子は、スピン軸が倒立。

中心部に「ピン重力場」ができる。

ところがバイク野郎のニイちゃん、飛んでもない離れ業をやってくれる。左の図で説明しよう。ライダー電子たちが歓声をあげながら疾走する。すると、ゲームに入れなかった磁石内部の電子たちは面白くない。そこで逆立ちしライダー電子に接近引力を働かして飛び乗り、暴走ゲームを楽しもうとするのだ。ところが、逆立ちして飛び乗ったのはよかったが、車輪の回転は逆方向だから、下向きにスパイラル運動をさせられ、ドンドン下のほうに下降することになる。

下のどん詰まりで押しくら饅頭した電子は、逆立ちして内壁ロードを駆け

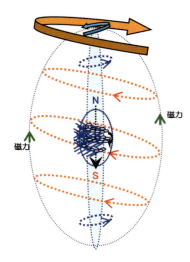

ピン重力場は、外部重力場と逆方向に超高速でスピンする。

上る。上のどん詰まりで押しくら饅頭になったら、また逆立ちして磁石内部を駆けくだるわけだ。

　物質収支を合わせるためには、上昇分と下降分は等しくしなければならない。結局、左図のように磁石の外側にまで、反地球回りのスパイラル上昇重力場と、地球回りに物凄い速さで回転し、下降する細長いスパイラル下降重力場が発生するのである。これは「ピン重力場」と称する。

　磁石のN極とS極を近づけるとピン重力場のスピン方向は同じだから接近引力でくっつこうとする。逆に、N極どうし、S極どうしだと分離斥力で離れようとする。

　ただし、ピン重力場の流れは高速ラセン流だから、中心がぴったり重なるのだけは何んとしても嫌がって「イヤイヤ運動」が起こるのである。

　さて、鉄などの金属でも周りをスパイラルな導線コイルで巻いて電流を流せば磁石になることが知られている。電磁石のことだが、鉄棒にコイルを巻き反地球回りのスパイラル電子流を流したとする。電子流は対称スピン状態で流れるはずだが、鉄棒の表面という、格好の暴走ロードが用意され、電子たちはスパイラルに押し流される。電子たちは非対称スピン状態になって暴走ロードを突っ走るのが、いちばんエネルギー的に効率がよく楽になるわけだ。永久磁石では磁石内部表面のバイク野郎が磁石重力場を作ったが、電磁石では、鉄棒の外表面を突っ走るバイク野郎が鉄棒内部に磁石重力場を作らせるのである。

　・・・金属表面の電子が非対称スピン状態となりさえすれば、非対称スピン状態は金属内部まで「伝染」する。しかも常温でというのが磁石の注目すべき特性である。

§2 SSTモデルは4つの力の概念を革新する

　常温でということは、磁石を構成する金属原子は対称スピン状態で、しかも、熱振動していても、磁性金属の表面があれば、自由電子は非対称スピン状態になれることを意味する。・・・磁性金属原子とは電気陰性度（保有電子の露出度）が高い原子である。金属表面というのは、原子の熱振動がある程度抑制されているとすれば、表面は、いわば電子重力場で平坦に舗装されているのだ。そこに接近させられる自由電子は、容易に非対称スピン状態となる。そして、自由電子全体として、もっともエネルギー的に低い状態に落着するわけだ。それが磁石重力場の形成原理である。

　フレミングの法則でもあったとおり、電子は比較的簡単に非対称スピン状態になれる。しかし、次章の超伝導体の場合は、原子自体が非対称スピン状態になることが必須の条件となる。

§2.4.5　超電導現象のSSTモデル

　導線の温度を下げれば電気抵抗値が下がることは古くから知られていた。超電導現象が発見されたのは冷却技術が進んで絶対０度近くまで温度を下げられるようになってからでした。水銀を冷却しながら温度と電気抵抗を測定していた研究者が、下図のように、ある温度で突然抵抗値が下がり、電気抵抗ゼロになる現象を発見したのである。

　この「超電導体」には、電圧を加えなくても電流が損失なしにいつまでも流れ続けていることが想像され、その後、色々と研究開発が行われて現在に至っています。

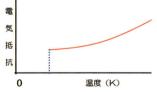

　永久機関というのはエネルギー保存則に反するので、不可能だとされる。超電導現象はエネルギー（電圧）付加なしに電流が流れ続けるのだから、エネルギー保存則が破れる重大事件であったはずです。冷却し続ける必要はあるが、これはエネルギー付加というよりエネルギーを奪う行為だ。しかしこの超電導現象の重大な意味についてはあまり問題にされては来なかったようだ。

それは、超電導現象の応用分野があまりに魅力的だったこともあろうが、例によって、あの「魔術師」量子力学が見事な計算結果を弾きだして見せたからであろう。

　2つの自由電子が「クーパー対」を作り、金属結晶格子の原子核とのクーロン引力による相互作用によって電気抵抗ゼロの状態ができるというモデルを提唱したのは、Bardeen, Cooper, Schrieffer という3人の研究者だった。頭文字から BCS 理論と呼ばれているモデルの登場によって、それまで謎とされていた超伝導の性質が全て説明できるようになって、まさに奇跡の理論であったとされています。

　しかしこの BCS 理論というのは、SST モデルで組立てるべきところを、あの魔術師に買って貰いたいばかりに勝手に仕様変更して販売したのでは困るのです！・・・原子核中の陽子と自由電子との間にクーロン引力が働くなんて、ありえないモデルなのである。

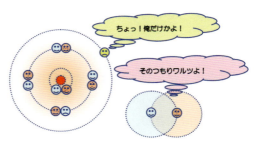

　自由電子というのは右図のような電子殻と呼ばれる構造の中で、いちばん外側の軌道にいて、カップリング相手にあぶれた孤立電子が、外に飛びだして自由に遊んでいる電子のことです。

　私たちがもっとも金属らしいと感じるのは、銅、鉄、アルミ、金、銀、鉛などだろうと思いますが、これらは、放り出された自由電子を、結晶構造をもった固体の中から簡単には外に出してくれない。しかし、金属の内部だったら自由に遊ばせてくれる。

　SST モデルで BCS 理論の「本来のあるべき仕様」を描けば、以下の2つの絵が描けます。

　次のページの上の絵は常電導状態と呼ばれ、格子原子も自由電子も対称スピン状態です。どちらも熱運動しているので、格子は激しく振動し自由電子もフラフラうろつく。

　この自由電子たちを一定方向に運動させるには、電圧をかける必要がある

§2 SSTモデルは4つの力の概念を革新する

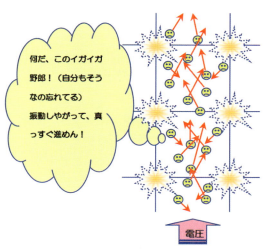

わけです。

しかし、対称スピンする自由電子たちは、対称スピンの格子原子の重力場に邪魔されて、なかなか下からの電圧どおりの方向に素直に運動できない。これは、オームの法則に従う電圧Vと電流Iの比として表わされる電気抵抗R（＝V／I）のSSTモデル、と言うより電磁気学と同じモデルです。

これに対し極低温状態では、右の絵のように格子原子の熱振動も、自由電子の熱運動も収まって両方とも半ば非対称スピン状態になる。

右の絵のように、格子原子は互いの分離斥力を最小とし、接近引力が最大になるような配置になり、格子の構造が著しく強固となる。同時に、格子振動はほぼ停止する。

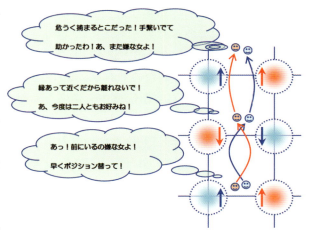

自由電子にも事情は同じだ。なるべく互いにスピン軸倒立の関係になるように調整し、接近引力でペアリングする。・・・これが「クーパー対のSSTモデル」である。

絵の中のセリフは下から上に読んで下さい。クーパー対のペアは、原子格子の重力場に接近引力で突進し、行きすぎると分離斥力で先に飛ばされる。

99

電圧をかけなくても非対称重力場エンジンの駆動力で永久運動する。・・・これが超電導の SST モデルでございます。

1. いわゆる「磁場遮断」、マイスナー効果の SST モデル

　発見初期の弱い超電導体に磁石を近づけると超電導体ではなくなったそうです。このことから、超電導体には「磁場を嫌う」性質があるとされた。しかし、開発が進んで強力な超電導体で実験すると、超電導体の上のどの位置に置いても磁石が浮かんだり、磁石とくっつけた状態で冷却して超電導体化すると金輪際離れなくなったりする。・・・明らかに、磁石と力学的に相互作用するのだが、超電導電流で発生するはずの磁場と、磁石の磁場からは、まったく考えられないような力学的相互作用である。この謎を解くために考案されたのが、「磁場遮断」という概念であった。超電導体と磁石との力学的相互作用は、磁石の磁場が遮断されることによって生じるのだ。これがマイスナー効果である。
　・・・数学概念であった磁力線が、ピアノ線のような強靭さと弾性をもつ物理的実体であるとされたのである。これもあり得ないモデルだ。
　SST モデルでは磁石も超伝導体も磁場なんかもっていない。磁石と超伝導体がもつスピンする実体的重力場の相互作用しかないのである。

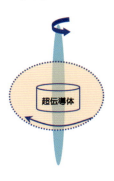

　右の絵は超伝導体の重力場を示す。ピン重力場も、外部重力場の回転方向も左の磁石と同じである。なぜだろうか？この絵を描いたのは、有名な「磁気浮上」現象を描きたかったからである。超伝導体に磁石を近づけると、超伝導体の重力場は、左の絵の磁石と同じになる。同じになるように、超伝導体の内部に超伝導電流が流れるのである。

　次のページの絵が磁気浮上だ。超電導体の重力場は磁石の重力場と同方向に回転し、「ピンまがい場」も磁石のピン重力場と同じ方向に回転する。こ

§2 SSTモデルは4つの力の概念を革新する

れでは、S極とN極がくっついて磁気浮上など起こらない、・・・と思われるかも知れない。しかし全くそういうことではない。

超電導磁石に固定的なN極だのS極だのはないのである。超伝導体は磁石の重力場に素直に反応して、外部重力場とピンまがい場を整えただけです。

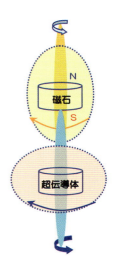

超伝導体は液体ヘリウムの容器に入れられ、磁石を上からそっと置いたところだろう。ふつうなら重力により磁石はそのまま落下する。ところが、超伝導体は自分の重力場を巧みに調整して、右のような合体重力場を作り、両者の位置関係を固定してしまうのである。

種明かしすれば、超電導磁石は内部の電子流（電流）が自動調節される「永久電磁石」なのだ！

超伝導体は磁石の外部重力場の延長として自分の外部重力場を整え、ピン重力場の延長としてピンまがい重力場を整えた。

超伝導体内部のクーパー対は、そのように重力場を整えるために運動方向と運動速度を調整しているのである。そうしている限りこの合体重力場内の磁石と超伝導体という物体の位置関係は変化しないのである。

合体重力場を構成するヒグス粒子群は、内部で流動しながら厳密な動的平衡状態を実現しているのだが、この平衡状態の保守性は至って頑強だ。

重力場の合体とは空間の共有に他ならないので、磁石と超伝導体は1つの構造物の部品であるかのように、互いの位置関係を変えなくなるのである。

§2.2の慣性質量でも、§2.4.3の最後でも述べたとおり実体的重力場の保守性は強く、1つの平衡状態から別のレベルの平衡状態に移行させるには力が必要である。

上の絵の場合、たとえば磁石を上から押して距離を縮めるには力が必要である。だが力を加えなくなれば、重力場の保守性により磁石はその場にいつ

101

までも居続ける。

　力を加えて距離を縮める間、合体重力場の定常状態は変化したわけだが、超伝導体の中のクーパー対電子は、平衡状態の変化に抵抗する重力場の指令どおりに、運動速度や方向を調整していた。外から距離を縮める力が加われば、距離を縮められないように、距離を広げる力が加わればすべてが逆方向に調整され、とにかく超伝導電流の方向と速度を調整して磁石との合体重力場を現状のまま保守しようとする。

　・・・この平衡状態の変化への抵抗のことをホモサピエンス種族は「レンツの法則」と呼ぶそうだ。超電導体が永久電磁石だからこそできる芸当よ。だからオレ様の居座り芸（磁気浮上）も成功するというもんじゃなイカのウン玉！

2. ちょっと考えすぎじゃなイカのウン玉！

　クーパー対とクーロン力による相互作用の概念といい、磁場遮断の概念といい、不思議な超電導現象を何とか説明しようとした先人たちの努力は、せっかく確立された物理学の根本思想を無視しても顧みないほどに、奇抜なアイディアずくめの感があります。

　しかし感心ばかりもしておれません。磁場遮断のアイディアはピン止め効果の解明においても、超電導体に磁力線が通過できる穴をあけるという、熱力学や化学平衡論まで動員された奇抜になる一方のアイディアを生んで、数学理論の体系はますます複雑化しているようだ。超電導工学の分野でも、穴をあける臨界条件が問題になって、第Ⅰ種と第Ⅱ種の超電導体などの概念まで扱われるようになった。もう、頭がこんがらがって卒倒しそうである。このままでは、超電導工学の分野までが、卒倒しない頭の良い人だけの独占物になるのではないかと、気がかりである。

102

§2 SST モデルは4つの力の概念を革新する

§2.4.6　強い力と電磁力のSSTモデル・・・まとめ

　電磁力に関するSSTモデルを組み立てる中で、重力場の非対称スピンという概念が決定的に重要であることに気づかれたと思います。しかしながら、電磁力を語ろうとしながら、§2.4.1では「強い力」の概念を説明したのには、少なからぬ違和感を覚えたことだろう。電子の中にまで重力が登場するのには呆れはてて、著者のねらい通りにアッ！と驚いてくれた人はなかったかも知れない。

　現代物理学の常識では、重力、電磁力、強い力が混ぜこぜに論じられる訳がないのに、SSTモデルは最初からこのタブーをないがしろにしている。一歩譲っても、これらの力が混ぜこぜに論じられるのはビッグバンの灼熱状態で、これらの力が1つの力として統一されていた時だけのはずだ。

　・・・これだけでも大罪。SSTモデルは地獄の業火に投ずべしとの審決を下してやろうじゃなイカのウン玉！

　いやいや、ちょっと待ってくれたまえ！SSTモデルでは、それぞれの力が時と所をわきまえ、統一された場で互いに協力しながら働いていただろう。互いに自己主張ばっかりして協調性がなく、統一するには地獄の業火に放り込むしかない連中とは大違いではなイカのウン玉君！

　本章§2.4では、強い力に関しても、電磁力についても、数理モデルの確立には至っていない。§2.2の慣性質量や§2.3の重力については、補遺§C.1において、ニュートン力学をすこし深める形の定式化はできるのだが、まだ、非対称流体力学的な数理モデルは確立されていない。

　しかし、定性的な話しだとはいえ、その尤もらしさには感銘を覚えた人もあったと信じます。これから数多くの賢者の目にとまり、さまざまな分野に関するSSTモデルの数理モデル化がなされるならば、現代物理学と整合するのみならず、それを超えるような物理学が完成すると確信しています。し

103

かも、直感的に理解しうる物理学が・・・。

・・・さて、あと1つだけ、実体的重力場大魔王の統一事業になびいて来ないのが残っている。弱い力という概念だが、弱々しい名前に似合わずなかなかしぶとい奴のようだ。次章 §2.5 ではいよいよ大魔王の統一事業、最後の仕上げとまいりましょう。

§2.5　ニュートリノ系列とフォトン系列の相互作用から生まれる弱い力

重力、電磁力、強い力というのは、世の中でどれぐらい役にたっているか、なんとなく理解できるような気がしないでもない。だが弱い力だけはそのあたりの訳がさっぱり分からない。しかしその道の人たちは口を揃えて、弱い力がないと宇宙は成立しなかったと言う。これがなかったら、私たちは存在すらできなかったそうだ。

・・・どうやら、弱い力というのは私たちの日常生活であまり実感できるものではなく、宇宙の根源に深く関わる星の中、私たちの太陽の中でも日常的に行われている原子核反応に関わる力であるそうだ。それにはニュートリノの関与があるという。

§2.5.1　ベータ崩壊の SST モデルから弱い力の SST モデルへ

アルゴンの同位体 $^{42}Ar^{18}$ が、ベータ線と呼ばれる放射線を出して、原子番号が1つ大きいカリウムの同位体 $^{42}K^{19}$ に変身する現象は、「ベータ崩壊」と呼ばれる現象の一例です。反応式を書けば、

$$^{42}Ar^{18} \Rightarrow {}^{42}K^{19} + e^- \quad つまり \quad n \Rightarrow p^+ + e^-$$

と表わすことができる。簡単に言えば、右の式のように中性子 n が陽子 p^+ と電子 e^- に分裂する現象がベータ崩壊であるといえます。

104

§2 SSTモデルは４つの力の概念を革新する

　ところが、ベータ崩壊の反応式 n $\Rightarrow$ p$^+$ + e$^-$ において崩壊前の中性子の全エネルギーは崩壊後の陽子と電子の全エネルギーの和を上回るので、ベータ崩壊ではエネルギー保存則が破れている！ということになって、大騒ぎになったそうだ。

　この３個の粒子の質量に関しては、中性子 n（939.565379 MeV）、陽子 p$^+$（938.272046 MeV）、電子 e$^-$（0.510998885 MeV）と測定されている。上の反応式ではベータ崩壊の前後で、0.7823341MeV という、電子1.53個分もの質量損失があったのだ。

　当時、ミクロ世界ではエネルギー保存則が破れてもいいのだと考える革新派の物理学者も多かったそうですが、結局、保守派のパウリとフェルミが勝って、消失したように見えるエネルギーはニュートリノが持ちさったということになった。ベータ崩壊の式は、

　　n $\Rightarrow$ p$^+$ + e$^-$ + ν

と書きかえられ、ニュートリノ ν にエネルギー紛失の責任を負わせることになりました。これによって、質量ゼロ（当時はそう考えられた）で電気的には中性の「エネルギーだけでできた」粒子ニュートリノが誕生することになったわけです。

1.　SSTモデルは、ニュートリノを粒子の構成要素として迎える

　ベータ崩壊は n $\Rightarrow$ p$^+$ + e$^-$ + ν という反応式で表わされることになったが、現代物理学では、ニュートリノ ν は中性子 n の構成成分であった訳ではないとされる。

　上で説明したのは β^- 崩壊とされ、他に原子番号が１つ減る β^+ 崩壊※などがあり、なかなか複雑なのだが、要するに、中性子の構成成分であった陽子 p$^+$ と電子 e$^-$ が、住家が壊れせっかく蓄えた虎の子のエネルギーを紛失してさあ困ったどうしようとなった時、どこからともなく颯爽と現われて、助けてくれる「正義の味方ニュートリノ仮面だ！」というわけです。

　　　　　　　　　　　　　　　※ p$^+$ $\Rightarrow$ n + e$^+$ + ν と表わされる。

105

しかしSSTモデルは、正義の味方ニュートリノ仮面を、そのように継子あつかいなどしない。ニュートリノは中性子や陽子一家の立派な構成員なのである。

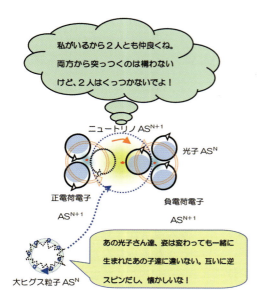

ニュートリノが、どんな形で中性子の中に納まっているかを左の絵で示します。

正電荷電子があるが、これは§2.4.1の3段目で登場した、欠員光子の空席を抱えた電子で、ふだんは核子の3個組クォークに共有されて存在し、負電荷電子（ふつうの電子）とはクーロン引力で相互作用している。

中央の黄色い光子型ASがニュートリノである。左右の正電荷電子と負電荷電子は接近しているのでクーロン引力は極めて強力。あいだにニュートリノが割り込み、それ以上の接近を阻止する形となっている。とにかく、次の段以下に述べるとおり、正電荷電子とニュートリノ、負電荷電子の複合体が中性子の構成員になっていると考えるのは、いたって合理的なのである。

2. 弱い力とは

さて、これら3個の粒子はどういう力で一体化できているのだろうか？・・・あいだに入ったニュートリノのスピン軸が倒立しているので、正負2つの電子とうまい具合に接近引力で一体化しているのである。

ただし接近引力といっても、電子を構成する光子のヒグス重力場と、ニュートリノの大ヒグス重力場とが及ぼしあう接近引力である。大ヒグス粒

子 AS^N とヒグス粒子 AS^{N-1} のサイズ次元には 1 段階の開きがあります。

これまで接近引力は強い力の立役者でしたが、それは、同じサイズ次元の
ヒグス粒子で成る重力場どうしの相互作用だったからです。前のページの絵
の場合、光子を固い球のように描いてあるのでイメージが狂ってしまうのだ
が、光子はニュートリノと同じ中心集中型の AS であったことを思いだして
いただきたい。両者は、大ヒグス粒子とヒグス粒子という異なるサイズ次元
の拘束系粒子で成る重力場をもつので、ヒグス粒子の集団は大ヒグス粒子 1
個に対して流体としてしか振舞えない。

おそらく、この接近引力相互作用は、空滑りに近い相互作用であり、ヒグス
粒子が流体要素として大ヒグス粒子をうまくよけながら、ドンドン追い越し
ていくような情景となるでしょう。

だからこの場合、接近引力で一体化しているというより、ニュートリノが、
正負の電荷をもつ 2 個の電子が共有できるフカフカクッションを提供してい
ると言うほうが当たっている。・・・この大ヒグス重力場空間では、電子中
心のコアがニュートリノのコアと正面衝突しないかぎり、電子が弾き飛ばさ
れてチェレンコフ光など発する気遣いはいらない※のである。

※逆に考えれば、コアどうしの正面衝突がベータ崩壊の原因であろう。

・・・要するに、電子とニュートリノの間の結合は、接近引力という強そ
うな名称とはうらはらに、きわめて「弱い力」であるということである。

しかし、この弱い力が、電子の非対称スピン状態を保つという働きを為す
のに十分な力を有するということが、後々まで重要な役割となります。

§2.5.2　意外な展開・・・強い力の仕上げ接着剤グルーオン

次のページに、ベータ崩壊※のようすを中性子と陽子も見えるような遠く
に離れて描いてみました。もっとも、中性子や陽子のサイズ次元数は N+3 で、
電子やニュートリノの N+1 に比べて 2 段も上位にあります。だから電子や

ニュートリノのサイズが絵のようなものだったら、中性子と陽子のサイズは地球ぐらいのサイズだと考えられます。ベータ崩壊※の逆反応を「ベータ合成」と呼べばそれもある。中性子と陽子が原子核内部で近接している場合には、ベータ崩壊※とベータ合成は常時行われていることが予想できます。

※うっかりベータ崩壊と称したが、とんでもないまちがいだ。

1. これって、もしかしたらグルーオンじゃない？

中性子を飛びだした電子とニュートリノは、合体した状態で互いの非対称スピン状態を保ったまま速やかに下の陽子に到達するのだ。

バラバラに対称スピン状態に戻り、ベータ線とニュートリノ放射を行って、強烈なエネルギー放出を行うのがベータ崩壊だから、明らかにベータ崩壊とはちがう。

そうではなく、電子とニュートリノの一体性を保ったまま陽子に到達し、これを電気的に中性の粒子、中性子に変換するわけです。

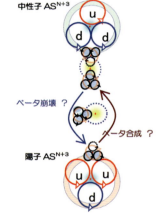

右の絵で「ベータ合成？」とした矢印の反応は、中性子と化した陽子が、上の陽子と化した中性子に向かって、電子－ニュートリノ複合体を飛ばすのだから、「ベータ崩壊？」と同じ反応です。ただし、崩壊はしない。

ニュートリノの役割は、電子と一体化していることにより、両者の非対称スピン状態を維持して、狭い空隙のエントロピー増大を防ぎ、陽子－中性子変換反応が速やかに進行するのを助けることなのだ。

・・・「非対称スピン状態の維持」がニュートリノの極めて重大な役割なのである。

もしも、電磁相互作用における光子のように、いちいち対称スピン状態に

§2 SSTモデルは4つの力の概念を革新する

戻っていたとしたら、あらゆる核種の原子核でベータ崩壊がのべつに起こり、みな核爆発するだろう。・・・「非対称スピン状態の維持」というのは、原子核内部の空間にエントロピー増大を起こさず、粒子を速やかに移動させる絶対不可欠の役割なのである。

　原子核内部においては、陽子と中性子が、互いに電子－ニュートリノ複合体のキャッチボールを行うことによって、強い引力が生まれる相互作用を行う。これが原子核の安定性を著しく高めていると考えられます。電子－ニュートリノ複合体というのは、狭っ苦しい原子核の中に陽子と中性子を閉じこめる接着剤の役目を果たしている。・・・これって、もしかしたらグルーオンじゃない？

2. もしかして、この子もグルーオンだよね？

　§2.4.1の4段めでは、正電荷電子は3個組クォークがキャッチボールして共有されると、説明した（のかな？）。しかし右の絵では少し違うようだ。

　要するに、uクォークが正電荷電子を受けとればdクォークとなり、dクォークが正電荷電子をuクォークに渡せば自身はuクォークになるという関係なのだ。右の絵では、ニコちゃんマークはクォークがキャッチボールで使う正電荷電子を表わす。

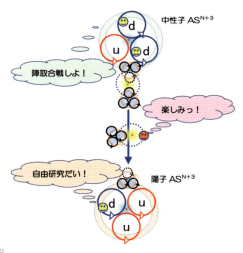

すると、絵の真ん中で、上気して赤ら顔のニコちゃんは、前段で「グルーオンじゃない？」と疑われた電子－ニュートリノ複合体に便乗し、中性子から陽子に移動中の正電荷電子ということになる。もっともこのときは、家出娘のおかげで中性子は陽子に変換されているのだが。

109

絵ではニコちゃんの立場から吹き出しのセリフを書いてあるが、クォーク
はニコちゃんのキャッチボールでu-d転換反応を行い、3個組クォークの
構造を強化しているのである。・・・するととにかく、この子もグルーオン
だよね？

　核子のコアとなったクォークがあって、
uクォークとdクォークを接近引力で結集
し、さらに超接近重力で固定したのが強い
力であり、この強い力で創生されたのが、
核子であった。

　創生された核子の内部では、クォークど
うしが正電荷電子のキャッチボールを行い
互いの友好関係を強化安定化している。だ
から正電荷電子は、クォークの仕上げ接着
剤という意味で「クォークグルーオン」と
名づけよう。

クォークグルーオン構成図

正電荷電子 AS^{N+1}

核子グルーオン構成図

ニュートリノ AS^{N+1}

電子 AS^{N+1}

正電荷電子 AS^{N+1}

　このクォークグルーオンが、電子－ニュートリノ複合体の背中におんぶさ
れて、核子の間を往復旅行していたとなると、電子－ニュートリノ－正電荷
電子複合体というのが、「核子グルーオン※」の正体だということになる。

　　　※核子グルーオンが湯川秀樹が予言したπ中間子だとすれば、その崩壊式から、
　　　上の構成図は修正される。しかし、今あわてて修正すると大魔王のご機嫌を
　　　損ねるのでこのままで行きます。§2.6.3までお待ちください。

　ここに来て、ウィークボソンW&Zの役割は、結局ニュートリノが果たし
ていることが明らかとなった。実体的重力場大魔王はウィークボソンのみな
らず、グルーオンもありふれたフェルミオンで製作し、この際、ゲージボソ
ンという分類項そのものを潰してしまおうと考えているようです。大魔王の
ご機嫌を損ねないようにこのように報告するとしよう。大魔王ご明察の通り、
グルーオンの正体はフェルミオン複合体で、上の絵のとおり間違いありませ
ん！とね。

§2 SSTモデルは4つの力の概念を革新する

　そして最後に「取っておきの真相」も報告しておくとしよう。じつは渦流メカニズムで核子 AS^{N+3} ステージが創生されたとき、はじめ生じたのは中性子だけだった。そこに次のインフレーション衝撃波が襲来して、中性子の半数ぐらいは電子を一瞬だけ放りだす羽目になって、隣の中性子と1個の電子を共有しなければならないことになった。そうしてできたのが核子グルーオンシステムだったというのが真相でございます。

　そうすると、右の絵のとおり、放りだされた電子（！！）は、上下で激しく点滅する陽子の影とはクーロン引力が働くので遠くに飛びさる訳にはいかないし、かといってもとの古巣に納まろうとしても、超高速グルーオン輸送機に乗って移動するかつての同僚電子の間に割りこもうにも、とてもできる芸当ではない。可哀そうに電子（！！）くんはフラストレーションまみれの境遇となったのだ。

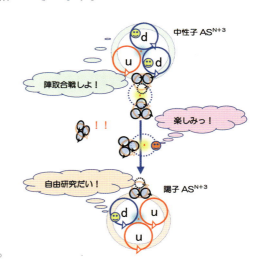

　ところが幸い、同じ境遇の電子は彼だけではなかった。他の放りだされた電子と、「そのつもりワルツ※」を踊れるぐらいに最接近して非対称スピン状態になれるわけです。　　　　　　　　　　　　　　　　　※ §2.4.2参照。

　この電子ペアは電子殻（§2.4.5）を形成して原子の重要な構成員として働くとされるが、補遺B.2では電子殻のような構造は否定されるので、けっきょく電子ペアは §2.6.1で論じる「複合核軌道」の間隙を縫って運動するようになる。

　となれば、上下の核軌道の陽子からのクーロン引力は、ちょうど釣りあってないも同然となる。電子ペアは上下のクーロン引力をうまく操って「本物のクーパー対」となって複合核軌道の間隙で「超伝導暴走」を行う。・・・パウリの禁則が成立する物理モデルもこれであります。

111

§2.6 SST モデルよもやま話

ここまで、何回か「§2.6 参照のこと」で済ませたところがありました。その場で説明するにはちょっと込み入った話だし、だからと言って全体的筋書の中で改まってお話しするような内容ではない。以下、そのようなよもやま話をしましょう。

§2.6.1 原子の創生を司る「内部空隙の逐次造成原理」

受験勉強で「リーベぼくの舟」と覚えさせられた人もあると思います。下図は周期律の第2周期の配列に沿って、原子の複合核軌道の構成を整理したものです。緑の玉は中性子、黄色は陽子を表わし、中心のグラジエント円盤が原子中心のコア・コア構造を示します。

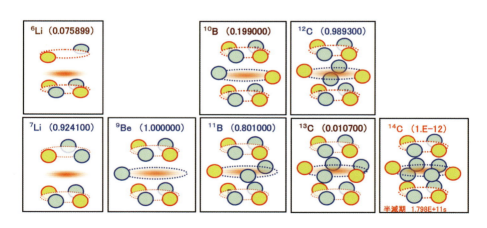

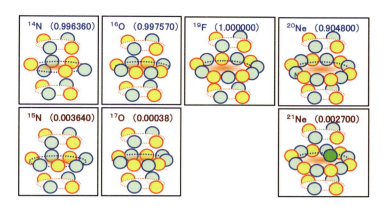

　リチウム Li 以後は「べぼくの舟」で進んで ^{20}Ne（ネオン 20）までは、ひたすら真ん中の 12 員環に陽子と中性子が乗り込んできて満席になるまでの過程が描かれます。

　しかし、図の最後の ^{21}Ne（ネオン 21）の絵では、何かおかしなことが起こっています。12 員環の中に中性子が 1 個割り込んでいる。これは 12 員環の乗客が増えるにつれ内部の 4 員環の重ね餅構造の間がこじ開けられて、間にもう 1 枚の 4 員環の座席をつくる間隙が生じたからだと解釈できる。・・・「内部空隙の逐次造成原理」というのが、ほんのちょっとだけ顔をのぞかせたところです。これから、このようにして割込む奴がドンドン増えてきます。

　なにが起こっているのか分かりやすくするため次のページの図を作成しました。いちばん左の絵がヘリウム原子。青色の粒子はまだ核子が着席してない空席を示します。ヘリウム原子の 1s 軌道が満席になると、次にコアと近い距離にあるのは絵に描いた 2s 軌道ということになる。これが満席になると、コアにいちばん近い距離にあるのは 1s と 2s 軌道の間にあるくびれ部位である。この「立見席」は 12 席もあるので、しばらく満席になる気遣いはなかったのが、上の絵の第 2 周期でした。

　何かおかしなことが起こっていると言ったのが、次のページの絵の右から 2 つめのネオン 20 の絵です。2p 軌道が 1s 軌道と 2s 軌道の間にこじ開けた、僅かな間隙に 3s 軌道が挿入される様子を示します。

さらにこれが満席となれば、3個のs軌道の重ね餅構造にくびれ部位が2か所になります。増えたもう1つのくびれ部位を狙って、いちばん右の絵に描かれた3p軌道が現われるわけである。

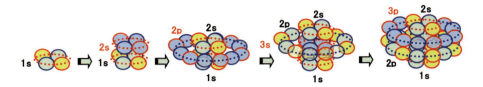

　4員環にはs、12員環にはpに番号を付して名前がつけてあるが、これは現代物理学における電子軌道の呼び名と1対1で対応いたします。つまり、s,p,d,f,・・・の核軌道に着席できる核子の定員は、4,12,20,28,・・・という具合に8を公差とする等差数列となるのです。

　現在は電子の定員で半数の2,6,10,14,・・・という4を公差とする等差数列だと考えられているが、これは陽子数と中性子数がバランスした原子の核軌道における陽子の定員だったわけです。これは次章§2.6.2で証明しますが、証明のモデルは積木遊びと似たようなもので、そのあっけなさには皆さんがっかりするでしょう。

　・・・いやいや、軌道があって乗客が乗り込むのではなく、立見席に殺到したミクロ世界の自由度乏しい住民たちの環をp軌道と呼んだのです。このようにして3p軌道まで満席になった様子を絵にしたのが右の図です。

これは合計36個の核子で成るので、もし陽子と中性子が18個ずつであれば、原子番号18の ^{36}Ar（アルゴン36）原子を表わすことになります。「生意気な女子は湿布スクール行くアルよ」第3周期最後の原子、不活性気体アルゴンでございます。

　ここまでは、短周期型の経路で原子創生は行われる。乗り心地のよい、スッキリ小型の舟の完成である。しかし、次の「苦糟苦恥部栗饅頭は兵児にゃれ、

求人が減ず汗ブル来る」の第4周期以降は、長周期型大型船の建造がはじまり、大型船のくせに乗り心地は急に悪くなります。

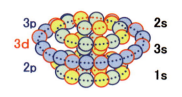

前のページの ^{36}Ar（アルゴン36）の2p軌道と3p軌道のくびれ部位にはまた立見客が乗ってくる。それは3d軌道のことだが、左の絵のように、コアにもっとも近い位置がここなのだ。そこに殺到した陽子や中性子の群れを3d軌道と呼ぶわけです。

3d軌道の定員は先ほどの公差8の等差数列の原則にしたがって20となる。そこまで満席となった絵を右に描いてみた。するとまた3d軌道の内側に不気味な粒影が！

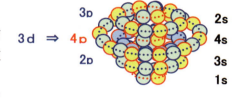

3d軌道の割り込みにより、すでに4p軌道を設けるための隙間がこじ開けられているのである。

4p軌道が満席になれば、さらに内側のs軌道をこじ開けて5s軌道を作ってしまうだろう。こうなると、今度はp軌道が3個になってくびれ部位が2か所になる。すると1つ余分になったくびれ部位を狙って、こんどは4d軌道の割り込みがはじまる。するとまた次つぎと 4d ⇒ 5p ⇒ 6s の割り込みによる内部空隙の造成が始まるのである。

・・・ともかく次のページの絵のように、アルゴン36に、第4長周期大型宇宙船、栗饅頭号が乗せた36個（3dが20個 + 4pが12個 + 5sが4個）の核子が増員され、クリプトン72（^{72}Kr^{36}）の原子が、大汗をブルかいて「来る」わけです。

ところが、クリプトン72（^{72}Kr^{36}）は半減期が17.16秒の放射性同位体で自然界にはありません。

クリプトンには安定同位体が6種類あって、その中では存在比0.56987の

クリプトン84（$^{84}Kr^{36}$）がもっとも量の多い核種となっています。ということは、クリプトン84は、右の絵のように、4d軌道に12個もの中性子だけの立見客を乗せてクリプトン72の不安定性を克服したことになります。

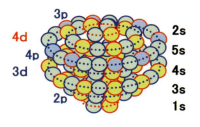

つまり、内部空隙が開いただけだったり、外側のくびれ部位の空席が余分にあったりする原子は不安定で、そこは急いで割込み客や立見客で塞いでおかないと、原子全体の安定が保てないのです。そのためクリプトンの場合は、4d軌道に12個もの、中性子だけの立見客を集めて安定化を図ったことになります。

立見客が中性子だけというのは、クリプトンが選んだのではなく、当然、陽子が立見客になることもあった。すると、宇宙船クリプトン号のアイデンティティーは失われ、他の名前の原子となる。たまたま中性子だけが立見客になったケースが、しかもある決まった個数、12個の場合に宇宙船クリプトン号の安定同位体の1つになったのである。

このような、「内部空隙の逐次造成原理」とでも称すべき土木技術を使って、原子はどんどん肥え太って行き、最後の原子番号118、質量数296のウンウンオクチウム（Uuo）※までが創生されたのである。

※ 2016年にOg（オガネソン）と命名。

土木工事の常で、落盤や崩落事故は付き物だから、ランタノイド列やアクチノイド列のような大きな空洞空間が生じて、そこに陽子と中性子を埋めていって修復した。

だが、こんな空洞なんか放置しておけば、私たちは、ウランやプルトニウムなどの空恐ろしい原子と付き合わされる羽目にはならなかったのだ。ホントに神様も余計な過剰品質を追及してくれちゃったものですな！

・・・ランタノイド列だけは埋めないと、金銀プラチナのお宝にもお目にかかれなかったじゃなイカのウン玉！うむうむ、そこまでで十分じゃった。

なお、戦中派の先生が受験生に周期律を覚えさせたいばかりにとはいえ、今日では不適切な表現もあったと思うので、お許しくだされよ。

§2.6.2　公差8のわけ

原子の複合核軌道において、サイズの異なる構成核軌道の定員が、公差8の等差数列となる理由を考えてみよう。右の図で、核軌道の半径Lには内側と外側に陽子の半径r分だけのはみ出しがある。この核軌道の内部に納まる下位サイズの核軌道外縁の半径は、図の半径L－rと同じか、若干大きめ（くびれ部位に入り込める関係）になる筈です。

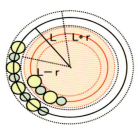

図　核軌道モデル

これを漸化式にすれば、

　　$(L-r)_n - (L+r)_{n-1} = \Delta$　　公差：Δ $(0 < \Delta < r)$, $r = R_P$（陽子半径）

ということで、核軌道の内外はみ出し半径L－rとL＋rに関しては公差Δの等差数列となることが予想されます。そこで、外側の大きな方の半径をL_n、内側の小さな方をL_{n-1}とすれば、この漸化式は、

　　$(L_n - R_P) - (L_{n-1} + R_P) = \Delta$　　ただし、$R_P = 0.8875$（fm）

と表わすことができる。これは、

　　$L_n - L_{n-1} = 2R_P + \Delta$

と変形できる。核軌道の半径Lは公差（$2R_P + \Delta$）の等差数列となるのだから、

　　$L_n = n(2R_P + \Delta)$　　$n = 1, 2, 3, \cdots$ $(0 < \Delta < R_P)$

となる。一方、補遺§B.1の核軌道モデルより、$L = (\varepsilon R_p + \nu R_n)/\pi$であり、この式を、核軌道内の核子数N（$= \varepsilon + \nu$）を用いて表わせば、

　　$L = [(N-\nu)R_P + \nu R_N)]/\pi$ $\Rightarrow$ $L = [N - \nu(1 - R_N/R_P)]/\pi R_P$
　　$\Rightarrow$ $L = [N - \nu(1 - 3/5)]/\pi R_P$ $\therefore$ $L = (N - 2\nu/5)/\pi R_P$

という式が得られる。ここで、$\nu = N/2$とする。つまり陽子数と中性子数が等しいバランス軌道を扱うことにすれば、この式は、$L = 4N/5\pi R_P$

となる。これにより、

$$N = (5 \pi R_P / 4) L$$

という関係が得られる。等差数列の添字 n を N にも施せば、$N_n = (5 \pi R_P / 4) L_n$ と表わすことができるので、

$$N_n = (5 \pi R_P / 4)(2 R_P + \triangle) n \qquad n = 1, 2, 3, \cdots$$

が得られる。核子数 N_n は、公差 $(5 \pi R_P / 4)(2 R_P + \triangle)$ の等差数列となるので、

$$x = (5 \pi R_P / 4)(2 R_P + \triangle) \qquad x : N_n の公差（整数）$$

とおけば、$\triangle = x / (5 \pi R_P/4) - 2 R_P$ とすることができる。$0 < \triangle < R_P$ より、

$$2 R_P(5 \pi R_P / 4) < x < 3 R_P(5 \pi R_P / 4)$$

となるので、この不等式を満足する整数 x を求めれば、核軌道中の核子数 N_n の公差 x が決まる。陽子の半径は $R_P = 0.8875$（fm）なので、この不等式は、

$$6.19 < x < 9.28 \qquad \therefore) \ x = 7, 8, \ or \ 9$$

と解かれる。核子数 N_n の公差 x は 7 個、8 個、9 個のいずれかであると分かる。

　ここからは、3 つの個数のうちどれをとるかの「超数学的」問題である。1 つの解答は SST モデルによる。公差 7 個では外側の軌道が内側の軌道を締めつけすぎて、内軌道の重ね餅接着を破壊してしまうかも知れない。公差 9 個では外軌道からの締めつけが弱すぎて、内軌道の重ね餅接着に影響がなさすぎて「内部空隙の逐次造成」ができなくなる。だから、無理なくほどよい締め付けを与える 8 個にしようというものだ。

　もう 1 つは、次のページに「増成原理」の説明図を掲げるが、現在の電子配置論がすでに裏付を与えている。電子小軌道 s, p, d, f, ・・・の電子定員は、2, 6, 10, 14, ・・・とされ公差 4 の等差数列を成している。電子 1 個が陽子と中性子のペアに対応することを考えれば、核子数の公差はその 2 倍の 8 になるわけである。

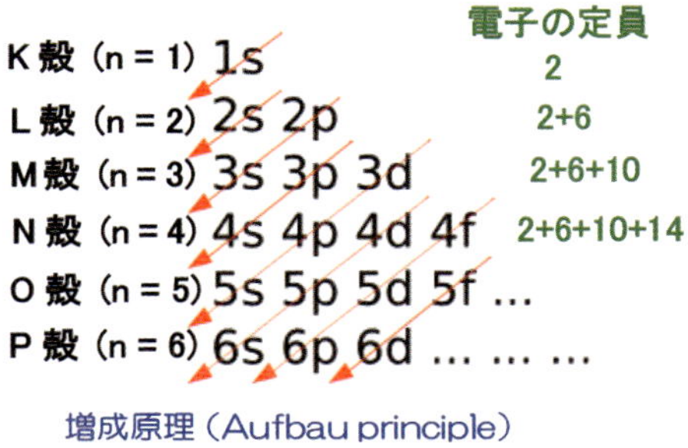

		電子の定員
K 殻 (n = 1) 1s		2
L 殻 (n = 2) 2s 2p		2+6
M 殻 (n = 3) 3s 3p 3d		2+6+10
N 殻 (n = 4) 4s 4p 4d 4f		2+6+10+14
O 殻 (n = 5) 5s 5p 5d 5f ...		
P 殻 (n = 6) 6s 6p 6d		

増成原理（Aufbau principle）

WIKIPEDIA の図に細工した左の図に「増成原理」と銘打ってあるのを見たス兵衛は、§2.6.1 で「造成原理」としたのを思いだし、にやりとほくそ笑んだものだ。

§2.6.3　π中間子崩壊の SST モデルから見えてくること

まず WIKIPEDIA から π中間子に関する記述を引用しよう。・・・π中間子（π–meson）は、核子を相互につなぎ、原子核を安定化する引力（強い相互作用）を媒介するボソンの一種である。当時大阪大学の講師であった湯川秀樹がその存在を中間子論で予言した。

荷電 π中間子 π^+ はアップクォークと反ダウンクォークからなり、π^- はダウンクォークと反アップクォークからなる。荷電 π中間子の質量は約 139 MeV、寿命が 2.6×10^{-8} 秒。 主な崩壊モードでは反 μ粒子と μニュートリノに崩壊する。崩壊式は、π^+　→　μ^+（反 μ粒子）$+ \nu_\mu$（μニュートリノ）

μ粒子（muon）とは、素粒子標準模型における第二世代の荷電レプトンである。 μ粒子の質量は 105.6 MeV（電子の約 206.7 倍）、平均寿命は 2.2×10^{-6} 秒。 μ粒子（μ^-）は電子、μニュートリノおよび反電子ニュートリノに、反 μ粒子（μ^+）は陽電子、反 μニュートリノおよび電子ニュートリノに崩壊する。

τ粒子（tauon）とは、素粒子標準模型の第三世代の荷電レプトンである。タウ粒子の質量は 1776.99MeV（陽子の約 1.89 倍）、平均寿命は 2.90×10^{-13} 秒である。 τ粒子は、弱い相互作用によってハドロンに崩壊しうる唯一のレプトンである。17.84% の τ粒子は τニュートリノ、電子と電子ニュートリノに、17.36% の τ粒子は、τニュートリノ、μ粒子と μニュートリノに崩壊する。・・・とされる。

SSTモデルの立場からは、§1.4（粒子創生の原理「渦流メカニズム」）の3段めで述べたとおり、いわゆる「反粒子」は単に荷量の正負が逆なだけの「粒子」である。したがって、上の記事で赤文字の「反」や「陽」は無視すればよい。電子の場合、いわゆる陽電子は正電荷電子のことであった。反クォークというのは色荷という荷量の関係が逆の「粒子」であり、やはり「反」の文字は無視すればよい。

　反ニュートリノというのは、中性粒子の荷量とは何ぞやで現代物理学でも謎らしい。恐らく、数学的形式主義から「なければならぬ」とされた反であろう。やはり無視しよう。

　以上より、SSTモデルの立場から上の記述を崩壊式の形にまとめると、
(1)正電荷π中間子(荷電π中間子) π^+ → μ^+(正電荷μ粒子) + ν_μ(μニュートリノ)
(2)負電荷π中間子(反荷電π中間子) π^- → μ^-(負電荷μ粒子) + ν_μ(μニュートリノ)
(3)負電荷μ粒子 μ^- → e^-(負電荷電子) + ν_μ(μニュートリノ) + ν_e(電子ニュートリノ)
(4)正電荷μ粒子 μ^+ → e^+(正電荷電子) + ν_μ(μニュートリノ) + ν_e(電子ニュートリノ)
(5.1)負電荷τ粒子 τ^-(17.84%)→ e^-(負電荷電子) + ν_τ(τニュートリノ) + ν_e(電子ニュートリノ)
(5.2)負電荷τ粒子 τ^-(17.36%)→ μ^-(負電荷μ粒子) + ν_τ(τニュートリノ) + ν_μ(μニュートリノ)
となる。ここで（1）と（4）、（2）と（3）を合成すれば、
(6)正電荷π中間子 π^+ → e^+(正電荷電子) + ν_e(電子ニュートリノ) + $2\nu_\mu$(μニュートリノ)
(7)負電荷π中間子 π^- → e^-(負電荷電子) + ν_e(電子ニュートリノ) + $2\nu_\mu$(μニュートリノ)
が得られる。

1. π中間子の崩壊式から核子・クォークグルーオンの構造を修正する

　さて次のページの絵は、§2.5.2で初登場のグルーオンの説明図だ。あのときは、真ん中の赤ら顔のニコちゃんを運搬中の複合体は核子グルーオンとした。

　ニコちゃん自身は正電荷電子であり、これを、クォークグルーオンであるとした。

　そこで、核子グルーオンは「電子－電子ニュートリノ－正電荷電子の複合

体」だと大魔王に報告したのだった。

ところがπ中間子が核子グルーオンの本家本元であるとなれば、大魔王への報告は、決死の覚悟をもって修正しなければならない。前のページの（6）（7）崩壊式と辻褄をあわせるためには、核子グルーオンとしてのπ中間子はμニュートリノを、しかも2個も余分に含んでいなければならないのだ。

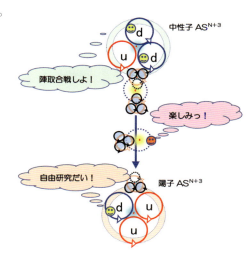

こうなったら、クォークグルーオンも核子グルーオンも、以下の絵のようにモデルチェンジするほかはない。上の図で電子ニュートリノとしたものは、2個のμニュートリノが「そのつもりワルツ※」状態にある複合体に替え、ニコちゃんを「正電荷電子−電子ニュートリノ」複合体にお色直しするのである。　　　　　　　　※§2.4.2参照。

まずクォークグルーオンは下の絵となる。これで行くと陽子や中性子の内部でクォークどうしを接着する力は、核子グルーオンと同様に、ニュートリノのフカフカベッドをうまく利用するやり方となるので、正電荷電子の非対称スピン状態が終始保たれる。u−d変換反応は平穏かつスムースに行われるようになって、大変具合がよろしい。

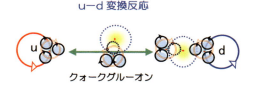

修正された核子グルーオンの絵は次ページに掲げる。緑色が、そのつもりワルツ状態にある2個のμニュートリノである。これなら、電子ニュートリノと組んでサイズが大きくなったクォークグルーオンと負電荷電子がいくら暴れても大丈夫だ。巨大サイズでフカフカかつ頑丈な運動場ができるわけだ。

121

n－p変換反応も平穏かつスムーズに行われ、陽子と中性子どうしもきわめて強固に接着されることになる。

　これで、π中間子の崩壊式(6)(7)がもたらす核子グルーオンの構造ができあがることになった。じつは、π中間子に正負の別がある訳ではなく、右に描いた核子グルーオンから右の正電荷電子か、左の負電荷電子かどちらか一方※が外れた場合のことを、それぞれ（6）正電荷π中間子と（7）負電荷π中間子の崩壊と呼んでいるだけだ。もちろん後者は「反π中間子」などではない。

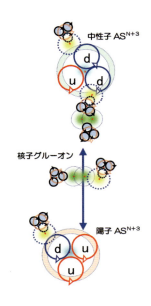

※じつは、どちらか一方ではなく、両方外れる崩壊も起こる。これは、中性π中間子の崩壊式、

　　(8) 中性π中間子：π^0 → 2γ（ガンマ線：光子）(by WIKIPEDIA)

に対応すると考えられる。SSTモデルでは、中性π中間子の崩壊は、次の(9)式のとおり、

　　(9) π^0 → $e^- \cdot e^+$（ポジトロニウム）+ ν_e（電子ニュートリノ）+ $2\nu_\mu$

　　　　→ 2γ（ガンマ線：光子）+ e^-（負電荷電子）+ ν_e（電子ニュートリノ）+ $2\nu_\mu$

という崩壊式で表わせると考えている。両方とも外れた正負電荷の電子がポジトロニウムという中間体を形成し、ついで、正電荷電子だけが2個の光子に崩壊してγ線を放射するというモデルである。

　ポジトロニウムという粒子は、崩壊して光子2個を放射するパラポジトロニウムと3個放射のオルトポジトロニウムとがあるそうだ。SSTモデルの電子慣性構造の図で光子3個を描いたのは格別の理由があった訳ではないのだが、ポジトロニウムの崩壊形式は、負電荷電子は3個、正電荷電子は2個の光子が慣性構造を構成するというSSTモデルを裏付けているようで、まことに奇遇と言うべきであろう。

　　(8) 中性π中間子：π^0 → 2γ（ガンマ線：光子）(by WIKIPEDIA)

という崩壊式は、これを求める実験系でニュートリノは検出できなかったの

§2 SSTモデルは4つの力の概念を革新する

で記載されていないのであろう。(9) 式では負電荷電子 e^- も放射されるのだが、これも検出できない実験系だったのかどうかは、推測のかぎりではない。

自由空間においては、宇宙線としての正負電荷の π 中間子の崩壊は、崩壊式
　(6) 正電荷 π 中間子 π^+ → e^+（正電荷電子）＋ ν_e（電子ニュートリノ）＋ $2\nu_\mu$（μ ニュートリノ）
　(7) 負電荷 π 中間子 π^- → e^-（負電荷電子）＋ ν_e（電子ニュートリノ）＋ $2\nu_\mu$（μ ニュートリノ）
のとおり、2個の μ 粒子と1個ずつの正負電荷電子と電子ニュートリノに、全てバラバラに分解されることが分かっています。

これが原子核の中でも起こるとすれば大変なことになりますが、原子核の中では下図のように、ベータ崩壊という形で、小規模な崩壊しか起こりません。

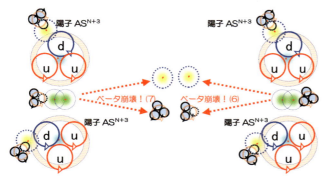

これを下の核子グルーオンの絵と照合してみれば、左の絵の、左側の場合は正電荷 π 中間子 π^+ が、右側では負電荷 π 中間子 π^- が、ベータ崩壊後も陽子と陽子を接着するグルーオンとして無事に残っていることが分かる。

ところが、上の絵のようなベータ崩壊では、グルーオンに正負電荷の電子が1個ずつ混ざっている。これではゴリゴリと潤滑作用を妨害しそうであり、不都合[※]だ。　※不都合と言うが、ベータ崩壊(6)は「β^+崩壊」のSSTモデルになりうる。

この不都合を解消してくれそうなのが、SSTモデルで解釈した中性 π 中間子 π^0 の崩壊式、
　(9) π^0 → $e^-\cdot e^+$（ポジトロニウム）＋ ν_e（電子ニュートリノ）＋ $2\nu_\mu$
　　　→ 2γ（ガンマ線：光子）＋ e^-（負電荷電子）＋ ν_e（電子ニュートリノ）＋ $2\nu_\mu$

123

である。

　右の絵のとおりである。ベータ崩壊でガンマ線が2個出る※という観測データがあるかどうかは、不勉強で知らない。ポジトロニウムの関与があるかどうかも分からないのだが、確かに、右のベータ崩壊モデル(9)によれば電子ニュートリノと電子がそれぞれ1個ずつ放出される。

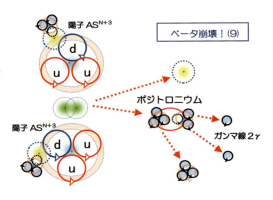

　　※現在は、ポジトロニウム崩壊は「電子と陽電子の対消滅」で2個または3個の光子
　　　が放出されγ線が観測されると説明される。上の絵のSSTモデルでは、ポジトロ
　　　ニウム崩壊は対消滅ではなく2個の光子と電子1個への分解反応としてある。

　残留する2個組μニュートリノは、核子を構成する電子の塊りであるu&dクォークとの弱い力による相互作用を行って、理想的な潤滑剤を兼ねたフカフカベッドのスペーサーとなりそうである。

　改めて眺めてみると分かるが、中性π中間子$π^0$とは、核子グルーオンのことに他ならなかった可能性がある。

2. SSTモデルの説明はとても分かりやすいのに、なぜ現代物理学とは衝突する？

　素粒子の崩壊式を化学の分解反応式と同じように扱い、「反粒子」は単に荷量が逆なだけの粒子であり、ニュートリノも立派な原子の構成要素だとするだけで、上の1段めでは、直感的にとても分かりやすいπ中間子や核子の像がむすばれ、接着因子グルーオンの働きやベータ崩壊の様子が描けたと思う。

　・・・オレ様には格別分かりやすくもなかったが、ならば何でそんな単純な説明がされなかったのだ？　ハハ～ン、今どきの物理学者の頭はイカれて

§2　SSTモデルは4つの力の概念を革新する

ると言いたいんじゃなイカのウン玉！

　いやいや！そうではない。多分、イカれた頭はス兵衛の皺のない麗しきノーミソの方なんじゃ。前のページの絵にあるポジトロニウムにしても、核子が3個組u&dクォークで構成されることにしても、現代物理学の波動だらけの超難解な数学理論で予言された事柄なんだ。そもそも、湯川秀樹のπ中間子も超難解な数学理論で存在が予言された粒子の1つだった。ス兵衛の麗しくもイカれたノーミソコンピュータで超難解数学をハジこうと試みようものなら、自慢じゃないがすぐにフリーズしてくれる。

　現代物理学が「反粒子」は反粒子であるとして、ニュートリノは原子の構成要素にはなりえないとするのは、すべて数学理論が命ずる数学的形式主義によるものだ。

　超難解数学理論の1分野である現在の標準理論では、粒子にはかならず反粒子があるという形式主義が取られる。したがって、質量も荷量もないニュートリノといえども、必ず反ニュートリノが「なければならない」と、数学的形式主義が命じたのである。
　反ニュートリノの概念が、ニュートリノがどこからともなく現われて、物質の中に入り込むことなく、立派な働きだけを行って、どこへともなく去っていく「正義の味方ニュートリノ仮面※」を創りだす。そんな正義の味方が、物質原子の構成員であるのは許されないのである。　　　　※ §2.5の1段め参照。

　数学的形式主義のせいにするのは、けっして数学の悪口をたたいているわけではない。形式主義こそが数学の真骨頂であり、そのすばらしい予言の力の源泉なのであるから。

　形式主義のすばらしさは物理学だけで有用なわけではない。例えば経理学だ。仕訳という経理作業があるが、単純な経費の分類作業だ。企業のお客様と交際するのに必要な経費は、消費の目的によって交際費と接待費を数学的

125

形式主義に従って厳然と仕訳けする。

　物理学的にはどちらも食事代、飲み代、慶弔費などで全く同じなのだが、経理では消費目的に下心があるかないかにより、接待費と交際費とを分ける建前だ。企業の決算書類で前者と後者の比率を見るだけでも、下心の多い（ふつうは商売熱心といわれる）会社かどうかが分かるのである。

　さて、現代物理学が、素粒子の崩壊は、化学の分解反応と同じようにとり扱うことはできないとするのは、はじめどう考えても、崩壊式の左辺と右辺の質量が合わないからだった。しかし現代物理学の超難解数学理論の１つである「対称性の自発的破れ」理論は素粒子の質量がなぜ観測データのようになるのかを解明した。

　だから、左右の質量がちがう訳は分かるようになったはずなんだが、なぜか、上の１段めのように、崩壊後の右辺の粒子群を部品にして、左辺の崩壊前の粒子の構造を組み立てるようなことはしなくなった。

　・・・粒子はみんな波動関数で組み立てられておる。波動関数を使って、化学反応のように、合成材料から合成後の構造を推定しろったって、そんなことできるわけないじゃなイカのウン玉！

　そのとおりだと思う。その上に、「正義の味方ニュートリノ仮面」は物質の中にはいり込んで構成員に居座ってはならないと、数学的形式主義が命じておるのだ。

　SST モデルというのは、スピンする特異的空間領域すなわち AS（atomic spin）の概念をもちいて、現代物理学ではできる訳ないじゃなイカのウン玉くんの粒子の構造を描けるようにしたのだ。

　残念ながら数理モデルまでは描けなかったが、「非対称性の他発的獲得※」理論は、崩壊式の左辺と右辺の質量を一致させることができると確信している。　　　　　　　　　　　　　　　　※ §2.4.1（78 ページ）参照。

　・・・当然、あらゆる化学反応には逆反応があるように、素粒子の崩壊反

126

応には、逆の合成反応もあることになるのだ。

3.「ニュートリノ振動」のSSTモデル

2015年のノーベル物理学賞を受けたスーパーカミオカンデ梶田先生や、2002年に物理学賞を受けたカミオカンデ小柴先生の功績は、いずれもニュートリノに関するものだった。

ちっとも姿を露わにしないが、宇宙ではわんさか飛び回っているという、・・・謎の粒子ニュートリノに関する大発見が日本人の名誉に帰せざるを得ないというのは、外国人の研究者にはジェラシーの種かも知れない。予言したのはパウリとフェルミだし、存在を実証したのも日本人ではなかったというのにだよ！

それが有るのか無いのか曖昧なニュートリノというのは、日本人と、なんとも相性がよいものらしいのである。それは「あいまいな日本のわたし」と講演したノーベル文学賞の大江健三郎が語ったような気がしないでもない。

さてスーパーカミオカンデ梶田隆章教授が素人むけに語ってくれる「ニュートリノ振動」は、相変わらず波動関数に関するアナロジーである。波長差の小さい波が重なりあうときに生まれる「うなり」というブ〜ンブ〜ンという音のようなものが、ニュートリノに質量がある事を証拠立てるニュートリノ振動の本質であるというのだ。共同研究者であった、鈴木厚人先生の著書[7]でも同じ説明だった。

・・・ブ〜ンブ〜ンと音がするだけで謎が解けるんだって？　誰がそんなの信じるかってんじゃなイカのウン玉！

うむうむ、ス兵衛の麗しきノーミソも同感だ。だがホンのちょっとだけちがう。現在のニュートリノ振動の証拠としては、単に「ニュートリノが走る距離」によってニュートリノ欠損が起こるとされるが、SSTモデルでニュートリノ欠損の原因は「慣性系粒子が高密度で存在する地球や太陽の内部をニュートリノが走る距離」が長いから。すなわち、前段で示した崩壊式には、

化学分解式と同様に逆反応の合成反応が起こる。これは自由空間より、慣性
系粒子が高密度で存在する地球や太陽の内部で高い確率で起こる。ニュート
リノには、崩壊反応で生まれるだけでなく、合成反応で消費されるものもあ
るのだ。

　地球10億個分ぐらい平気で通りぬけるニュートリノにはありえないと思
うだろうが、スーパーカミオカンデで、わずか1万トンの水分子とも反応し
たニュートリノだ。地球の裏側まで飛んで反応しないわけがないのだ。

　しかしホンのちょっとだけちがうと言うのは、ニュートリノが行う合成反
応の確率を、距離の関数として「うなり」の波形で予言してしまう。・・・
現代物理学の超難解数学の力に驚嘆しているからだ。

　前の崩壊式の逆反応、つまり合成反応式を作成すれば、

　（△1）正電荷 μ 粒子 μ^+ + ν_μ（μニュートリノ）→ 正電荷 π 中間子 π^+

　（△2）負電荷 μ 粒子 μ^- + ν_μ（μニュートリノ）→ 負電荷 π 中間子 π^-

　（△3）e^-（負電荷電子）+ ν_μ（μニュートリノ）+ ν_e（電子ニュートリノ）→ 負電荷 μ 粒子 μ^-

　（△4）e^+（正電荷電子）+ ν_μ（μニュートリノ）+ ν_e（電子ニュートリノ）→ 正電荷 μ 粒子 μ^+

　（△5.1）e^-（負電荷電子）+ ν_τ（τニュートリノ）+ ν_e（電子ニュートリノ）→負電荷 τ 粒子 τ^-（17.84%）

　（△5.2）μ^-（負電荷 μ 粒子）+ ν_τ（τニュートリノ）+ ν_μ（μニュートリノ）→負電荷 τ 粒子 τ^-（17.36%）

ということになる。このうち、（△1）と（△4）、（△2）と（△3）を合成
すれば、

　（△4+△1）e^+（正電荷電子）+ ν_e（電子ニュートリノ）+ $2\nu_\mu$（μニュートリノ）→正電荷 π 中間子 π^+

　（△3+△2）e^-（負電荷電子）+ ν_e（電子ニュートリノ）+ $2\nu_\mu$（μニュートリノ）→負電荷 π 中間子 π^-

となり、合成中間体の μ 粒子が消去される。これらは前の崩壊式（6）（7）の
逆反応であることが分かる。一方、負電荷 μ 粒子を中間体とする合成は（△
5.2）式を用いても考えられる。

　（△3+△5.2）：e^- + ν_e（電子ニュートリノ）+ $2\nu_\mu$（μニュートリノ）+ ν_τ → 負電荷 τ 粒子 τ^-（17.36%）

　（2+△5.2）：負電荷 π 中間子 π^- + ν_τ（τニュートリノ）→ 負電荷 τ 粒子 τ^-（17.36%）

という2つの合成反応が可能である。標準理論の規則から不思議だが、「正
電荷 τ 粒子は反粒子である」とだけで、詳しい記述がなかった。ならば、τ
粒子は負電荷だけで、その17.84%は次の（5.1）式に従って崩壊する一方な
のであろう。

§2 SST モデルは 4 つの力の概念を革新する

(5.1)負電荷 τ 粒子 τ ⁻(17.84％)➡e⁻(負電荷電子)+ν_τ(τ ニュートリノ)+ν_e(電子ニュートリノ)

　これらから何を言いたいかといえば、ニュートリノが関与する上のような合成反応は、自由空間ではほとんど起こらないだろうが、慣性系粒子が高密度で存在する地球や太陽の内部では、高い確率で起こるということである。
　「ニュートリノ振動」については、同一のニュートリノが 電子〜 μ 〜 τ と変身を繰りかえすように説明されているが、いくら何でも、ニュートリノは魔法使いではあるまい。
　「ニュートリノ振動」の根拠とされた μ ニュートリノ欠損だが、スーパーカミオカンデで確証された実験事実は、上の合成反応で、 μ ニュートリノが電子ニュートリノより沢山消費された結果である。合成式を再掲すれば、
　(△4+△1) e⁺(正電荷電子)+ν_e(電子ニュートリノ)+2ν_μ(μ ニュートリノ)➡正電荷 π 中間子 π ⁺
　(△3+△2)e⁻(負電荷電子)+ ν_e(電子ニュートリノ)+2ν_μ(μ ニュートリノ)➡負電荷 π 中間子 π ⁻
　(△3+△5.2)∴e⁻ + ν_e(電子ニュートリノ)+2ν_μ(μ ニュートリノ)+ ν_τ ➡ 負電荷 τ 粒子 τ ⁻(17.36％)
　(2+△5.2)：負電荷 π 中間子 π ⁻+ ν_τ(τ ニュートリノ) 　 ➡ 　 負電荷 τ 粒子 τ ⁻(17.36％)
のとおり、上 3 つのどの合成反応でも、 μ ニュートリノは電子ニュートリノの 2 倍だけたくさん捕獲されて合成反応に消費される。当然ながら、これらの合成反応が起こる確率は、ニュートリノが走る距離だけでなく、地球や太陽の中心に行くほど高くなる実体的重力場の密度（粒子密度だけではない）にも依存するはずだ。
　(5.1)負電荷 τ 粒子 τ ⁻(17.84％)➡e⁻(負電荷電子)+ν_τ(τ ニュートリノ)+ν_e(電子ニュートリノ)
　さらに、もし τ 粒子に関する上の推測が正しければ、 τ 粒子の 17.84％は上の（5.1）式に従って崩壊する一方であり、電子ニュートリノの欠損分は補充されることになる。もちろん負電荷電子 e⁻と τ ニュートリノ ν_τ の欠損分も補充される。しかし、 μ ニュートリノの欠損分を補充する反応はないのである。
　このようなモデルに基づいて、合成反応が起こる確率を計算し、地球や太陽を通過後の電子・ μ ・ τ ニュートリノの欠損量を計算することができるだろう。もちろん、実体的重力場の密度と反応確率との関係が確定されていないので、困難な計算であるように思える。

129

だが答えはすでに分かったも同然だ。驚嘆すべき現代物理学の超難解数学の力によって予言された、ブ〜ンブ〜ンという音のような「うなり」の波形に合うように、上のモデルの反応速度など、いくつかのパラメータをコンピュータシミュレーションで決めていけばよいと考えられるからである。

　なお、（△4+△1）と（△3+△2）式は、右の絵の核子グルーオンから負電荷電子e^-または正電荷電子e^+が欠けた、π中間子$π^+$または$π^-$の合成式だと解釈できることが分かる。

核子グルーオン

（△4+△1）e^+（正電荷電子）+$ν_e$（電子ニュートリノ）+2$ν_μ$（μニュートリノ）→正電荷π中間子$π^+$
（△3+△2）e^-（負電荷電子）+$ν_e$（電子ニュートリノ）+2$ν_μ$（μニュートリノ）→負電荷π中間子$π^-$
　次の（△3+△5.2）式は、負電荷π中間子$π^-$にτニュートリノが付加されて、負電荷τ粒子$τ^-$が合成されると解釈できる。
（△3+△5.2）：e^-+$ν_e$（電子ニュートリノ）+2$ν_μ$（μニュートリノ）+$ν_τ$→負電荷τ粒子$τ^-$（17.36%）
　そのことを端的に物語るのが、次の（2+△5.2）式である。
（2+△5.2）：負電荷π中間子$π^-$+$ν_τ$（τニュートリノ）　→　負電荷τ粒子$τ^-$（17.36%）

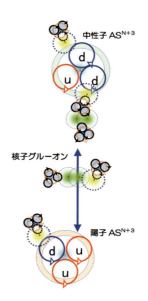

　τ粒子やτニュートリノが原子のどこでどんな働きをしているのか解明できれば、また具象的な絵を描くことができるだろう。・・・もしも、τニュートリノが核子グルーオンの未完成品（負電荷π中間子$π^-$）を抱えたような形になってる負電荷τ粒子$τ^-$が、原子近辺でたくさん合成されるとすれば、負電荷τ粒子$τ^-$は、現役の核子グルーオンが壊れていたら直ちに部品交換できるように待機している「直し屋」なのかも知れない。右の絵のように、ドでかい天体のような核子に挟まれて、押しつぶされそうになりながら過酷な環境で働かされる核子グルーオンが、壊れやすい原子の部品であることは十分考えられる。しかもビッグバンのような灼熱環境

§2　SSTモデルは4つの力の概念を革新する

だ。だからメンテナンスが可能なのだ。

　いずれにせよ、電子ニュートリノとμニュートリノのみならず、τ粒子やτニュートリノも、原子には必要不可欠な存在だとみなす方が自然である。宇宙にムダなものなどないのであります。・・・でしょう？

§2.6.4　ベータ崩壊から真質量換算係数κが飛びだす

　ベータ崩壊から飛びだすのは放射線だけではないようだ。ベータ崩壊を調べて、弱い力のSSTモデルが飛びだしたかと思ったら、強い力の仕上げ接着因子グルーオンが飛びだすことになった。・・・さて、このビックリ玉手箱からもう1つ、念願であった真質量の計算法が飛びだします。

1.　現代物理学の不思議な見解

　現代物理学では、ニュートリノ（対称スピン体※）が中性子から飛びだすのは単なるニュートリノの放出だが、（非対称スピン体※として）ニュートリノを陽子に取り込むことは、反ニュートリノを取り込むこととされています。しかもそれはニュートリノを放出することと等価であるという。

※ SSTモデルによる見方であり、現代物理学にそういう見方はない。

　ニュートリノは、前のページの図の上半分、核子グルーオン分離反応や、下半分の中性子への変換反応などのアクシデント（たとえばコアどうしの正面衝突）で生じるベータ崩壊では放出されるだけでなく、どう見てもニュートリノが入るとしか思えない下半分の中性子への変換反応でも放出されるような、SSTモデルの観点からは実に奇妙な粒子とされている。

　現在、ニュートリノはあらかじめ中性子の内部に存在するのではなく、ベータ崩壊の際に「発生」してエネルギーを持ち去る[7]とされています。そもそも、ニュートリノは核子の構成要素ではないのだから、中性子から出たり、陽子に入ったりはありえないとされる。

だから、ベータ崩壊の場合、ニュートリノはその場でベータ崩壊のエネルギーを一部使って「発生」し、残りのエネルギーでどこへともなく飛ばされて行くわけだ。

　130ページの絵の下半分、中性子変換の場合も反ニュートリノが「仮想的に」陽子に入るので、用済みとなったニュートリノはまたもや放出されることになる。だが、陽子はしっかりと中性子に変換される・・・とにかくニュートリノは、核子の門前で必要な仕事だけしたら、さっさと門前払いにされるわけです。

　SSTモデルでは、ビッグバン状態にない通常の宇宙空間において、粒子が都合よく創生されることはないのだし、反粒子が発生することもない（§1.4「渦流メカニズム」3段め（2）参照）。ベータ崩壊でニュートリノが「発生」することはありえないのだ。反ニュートリノが「発生」することもありえないのである。

2. 真質量換算係数 κ の計算法

　ところが、ベータ崩壊を現代物理学が言うとおりだとすることにより、思わぬ拾い物があった。ベータ崩壊の欠損質量から換算したエネルギーをニュートリノの創生エネルギー（$m_\nu c^2$）として使い、残りぜんぶは運動エネルギー（$m_\nu v^2/2$）として与えたとしてみたところ、真質量換算係数 κ を計算する方法が見つかったのである。

　この前提で、ニュートリノの慣性質量 m_ν を用いて計算すれば、ニュートリノは次のとおり光速度を超えてしまう。

$$c^2 \Delta M = m_\nu c^2 + m_\nu V_m^2/2 \quad \Rightarrow c^2 \Delta M = m_\nu (c^2 + V_m^2/2)$$

$$\therefore) \ V_m^2 = 2c^2 (\Delta M - m_\nu)/m_\nu \quad \cdots ①$$

　　　　ΔM：欠損した慣性質量　　　m_ν：ニュートリノの慣性質量

　　　　V_m：慣性質量から推定されるニュートリノの運動速度

という関係から計算すれば、

$$V_m^2/2c^2 = 312932.646 \quad \therefore) \ V_m = 237170755 \ (km/s) \quad \cdots ②$$

132

$$\triangle M = 939.565379 - 938.272046 - 0.510998885 = 0.782334115 (\text{MeV})$$

$$m_\nu = 0.0000025 \,(\text{MeV}) \qquad c = 299792.458 \,(\text{km/s})$$

となり、ニュートリノの運動速度 V_m は光速度 c の 791 倍になってしまう。

　だが、こう考えることにしてみよう。・・・わずかな慣性質量のニュートリノ 1 個では、こんなに大きな運動エネルギーは持ちきれないのだ。しかしニュートリノの真質量は電子とあまり変わらず大きいはずなので、案外それぐらいは持ちきれるかも知れない。そこで上の速度計算には、真質量 μ を用いて、

$$V_\mu^2 = 2c^2(\triangle M - \mu_\nu) / \mu_\nu \quad \cdots ③$$

　　　　μ_ν：ニュートリノの真質量

　　　　V_μ：真質量から推定されるニュートリノの運動速度

としてみよう。ここで慣性質量 m の真質量 μ への換算係数 κ を、

$$\kappa = \mu / m \cdots ④$$

と定義すれば、③式は、

$$V_\mu^2 = 2c^2(\triangle M - \kappa_\nu m_\nu) / \kappa_\nu m_\nu \quad \cdots ⑤$$

とすることができる。①と⑤は、

$$V_m^2 = 2c^2(\triangle M - m_\nu) / m_\nu \Rightarrow m_\nu(1 + V_m^2 / 2c^2) = \triangle M \quad \cdots ①$$

$$V_\mu^2 = 2c^2(\triangle M - \kappa_\nu m_\nu) / \kappa_\nu m_\nu \Rightarrow \kappa_\nu m_\nu(1 + V_\mu^2 / 2c^2) = \triangle M \quad \cdots ⑤$$

と変形できるので、$\triangle M$ を消去すれば、

$$\kappa_\nu = (1 + V_m^2 / 2c^2) / (1 + V_\mu^2 / 2c^2) \quad \cdots ⑥$$

が得られる。$V_m^2 / 2c^2$ に②の解を代入すれば、

$$\kappa_\nu = 312933.646 / (1 + V_\mu^2 / 2c^2) \quad \cdots ⑦$$

という関係が得られます。

　したがって、ニュートリノの運動速度 V_μ が決まれば、換算係数 κ_ν が求められることになります。何年か前、ニュートリノが光速度を超えているという CERN の誤報道がありましたが、ニュートリノの運動速度が光速度に近いというのは確かのようです。そこで、⑦の関係式で、

$$V_\mu = c \quad \cdots ⑧$$

133

と置いて計算すれば、ニュートリノの換算係数 κ_ν としては、

$\kappa_\nu = 208622.4307$（倍）　・・・⑧

という値が得られます。したがってニュートリノの真質量 μ_ν は、④の定義
より、

$\mu_\nu = \kappa_\nu \mathrm{m}_\nu = 208622.4307 \times 0.0000025 = 0.5215561$（MeV）　・・・⑨

と計算して求めることができます。

「同一サイズ次元の粒子の真質量は等しい」と仮定すれば、電子の換算係
数 κ_e は、

$\kappa_e = \mu_\nu / \mathrm{m}_e = 0.5215561 / 0.510998885 = 1.02066$　・・・⑩

と計算されます。慣性質量だけで比べると、電子はニュートリノの 204400
倍（0.510998885／0.0000025）なのに、ニュートリノの真質量は電子と同程
度（電子慣性質量の 1.02 倍）だと分かります。

§2.6.5　この物理学は冗談なのだろうか？

　よもやま話のおわりに、本書の副題について考えてみよう。はじめに述べ
たように、「粒子だらけの方程式でできた眼鏡」をもう１つ拵えようという
のが最初の動機だった。必ずしも予期したわけではなかったが、現代物理学
では葬られた光の運動媒体「エーテル」の概念を「拘束運動系空間」は復活
させ、「実体的重力場」という万能の概念を用いてすべてが記述された結果、
現代物理学の金字塔の１つである量子力学の量子概念を無視したのはまだ許
せるし、面白い仮説だとしてみましょう。

　しかし電磁力のところで、電子スピンを永久動力として走りまわる一輪バ
イクが登場して、フレミング則、磁石や超伝導現象が説明されたりしたのに
は、「面白すぎる！」と感じた読者も多かったと思います。これは、ぜんぶ
冗談だろう？という感じ方にたいしては著者も同感です。

　しかし、神聖な学問の場でフザけるな！と思う人もあるかも知れません。
どこが神聖なのか私の理解できるところではありませんが、次にはじまる
補遺の講演は、少しぐらいは「物理学的にまっとうな」お喋りもしてみた

§2 SST モデルは 4 つの力の概念を革新する

いと思って、試みることにしたものです。・・・冗談としか思えないのだが、
ひょっとしたら只のおフザけではないのかも知れない・・・と、著者と同じ
ように感じていただければ幸いです。

補遺　SST モデルの定量的検証

【論文形式について】

　序文、方法、結果、考察を分けて記述する形式はとらない。これらは逐次順不同で記述される読み物形式が採用されるが、事実と考察は分かるように記述される。扱われる分野の広さと内容の斬新さから、これがもっとも理解を助ける形式であると考えるからだ。

　なお、数式の表示の仕方に関して、本書では特別なアプリケーションなしで表示するため、数式の右辺にある分数形式は特殊なルールで表示される。原則として分数形式の項には分数記号（／）は１箇所しか使われず、記号の左側の項は分子、右側を分母とする分数形式であることを意味する。分子項および分母項に＋やー、あるいは／が含まれる場合は、カッコ（）や大カッコ【】や［］などで項を囲って原則が守られる。

【研究成果の要約】

　スピン空間論はユニークな宇宙モデル（SST モデル）を提供する。本論においては次の３つの重要な理論的研究の成果を記述する。

　第１（§A）は SST 標準モデルである。現在は「標準模型」という粒子の一覧表が、複雑な数学理論とともにオーソライズされているが、SST モデルはミクロ粒子からマクロな天体や天体系まで順々に創生される過程を、「サイズ次元」という概念で整理して、標準模型とは体系的に異なり、ミクロ領域からマクロ領域まで一覧できる SST 標準モデルを完成した。SST 標準モデルの体系は、これまで発見された６つのクォークの質量の対数値が正確な直線関係にある事実から、これを単純に拡張したものである。一見して幼稚なモデルだが、第２と第３の研究成果は、SST 標準モデルが有効な体系であることに十分な根拠を与えると考えられる。

　第２（§B）は、SST モデルにもとづいて、原子の最外殻電子が原子から放出されるときのエネルギーを計算したところ、量子力学で計算されるエネルギー準位と完全に一致する値が得られるだけでなく、118 種の主系列原子

のすべてについて個別に計算できることを明らかにした。これにより、従来とはイメージの異なる、しかし有効な新規の原子モデルを確立することができた。

　最後に第3（§C）は、この原子モデルを私たちの太陽系に適用したところ8個の主惑星の公転軌道の半径（軌道長半径）がなぜ現在のようになるのかの物理的メカニズムが明らかにされ、モデルの計算結果は完全に観測データと一致した。これにより、従来とは異なる太陽系創生の新しいメカニズムとプロセスが示され、太陽系探究のための有力なツールが提供された。

【結論】

　スピン空間論（spinning space theory：SST）という宇宙創生論は、次のような宇宙創生のメカニズムを提供する。ミクロ粒子からマクロな天体や天体系にいたるまで、すべてがビッグバンの一瞬で創生された。その一瞬から138億年後の現在にいたる過程は、創生された「種粒子や種天体」を存在させていた「種空間と種時間」が三次元的に等方膨張する過程である。したがって宇宙は、はるかな過去から現在、それから未来に至るまで、ユークリッド空間を前提とするニュートン力学で記述することができる。

　宇宙も、それを記述する物理学も単純で直感的に理解できるものなのだ。現在の物理学がそうではなく、難解な数学理論と化しているのは、たまたま入った入口（物理モデル）が複雑な迷路への入口であったことにこれまで気づかないで来た結果にすぎないのである。

§A　SST標準モデルについて

　SSTモデル[※]によると物質の根源は光子であり、あらゆる粒子の究極的構成要素は光子である。したがって、あらゆる粒子、あらゆる物質は光子体（made from photon body：MFPB）であるという共通項をもつ。

> ※宇宙の創生に関するスピン空間論（spinning space theory：SST）から導かれる宇宙や天体、粒子や物質のモデルである。この宇宙論の内容については§1を参照。

　光子には、その集合レベルと集合様式に応じた上位構造体の系譜が存在し、すでに発見された6種類のクォークはその代表であり、それぞれの質量の対数値は秩序立った軽重2系列の直線関係を示す。すなわち、軽クォーク系列（uクォーク→sクォーク→bクォーク）と重クォーク系列（dクォーク→cクォーク→tクォーク）がそれである。

　量子色力学は、陽子と中性子はuクォークとdクォークの3個組複合構造で成ることを明らかにしたが、SSTモデルは、3個組複合体も中心に「コアクォーク[※]」と称する大質量のクォークにより統合された粒子でなければならないことを要請する。そしてクォーク複合体の質量は軽クォーク系列とほとんど並行する直線上にあることを明らかにした。

> ※コアクォークとは、§1.4で述べた「慣性系粒子のコアとコア構造」のことに他ならない。すべての粒子は、中心にコアクォークというエンジンを有する宇宙船であると考えることができるのである。

§A.1　SST標準モデルの発端

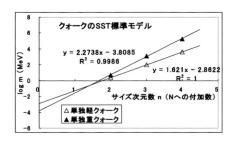

　左のグラフ作成にはWIKIPEDIAのデータを用いた。用いたクォークの質量は中央値であり、次のページの表に示す。

　次のページの表は上が測定データで、その下はその対数値を示し、対数値を

§A　SST 標準モデルについて

図にプロットした。個数倍率は、渦
流メカニズム※で創生される粒子とい
う前提から、近似直線の傾きから計
算できる上位クォークに含まれる下
位クォークの個数である。※§1.4 参照。

m（MeV）				
サイズ次元	軽クォーク系列		重クォーク系列	
N+2	u	2.4	d	4.9
N+3	s	100	c	1290
N+4	b	4190	t	172900
log m（MeV）				
N+2	u	0.38021	d	0.69020
N+3	s	2.00000	c	3.11059
N+4	b	3.62221	t	5.23779
個数倍率		41.8		187.8

　ここで、陽子のクォーク構成は uud、
中性子は udd であったことから、右の表のクォークの質量を用いて単純に
足し合わせて質量を求めると、陽子は 9.7MeV、中性子は 12.2MeV となる。

　公認された測定データは、下の式に示すとおり、陽子は 9.7MeV の 96.7 倍、
中性子は 12.2MeV の 77.0 倍もあるのだ。これはどういうことだろうか？

　慣性質量は単純に足しあわせることができるという、私たちの直感的常識
が通用しないという「大事件」がここでも発生しているのである。この問題
に対し現代物理学がどのように説明しているかについて、筆者は語る能力を
有しないが、恐らくミクロ世界では質量が「生まれる」と考えられており、
質量誕生の原理としては南部陽一郎の「対称性の自発的破れ」理論やヒッグス
の理論などが関係しているということだけ理解している。

　いずれにしても、前のページの図と上の表が SST 標準モデルの発端となっ
たのだが、今述べた質量に関する大事件については、難解な数学を用いるこ
となく処理することができた。以下のとおり、SST モデルでは、慣性質量
は重力場の「容積に比例する」こと※を利用するだけである。

※　§2.2 で記述した慣性質量の概念である。

　サイズ次元 N+3 において、陽子の構成は uud、中性子は udd であり、軽
クォーク系列の u クォークと重クォーク系列の d クォークの混成チームで
ある。「構造」をもち構造を維持強化するための鋳型重力場 MB※をまとい、
まとった MB の容積がそれぞれの慣性質量をきめているのである。

※　§2.1 参照。

　このことから、核子の慣性質量 m_p（陽子）と m_n（中性子）は、

$$m_p = 2\,m_u\,\iota_u{}^3 + m_d\,\iota_d{}^3 = 938.27205\ （\text{MeV}） \quad \cdots 【A1.1】$$
$$m_n = m_u\,\iota_u{}^3 + 2\,m_d\,\iota_d{}^3 = 939.56538\ （\text{MeV}） \quad \cdots 【A1.2】$$

とすることができる。N+2 次元の u クォークと d クォークの慣性質量の測

定値 m_u と m_d には、それぞれの重力圏半径比率※ ι_u と ι_d の３乗をかけた数値が、その上位構造 N+3 次元の核子の慣性質量 m_p と m_n を与えるということである。

> ※物理的意味は §B.3 で詳しく述べるが、ここではクォークの実体的重力場の半径の３乗、すなわち重力場の体積が慣性質量を決めると理解しておこう。

【A1.1】と【A1.2】式を $\iota_u{}^3$ と $\iota_d{}^3$ の２元連立方程式として解けば、

$$\iota_u{}^3 = (2m_p - m_n)/3m_u \qquad \iota_d{}^3 = (2m_n - m_p)/3m_d$$

が得られ、これに m_p 938.27205；m_n 939.56538、m_u 2.4；m_d 4.9 を代入すると、

$$\iota_u{}^3 = 130.1 \qquad \therefore) \ \iota_u = 5.068 \quad \cdots \text{【A1.3】}$$
$$\iota_d{}^3 = 64.00 \qquad \therefore) \ \iota_d = 4.000 \quad \cdots \text{【A1.4】}$$

となる。要するに、ｕクォークとｄクォークの重力圏半径比率 ι は５と４であり、それぞれの上位構造である核子の慣性質量への貢献度は 130 と 64 の違いがあると考えることができる。自由空間で単独ではｄクォークより質量の小さいｕクォークの方が、上位構造の核子に納まった場合、核子の慣性質量への貢献度は２倍もある。

つまり、ｕクォークは核子に組み入れられるとき「重力場がかさ高くなりやすい」粒子であり、フリーなときの自身のコンパクトな重力場（軽い質量）の割には大きな慣性質量を核子にもたらすと考えることができる。

さて、N+3 次元の核子では、軽クォークｕと重クォークｄの混成割合は明らかにされ、２：１または１：２であるという量子色力学の成果がある。貴重な知識を利用させてもらえる SST モデルは１つの仮説を提案する。・・・連立方程式【A1.1】【A1.2】は、単純に他の次元にも拡張できるという仮説である。すなわち、

上位次元軽粒子の慣性質量：$m_{\ell n} = \eta_\ell m_{\ell n\text{-}1} \iota_\ell{}^3 + \eta_h m_{h n\text{-}1} \iota_h{}^3 \quad \cdots \text{【A1.5】}$

上位次元重粒子の慣性質量：$m_{h n} = \eta_h m_{\ell n\text{-}1} \iota_\ell{}^3 + \eta_\ell m_{h n\text{-}1} \iota_h{}^3 \quad \cdots \text{【A1.6】}$

$m_{\ell,n\text{-}1}$：下位次元軽粒子の慣性質量　　$m_{h,n\text{-}1}$：下位次元重粒子の慣性質量

η_ℓ：下位次元軽粒子の構成個数　　η_h：下位次元重粒子の構成個数

というものである。【A1.5】【A1.6】を $\iota_\ell{}^3$ と $\iota_h{}^3$ について解けば、

軽粒子の慣性質量貢献度：$\iota_\ell{}^3 = (\eta_h m_{h n} - \eta_\ell m_{\ell n})/(\eta_h{}^2 - \eta_\ell{}^2)m_{\ell,n\text{-}1} \quad \cdots \text{【A1.7】}$

§A　SST 標準モデルについて

　　重粒子の慣性質量貢献度：$\iota_h^3 = (\eta_h m_{\ell,n} - \eta_\ell m_{h,n})/(\eta_h^2 - \eta_\ell^2) m_{h,n-1}$　・・・【A1.8】

となるのだが、さらに、軽重粒子の構成個数 η については、どの次元でも軽重の混成割合は、第 N + 3 次元（核子）と同じく、2：1 または 1：2 であるとして、

　　軽粒子の慣性質量貢献度：$\iota_\ell^3 = (2m_{\ell,n} - m_{h,n})/3 m_{\ell,n-1}$　・・・【A1.7.1】
　　重粒子の慣性質量貢献度：$\iota_h^3 = (2m_{h,n} - m_{\ell,n})/3 m_{h,n-1}$　・・・【A1.8.1】

で求めることができるとする。これを第 N + 3 次元に適用すれば、【A1.3】【A1.4】の解と一致するはずである。

　次に、他の次元の粒子の質量はどのように決まるかという問題だが、すでに発見された右の図（再掲）の 6 つのクォークの質量を結ぶ直線関係を、単純に延長した延長上には必ず他の次元のクォークが存在すると仮定する。・・・粒子は§1.4 で述べた渦流

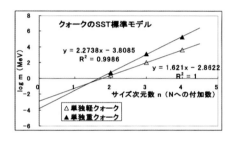

メカニズムで創生されたとする SST モデルから得られる「確信」である。

　現代物理学は、この直線関係を単なる偶然か、とるに足りない事柄と見なすかも知れないが、SST モデルは、渦流メカニズムの観点から、この直線関係をただならぬ事実とみなすのである。
　上の図の直線近似式は、次のように修正される。
　　単独軽粒子の慣性質量：$\log m_{\ell,n} = 1.6222140\,n - 2.8666421$　($R^2 = 1$)・・・【A1.11】
　　単独重粒子の慣性質量：$\log m_{h,n} = 2.1272053\,n - 3.2710261$　($R^2 = 1$)・・・【A1.12】

これは、質量測定に難があるとされる u&d クォークのデータは除外して、s&c クォークと b&t クォークのデータだけで近似式を求めたものである。
　これで行くと、u クォークは 2.39 MeV、d クォークは 9.62MeV と計算される。u クォークについては WIKIPEDIA の測定データの中央値と同じだし、d クォーク 9.62MeV も理科年表（2011 年、p483）の 5 〜 15 MeV の中央値にあたるので、とくに問題となることはないだろう。

141

渦流メカニズムによるクォークの創生には、2つの方式がある。1つは図に示した6つのクォークのように、同じ種類の下位次元クォークが「畳んで丸められて」上位次元のクォークが創生されるという「単独軽重クォーク」の系列である。

もう1つは、下位次元の単独軽重クォークが3個組で混成されて上位次元のクォークが創生されるという「複合軽重クォーク」の系列である。【A1.5】【A1.6】式で質量を定義した。

複合軽重クォークの系列にも、単独クォークと同様の直線関係があるとすれば、それをどうやって確定できるだろうか？現在のところ、複合軽重クォークと確認された質量データとしては、【A1.1】【A1.2】式を適用した陽子と中性子のデータしかない。・・・こういうことにしよう。電子は光子と大ヒグス粒子との混成で成る複合構造※をもつが、核子の場合と同様に、軽重クォークの質量差は微小なので、電子は軽重ともに測定データどおりの質量であるとする。ただし、サイズ次元的にはそれぞれの構成材料のステージより0.5次元上位のN+1.5次元とする。

※ §1.5参照。因みに §2.4.1 で右図のような光子欠員電子（正電荷電子）の「空席」としたものは、実は大ヒグス粒子のことであると考えられる。

電子は N + 1.5 次元、核子は N + 3.5 次元として結んだ直線の式は次のとおりであり、下の図に赤い線で描いたが、軽重系列は重なって区別できない。

複合軽粒子※の慣性質量：$\log m_{\ell,n} = 1.631954339n - 2.739511407 (R^2 = 1)$ ・・・【A1.13】

複合重粒子※の慣性質量：$\log m_{h,n} = 1.632253452n - 2.739960077 (R^2 = 1)$ ・・・【A1.14】

※本文中では「粒子」としたものを図中では「クォーク」と表記したが、どちらも §1.5 で述べた、中心にコアを備えた「慣性系粒子」のことを意味する。

複合軽クォーク系列とは陽子の慣性質量 938.27205 MeV と電子の 0.5109991 MeV を結んだものに過ぎないが、右の図のとおり、単独軽クォーク系列とほぼ平行し、第 N 次元（n = 0）においても交差しない。

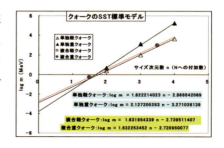

§A　SST 標準モデルについて

　この近似式で得られる任意のサイズ次元の複合クォークの慣性質量値に基づいて、【A1.7.1】式【A1.8.1】式を用いて、複合クォークの構成成分となっている軽重 2 種類の重力圏半径比率 ι の値を求めた。次章以下に計算結果を表示する。

§A.2　ミクロ領域の SST 標準モデル

　データを近似する経験的な式だからと軽んじてはいけない。もちろん物理的に意味のある式を追求する努力は大切だが、現在の標準模型において、第 1 世代から第 3 世代のフェルミオン（物質の材料）に分類されているクォークの質量に関し、SST モデルの渦流メカニズムに則って組み替えるだけで、かなり相関性の高い直線関係が見出され、電子や核子のような、質量が厳密に測定された粒子とも関連性が見出される場合、これらの関係を単なる偶然として片づけるのは、まことに勿体ない発見の機会を失う可能性があると言うべきだろう。

　3 個組の複合クォークというのは、私たちが（素）粒子と呼ぶ慣性系粒子の慣性構造※と同じだと見なすことができる。また粒子が軽重クォークの混成チームで慣性構造を作るのは、N+3.5 ステージの核子だけでなく、N+1.5 ステージの電子にも共通するルールとすることができる。　　　※§1.5 参照。

　すると、加速器実験でしか観測されない N+3 次元の単独クォーク、s クォーク＆c クォークと、N+4 次元の単独クォーク b クォーク＆t クォークについても 1 つの仮説が得られる。s&c クォークは核子のコアクォーク、b&t クォークは原子のコアクォークとして働いているので、核子や原子の中心部に「隠されて」観測できない。加速器実験で核子や原子の構造が破壊されて初めて、単独で外に放出され観測されるという仮説である。

　N+2 次元の u&d クォーク群に渦流メカニズムが施され、コアは N+3 次元の s&c クォークの形となり、その周りに 3 個組の u&d クォークが慣性構造を形成して N+3.5 次元の核子が創生されたとすることができるのである。

　同様に、N+3 次元の s&c クォーク群に渦流メカニズムが施され、コア

143

クォークは N+4 次元の b&t クォークの形となり、その周りに N+3.5 ステージの核子群が、§2.6.1 で述べた 1 次慣性構造（核軌道）を形成して、N+4.5 ステージの多種多様な原子が創生されたとすることができるのである。（146 ページの絵も参照）

　下の表は、第 N+4.5 次元の原子までの計算結果である。単独クォーク、複合クォークの慣性質量は表に示す近似式で計算し、複合クォークに特徴的な重力圏半径比率 ι は、【A1.7.1】式【A1.8.1】式による計算値である。数学の面白いところで、質量ゼロとされる第 N 次元（n = 0）の光子の質量まで平気で弾き出してしまう。

　この表では、E_ℓ や E_h という見慣れないクォーク記号が書いてあるが、これらが第 N+1.5 次元の電子の複合クォークである。p_ℓ や p_h という単独クォーク記号も初登場でこれが光子である。ここで「クォーク」という用語は、発端となった 6 種のクォーク（u&d，s&c，b&t）に倣った用語である。6 種のクォークの質量が描く直線関係の延長上にある粒子のこともクォークと呼ぶことにした。慣性系粒子のコアに採用されたケースでは「コアクォーク」と呼ぶ。

計算式	近似式【A1.11】,【A1.12】		計算式	近似式【A1.13】,【A1.14】		【A1.7.1】,【A1.8.1】			
単独クォーク	単独クォーク慣性質量(MeV)		複合クォーク	複合クォーク慣性質量(MeV)		重力圏半径比率		3個組クォーク構成数	
サイズ次元	単独軽クォーク	単独重クォーク	サイズ次元	複合軽クォーク	複合重クォーク	ι_ℓ	ι_h	η_ℓ	η_h
0	p_ℓ 0.001359	p_h 0.000536	0.5	P_ℓ 0.011925	P_h 0.011917	4.963	9.973	2	1
1	e_ℓ 0.056960	e_h 0.07181	1.5	E_ℓ 0.5109991	E_h 0.5109991	5.002	6.823	2	1
2	u 2.39	d 9.62	2.5	U 21.896	D 21.912	5.044	4.669	2	1
3	s 100	c 1290	3.5	S 938.27205	C 939.56538	5.084	3.194	2	1
4	b 4190	t 172900	4.5	B 40205	T 40288	5.124	2.185	2	1

　SST 標準モデルでいうクォークとは、粒子や天体の中心にあって、周りに粒子や物質を集積する能力をもつ慣性系粒子のことである。クォークは、基本的に慣性構造を持たない（あるいは剥奪された）中心集中型の AS[※]構造をもつ慣性系粒子だ。中心集中型の AS 構造をもつ最初の慣性系粒子は光子であった。　　　　　※ AS：atomic spin は SST モデルの中心概念。§1.4 の 2 段め参照。

　・・・質量ゼロの光子に慣性質量を与えるなど、荒唐無稽ではないか？

§A　SST 標準モデルについて

荒唐無稽だろうか？電子ニュートリノの慣性質量まで測定した現代物理学に、上の表でみても、ニュートリノよりはるかに大きい値を持つ光子の慣性質量が測定できないわけはなかろう、という考えも合理的ではないだろうか。

あるいは、数々の加速器実験において、クォーク p に近い慣性質量をもつ粒子はすでに発見されている。これらは、破壊された粒子からむりやり放出され急加速されつつある※クォーク p に他ならない可能性がある。光子を加速したり減速したりはできない筈だが、加速器実験は、粒子の中で減速されていた光子の急加速を観測できる貴重なチャンスかも知れないのだ。

　　　　　　　　　　　　　　　　　※なぜ急加速かは §B.5 で明らかにする。

過去の実験データを調べて、クォーク p に近い慣性質量をもつ中性粒子が見つかるとしたら、それこそが光子である可能性※がある。

　　　※前のページの表で、説明しなかったクォーク記号の粒子が発見されるかも興味
　　　　深いところ。

現代物理学から光子は質量ゼロと思いこんだ私たちが、質量をもつこれらの粒子の正体が、じつは電子の構成員であった光子であると認識しなかっただけではないだろうか。

素人のグチだろうが、昨今の素粒子資格証明書の発行手続きは煩雑すぎるのだ。分数の電荷や色荷、スピン量子数がいくつかどうかとか、この宇宙に存在しないはずの反粒子※とか、多くの種類の荷量の類いで資格要件が定められ、立派な素粒子でありながら標準模型から除外されたものがたくさんある。SST 標準モデルのように、質量がどの値に測定されるかの 1 点だけで審査すれば、モデルの中に位置づけられる素粒子がたくさん「再発見」される可能性がある。　　※SST モデルでは、反粒子は宇宙創生の瞬間に現われるだけで、
　　　　　　　　　　　　　現在では存在できない。現代物理学で反粒子とされるものは別
　　　　　　　　　　　　　物であるとする。§1.4 参照。

前のページの表の第 N+2.5 次元に、複合クォーク U と D という聞き慣れない粒子が置いてあるが、表の左の列にある u クォークと d クォークに倣った名称である。もちろん未発見の粒子である。同様に、陽子と中性子は複合クォーク S と C という名称になっている。

説明を分かりやすくするため、次のページに絵を描いてみた※。いちばん

145

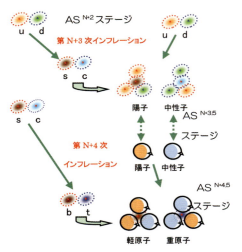

左の列に単独クォークの絵を、いちばん右の列が複合クォークである。真ん中は、渦流メカニズムで単独クォークが「畳んで丸められて」上位次元の単独クォークが創生される様子を示す。

※絵の「インフレーション」という用語については§1.3参照。

単独クォークというのは、下位ステージの単独クォークが渦流メカニズムで畳んで丸められて、軽量は軽量だけで、重量は重量だけで構成される複合体であり、これが中心となって複合クォークが構成される様子を示してある。いちばん重い単独クォークが中心にあって、4個のクォークで複合クォークは構成される。しかし複合クォークの質量は、4個のクォークの質量の単純な和ではなく、

上位次元軽粒子の慣性質量：$m_{\ell,n} = \eta_\ell m_{\ell,n-1} \iota_\ell^3 + \eta_h m_{h,n-1} \iota_h^3$・・・【A1.5】

上位次元重粒子の慣性質量：$m_{h,n} = \eta_h m_{\ell,n-1} \iota_\ell^3 + \eta_\ell m_{h,n-1} \iota_h^3$・・・【A1.6】

という数式に従って、重力圏半径比率 ι を介し、3個の下位次元のクォークの質量から計算されるわけである。中心のコアクォークの質量は直接的に現われず、3個組クォークの陰にいわば「隠れ潜んで」いる。

いちばん右の列の慣性構造を備えた粒子を複合クォークと称する。慣性構造というのは、渦流メカニズムで創生された、もっとも重い単独クォークを中心に、その材料となった下位ステージの粒子が集められてできたものだ。しかし単独と複合の別は、どちらをコアクォークとするかには必ずしも関係はなく、§A.4および§B.5の計算では複合クォークもコアクォークとして用いられる。

さて、以上のとおり、第N+4次元の原子（核）までの、ミクロ領域におけるSST標準モデルの原理的なところを説明した。現在の標準模型では第

§A　SST 標準モデルについて

N+4 次元の b&t クォークが最高位だから、そこまでの粒子リストを下に掲げる。

AS^{N-1}	AS^N	AS^{N+1}	AS^{N+2}	AS^{N+3}	AS^{N+4}	系列名
ヒグス粒子	光子	電子	u&dクォーク	核子	原子	フォトン系列
		電子クォック	u&dクォック	s&cクォック	b&tクォック	(クォック系列)
	大ヒグス粒子	電子ニュートリノ	μニュートリノ	τニュートリノ	ウンウンニュートリノ	ニュートリノ系列
※クォックとは、自由空間に単独である状態のコアクォークのこと。　ニュートン列とは、ニュートリノ系列の粒子とフォトン系列との複合体のことをいう。			μ粒子	τ粒子	ウンウン粒子	ニュートン列

　力を伝える「ゲージ粒子」がないのは大きな特徴の１つである。電磁力を伝えるボソンであった筈の光子は、フェルミオンのフォトン系列のトップの座にある。

　クォークの系列は、クォックという奇妙な名称を与えられた

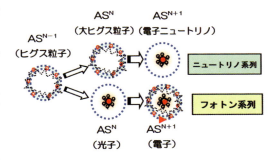

が、これは、フォトン系列の粒子のコアとして納まった状態ではなく、加速器実験などで自由空間に放出された状態の慣性質量を記載するための名称である。

　ニュートリノ系列を SST モデルがどう考えているかは、上の絵で分かる。渦流メカニズムの初期、AS^N ステージまでの段階で、フォトン系列とニュートリノ系列が分離する※ということである。　※これについては§1.5で述べた。

　サイズ次元の概念については§1.5の１段めに記述したが、簡単に説明すると、上位次元の粒子に対し、１段下位の粒子の集合体は流体としてふるまう。そのような粒子サイズの区切りを表わすのがサイズ次元であり、AS^{N+n} という形で表わす。例えばブラウン運動における花粉粒子に対し、水分子は１段だけサイズ次元の低い粒子である。換言すれば、下位粒子の集合体が流体であれば、上位粒子は単独で剛体であるということである。

§A.3 マクロ領域まで包含する SST 標準モデル

　SST 標準モデルを構成する粒子の系列は、下の表のとおり AS^{N+4} までのミクロ領域だけでなく、AS^{N+5}（球形天体）、AS^{N+6}（銀河）、AS^{N+7}（宇宙）のマクロ領域にも拡張される。渦流メカニズムによる粒子創生（§1.4 参照）の観点から、これまで調べた直線関係をただならぬ事実とみなす SST モデルからは必然の帰結である。

計算式 単独クォーク サイズ次元	近似式【A1.11】【A1.12】 単独軽クォーク慣性質量(MeV) 単独軽クォーク	単独重クォーク	計算式 複合クォーク サイズ次元	近似式【A1.13】【A1.14】 複合クォーク慣性質量(MeV) 複合軽クォーク	複合重クォーク	【A1.7.1】【A1.8.1】 重力圏半径比率 η_ℓ	η_h	3個組クォーク構成数	真質量換算係数κ (209000)より計算 ニュートリノ系列	μ粒子、τ粒子 は実測データ ニュートン列	真質量換算係数κ (1.02)より計算 真質量μ
0	P_ℓ 0.001359	P_h 0.000536	0.5	P_ℓ 0.011925	P_h 0.011917	4.963	9.973	2	1	5.818E-08		0.01216
1	e_ℓ 0.056960	e_h 0.07181	1.5	E_ℓ 0.5109991	E_h 0.5109991	5.002	6.823	2	1	電子 2.494E-06	電子	0.52122
2	u 2.39	d 9.62	2.5	U 21.896	D 21.912	5.044	4.669	2	1	μ 1.069E-04	μ 105.66	22.342
3	s 100	c 1290	3.5	S 938.27205	C 939.56538	5.084	3.194	2	1	τ 4.582E-03	τ 1776.8	957.70
4	b 4190	t 172900	4.5	B 40205	T 40288	5.124	2.185	2	1	Uu 1.964E-01	Uu 2.989E+04	4.105E+04
5	r 175561	ℓ 23173968	5.5	ℛ 1722810	ℒ 1727563	5.175	1.498	2	1			
6	y 7.356E+06	w 3.106E+09	6.5	Y 7.382E+07	W 7.408E+07	5.214	1.024	2	1			
7	m 3.082E+08	z 4.163E+11	7.5	M 3.163E+09	Z 3.176E+09	5.257	0.701	2	1			

　表の右端の「真質量 μ」は、「慣性質量 m」に対置する用語。物質の究極的材料である拘束系粒子の質量で定義され、換算係数：$\kappa = \mu / m$ で慣性質量 m と結ばれる。

　複合クォークの軽重 2 つの慣性質量の中央値に対し、換算係数 κ は 1.02（倍）であり（§2.6.4 参照）、これを用いて上の表の真質量 μ は計算されている。

　ニュートリノ系列の質量は、AS^{N+1} の電子ニュートリノだけが実測データである。他は、換算係数 κ 209000（倍）（§2.6.4 参照）からの計算値である。

　上の SST 標準モデルの表において「ニュートン列」とはニュートリノ系列とフォトン系列の複合体のグループである。標準模型では、μ 粒子と τ 粒子は素粒子としてリストアップされるが、SST 標準モデルでは複合体である。

　そもそも SST 標準モデルで素粒子と呼べるのは AS^N ステージの光子と大ヒッグス粒子だけなのである。サイズ次元的に上位の粒子は、下位粒子を構成成分とするのだから、素粒子といえる粒子はこの 2 つだけだと了解されるであろう。

§A　SST 標準モデルについて

　もっと言えば、素粒子と呼べるのは AS^{N-1} ステージのヒッグス粒子、いやいや、宇宙開闢のインフレーション衝撃波の最初の１押しで創生された AS^0 ステージ※の拘束系粒子なのである。　　　　　　　　　　※ §1.4 参照。

　右には、前のページの表をもとにグラフを描いた。単独軽クォーク、複合軽重クォーク、それに真質量のグラフはほとんど重なっていて、見にくい図となっているが、各々の指数近似式（縦軸が対数

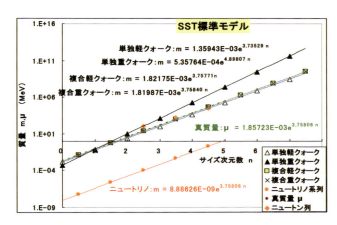

表示なので）の違いで判別していただきたい。

　換算係数 κ の極端な相違から、フォトン系列とニュートリノ系列ははっきりと分離していることが分かる。
　もし、グラフ上の位置が近い粒子は近縁の粒子だと言えるのであれば、ニュートン列がフォトン系列と近い位置にあることは、これらがニュートリノ系列とフォトン系列の複合体であり、「原子のカケラ」として π 中間子などを含むきわめて多種類の粒子から成ると理解することが可能である。μ 粒子と τ 粒子を例外として、標準模型から除外された多種多様な（質量を有する）粒子群は、ほとんどがニュートン列に納まると予想される。
　ところで、真質量、ニュートン列、ニュートリノ系列の３本の直線は、AS^{N+4} ステージまでのミクロ領域だけで描いてある。
　直線を延ばせば AS^{N+5} ステージ以上のマクロ領域に届くのだが、ミクロ領域だけにとどめたものである。

　ここではフォトン系列だけを大胆にマクロ領域まで延長したが、それには

149

理由がある。§C において、AS^{N+5} ステージ（球形天体）の質量を用いて太陽系モデルを製作できることが証明されるからである。マクロ領域というので、計算結果表でみれば AS^{N+5} ステージの最大質量をもつ単独重クォーク ℓ の質量は 23173968 MeV で、ずいぶんと大きな質量だと感じるかも知れない。

しかしこれは 4.1423×10^{-14} マイクログラムという、私たちの感覚では、恐ろしく小さな質量である。この単独重クォーク ℓ が、§C.6 の太陽系モデルでは 12.9 マイクログラムまで増大して、私たちの太陽のコアクォークとして働いていることが証明されるのである。

§A.4　原子の安定性指標、重力圏半径比率 ι の発見

SST 標準モデルにあるクォークの質量を用いて、周期律表第 1 周期の水素とヘリウムから第 7 周期最後のウンウンオクチウム※まで、118 種の原子について興味深い計算を行った。原子の質量には正確な測定データがあるので、これまでのように仮定を設けて計算しなくてもよい。

※ Og（オガネソン）と命名された。

また、原子の質量を構成核子と電子の質量を単純に足しあわせた場合、それらが測定データより大きくなるのは周知の事実だが、その差分 Δm を原子の構成核子数（質量数）η で割った $\Delta m / \eta$ を「喪失質量」と称しすべての原子について計算した。

まず次のページの表（再掲）をながめてみよう。原子と似たような質量をもつ単独あるいは複合クォークに緑マークを施したが、これより原子は $AS^{3.5} \sim AS^{4.5}$ ステージに存在すると判断することができる。

表で緑色のマークを施したクォークの中から、個々の原子の質量を上回り、かつ最も近い質量をもつクォークを選んで、それをその原子のコアクォークとする。

§A　SST標準モデルについて

計算式 単独クォーク サイズ次元	近似式【A1.11】,【A1.12】 単独クォーク慣性質量(MeV)		計算式 複合クォーク サイズ次元	近似式【A1.13】,【A1.14】 複合クォーク慣性質量(MeV)		【A1.7.1】,【A1.8.1】 重力圏半径比率		3個組クォーク構成数	
	単独軽クォーク	単独重クォーク		複合軽クォーク	複合重クォーク	ι_ℓ	ι_h	η_ℓ	η_h
0	p_ℓ 0.001359	p_h 0.000536	0.5	P_ℓ 0.011925	P_h 0.011917	4.963	9.973	2	1
1	e_ℓ 0.056960	e_h 0.07181	1.5	E_ℓ 0.5109991	E_h 0.5109991	5.002	6.823	2	1
2	u 2.39	d 9.62	2.5	U 21.896	D 21.912	5.044	4.669	2	1
3	s 100	c 1290	3.5	S 938.27205	C 939.56538	5.084	3.194	2	1
4	b 4190	t 172900	4.5	B 40205	T 40288	5.124	2.185	2	1

　SSTモデルでは、原子核はさまざまな数の陽子（複合クォークS）と中性子（複合クォークC）が組みあわせられた「複合核軌道※」の構造をもつとされる。したがって、原子の質量を、上の表のように複合クォークの質量を求める式、　　※§2.6.1

　　　上位次元軽粒子の質量：$m_{\ell,n} = \eta_\ell\, m_{\ell,n\text{-}1}\, \iota_\ell{}^3 + \eta_h m_{h,n\text{-}1}\, \iota_h{}^3$　・・・【A1.5】

　　　上位次元重粒子の質量：$m_{h,n} = \eta_h\, m_{\ell,n\text{-}1}\, \iota_\ell{}^3 + \eta_\ell m_{h,n\text{-}1}\, \iota_h{}^3$　・・・【A1.6】

という関係式で求めるわけにはいかないだろう。・・・と考えるのは自然だ。

　しかし案ずるまでもなく、この2つの式で、軽粒子の個数η_ℓ＝陽子数εとし、重粒子の個数η_h＝中性子数νとして計算すれば、原子の質量を求められることが分かった。まず、

　　　軽原子の質量：$M_{\ell,\eta} = \varepsilon\, m_u\, \iota_s{}^3 + \nu\, m_d\, \iota_c{}^3$　・・・【A4.1】

　　　重原子の質量：$M_{h,\eta} = \nu\, m_u\, \iota_s{}^3 + \varepsilon\, m_d\, \iota_c{}^3$　・・・【A4.2】

とする。結果的に、原子の質量M_η（$\eta = \varepsilon + \nu$：質量数）は、

　　$M_\eta = 3[(\varepsilon\, m_u\, \iota_s{}^3 + \nu\, m_d\, \iota_c{}^3) + (\nu\, m_u\, \iota_s{}^3 + \varepsilon\, m_d\, \iota_c{}^3)]/2$

　　　　$= 3(\varepsilon + \nu)(m_u\, \iota_s{}^3 + m_d\, \iota_c{}^3)/2$

　　　∴）原子の質量：$M_\eta = 1.5\,\eta\,(m_u\, \iota_s{}^3 + m_d\, \iota_c{}^3)$（MeV）　・・・【A4.3】

とすることができた。軽原子と重原子の質量の中央値に、3個組複合クォークの3をかけただけである。これに、

　　　$\iota_s = 5.044^{※}$, $\iota_c = 3.194$　　　　　$m_u = 2.3866$（MeV）, $m_d = 9.6246$（MeV）

　　を代入すれば、　　　　　　※上の表の値5.084と若干違うが、表で用いたのは §A.1のグラフの近似式を用いた計算結果である。

　　　原子の質量：$M_\eta = 938.91871\,\eta$　（MeV）　・・・【A4.4】

が得られる。原子の質量M_ηは、水素原子の質量938.89005（MeV）を若干上回る質量※を単位として、それに核子数ηをかけた値として計算できる。

151

　　　　　　　　　　　　　　　　　　※陽子と中性子の質量の中央値に等しい。

　154 ページの計算結果表には、【A4.4】式による質量は②M_ηという記号で示す。核子と電子の質量から単純に足しあわせた原子質量は①M_ηという列で並べて示したが、いずれにしても大差はなかった。

　表のとおり、ヘリウム He 以下、核子数 η が 296 個にもなるウンウンオクチウム Uuo に至る原子の系列では、それぞれにぴったり合うコアになりうるクォークが都合よく存在するわけではない。前のページの SST 標準モデルの表で緑マークを施した、いくつかのクォークの中から適当なものを選ぶしかないことになる。

　なお、重力圏半径比率 ι の計算は、

　　　$\iota = (M_Q / M_\eta)^{1/3}$　　　　M_Q：コアクォークの質量　・・・【A4.5】

の関係式で計算した。これが、前のページの表に示した標準モデル仮説による【A1.7】【A1.8】式による計算結果と一致することは、「慣性質量比＝重力場容積比」とする SST モデルの立場からは当然である。しかし当時は、複雑な原子の計算で、【A4.5】式のような単純な関係式で ι の値が決められるものなのかどうかは不明であった。

　計算結果をぜんぶ示すのは可能だが、ページ数節約のため、水素 H からクリプトン Kr まで、次は飛んでランタノイド列のツリウム Tm からアスタチン At まで、さらに飛んで、最後の 3 種、ウンウンオクチウム Uuo までの計算結果を示す。

　154 ページの計算結果について、以下さらにコメントしてみよう。

　まず、原子のコアクォークは 3 回交代した。最初の複合重クォーク C（S クォークでも構わない）は水素原子 H で用いられただけであり、次の単独軽クォーク b はヘリウム原子 He で使われただけである。

　次のリチウム原子 Li では、少し大きすぎるようだが他に適当なものがなくて、複合重クォーク T（B クォークでも構わない）が採用された。T クォークは以後カルシウム原子 Ca まで、計 18 種の原子で採用されたが、

152

§A SST 標準モデルについて

次のスカンジウム Sc では、ついに $\iota > 1$ 原則※を守れなくなって不採用とされ、以後、原子のコアの位置は単独重クォーク t に独占されることになる。そのため、結局、$\iota > 1$ 原則は、原子番号 75 のレニウム Re 以下は破れてしまう。　　　※ι が 1 を下回ると原子は不安定となり、他に適当なクォークがあれば乗りかえるという $\iota > 1$ 原則の物理的意味は §B で明らかになる。

　コアクォークの採用・不採用が決められる基準は $\iota > 1$ 原則であり、

　　$\iota = (M_Q / M_\eta)^{1/3}$　　　M_Q：コアクォークの質量　・・・【A4.5】

で計算される重力圏半径比率 ι が、$\iota < 1$ となるものは不採用ということだ。次のページの表で、ピンクでマークされた行がその不採用シーンをしめす。

　t クォークの系列を降っていくと、レニウム原子 Re のところで $\iota = 0.996 < 1$ となり、t クォークに不採用の危機が訪れる場面が訪れるが、不採用の決定は行われず、最後のウンウンオクチウム Uuo までそのまま留任となった。なぜこうなったのだろうか？

153

サイズ	コアの選択			コアの構成と原子質量(MeV)			①質量と l の計算値		②質量と l の計算値		核子1個あたりの喪失質量	
次元	単独クォーク		複合クォーク	構成	原子種	測定データ	①Mη	①l	②Mη	②l	①Δm／η	②Δm／η
2.5		S 938.27	C 939.57									
2.5			939.57	C複合	H	938.89005	938.89110	1.000239	939.02669	1.000191	0.00105	0.136628
2.5			939.57	C複合	He	3728	3757	0.630	3756	0.630	7.074	530.825
4	b 4190	t 172900		b単独	He	3728	3757	1.037	3756	1.037	7.074	6.818
4	4190			b単独	Li	6465	6503	0.864	6501	0.864	5.458	5.151
3.5		B 40205	T 40288									
3.5			40288	T複合	Li	6465	6503	1.837	6501	1.837	5.458	5.151
3.5			40288	T複合	Be	8395	8453	1.683	8450	1.683	6.463	6.164
3.5			40288	T複合	B	10070	10144	1.584	10141	1.584	6.847	6.562
3.5			40288	T複合	C	11188	11280	1.529	11277	1.529	7.681	7.425
3.5			40288	T複合	N	13047	13152	1.452	13148	1.452	7.477	7.221
3.5			40288	T複合	O	14903	15031	1.389	15027	1.389	7.976	7.720
3.5			40288	T複合	F	17697	17845	1.312	17839	1.312	7.779	7.503
3.5			40288	T複合	Ne	18797	18960	1.286	18955	1.286	8.053	7.794
3.5			40288	T複合	Na	21415	21601	1.231	21595	1.231	8.112	7.839
3.5			40288	T複合	Mg	22640	22841	1.208	22835	1.208	8.268	8.007
3.5			40288	T複合	Al	25133	25358	1.167	25351	1.167	8.332	8.062
3.5			40288	T複合	Si	26161	26399	1.151	26392	1.151	8.450	8.193
3.5			40288	T複合	P	28852	29115	1.114	29106	1.114	8.481	8.213
3.5			40288	T複合	S	29868	30142	1.102	30134	1.102	8.529	8.272
3.5			40288	T複合	Cl	33024	33327	1.065	33317	1.065	8.531	8.259
3.5			40288	T複合	Ar	37211	37555	1.024	37543	1.024	8.588	8.293
3.5			40288	T複合	K	36420	36755	1.031	36744	1.031	8.558	8.292
3.5			40288	T複合	Ca	37332	37625	1.023	37615	1.023	7.314	7.058
3.5			40288	T複合	Sc	41876	42264	0.984	42251	0.984	8.619	8.337
4	b 4190	t 172900		t単独	Sc	41876	42264	1.599	42251	1.600	8.619	8.337
4		172900		t単独	Ti	44588	45005	1.566	44991	1.566	8.709	8.422
4		172900		t単独	V	47452	47897	1.534	47883	1.534	8.741	8.448
4		172900		t単独	Cr	48434	48891	1.524	48876	1.524	8.772	8.486
4		172900		t単独	Mn	51174	51657	1.496	51641	1.496	8.765	8.474
4		172900		t単独	Fe	52019	52511	1.488	52495	1.488	8.789	8.507
4		172900		t単独	Co	54896	55413	1.461	55396	1.461	8.748	8.479
4		172900		t単独	Ni	54673	55187	1.463	55170	1.463	8.748	8.474
4		172900		t単独	Cu	59193	59750	1.425	59731	1.425	8.754	8.464
4		172900		t単独	Zn	60901	61501	1.411	61482	1.412	9.155	8.867
4		172900		t単独	Ga	64947	65555	1.382	65534	1.382	8.723	8.424
4		172900		t単独	Ge	67664	68298	1.363	68276	1.363	8.721	8.419
4		172900		t単独	As	69789	70442	1.349	70419	1.349	8.701	8.398
4		172900		t単独	Se	73551	74239	1.326	74214	1.326	8.702	8.392
4		172900		t単独	Br	74430	75125	1.320	75101	1.320	8.686	8.382
4		172900		t単独	Kr	78057	78788	1.300	78762	1.300	8.713	8.402
4		172900		t単独	Tm	157361	158733	1.029	158677	1.029	8.115	7.787
4		172900		t単独	Yb	161199	162584	1.021	162526	1.021	8.000	7.670
4		172900		t単独	Lu	162981	164393	1.017	164335	1.017	8.069	7.739
4		172900		t単独	Hf	166262	167694	1.010	167635	1.010	8.018	7.687
4		172900		t単独	Ta	168552	170004	1.006	169944	1.006	8.023	7.692
4		172900		t単独	W	171246	172719	1.000	172658	1.000	8.013	7.682
4		172900		t単独	Re	173451	174937	0.996	174875	0.996	7.981	7.650
4		172900		t単独	Os	177198	178708	0.989	178644	0.989	7.934	7.600
4		172900		t単独	Ir	179049	180575	0.986	180511	0.986	7.937	7.604
4		172900		t単独	Pt	181720	183261	0.981	183196	0.981	7.899	7.565
4		172900		t単独	Au	183473	185033	0.978	184967	0.978	7.916	7.583
4		172900		t単独	Hg	186848	188442	0.972	188375	0.972	7.944	7.609
4		172900		t単独	Tl	190382	191993	0.966	191924	0.966	7.881	7.545
4		172900		t単独	Pb	193006	194652	0.961	194582	0.961	7.946	7.609
4		172900		t単独	Bi*	194664	196304	0.959	196234	0.959	7.848	7.512
4		172900		t単独	Po*	194666	196303	0.959	196234	0.959	7.835	7.503
4		172900		t単独	At*	195602	197242	0.957	197173	0.957	7.812	7.482
4		172900		t単独	Lv*	272928	275202	0.856	275103	0.857	7.762	7.425
4		172900		t単独	Uus*	273393	276141	0.856	276042	0.856	9.344	9.009
4		172900		t単独	Uuo*	273859	276140	0.856	276042	0.856	7.757	7.425

§A SST 標準モデルについて

レニウム原子 Re のところで t クォークが不採用にならなかった最大の理由は、適当な交代要員がなかったことである。レニウム原子 Re の質量 173451 MeV を上回る質量をもつ候補はマクロ領域にしかなく、球形天体のサイズ次元 5.5 の複合クォーク ℜ（1722810 MeV）か ℒ（1727563 MeV）になる。仮にクォーク ℜ とすれば、レニウムの ι は 2.145 で、ウンウンオクチウムでやっと 1.843 まで下がる。

ありえないとは決して言えないが、t クォークの 10 倍ぐらいの質量をもつクォーク ℜ & ℒ というのは、すでにハドロンの域を超えていて、原子のミクロ世界を突き抜けた存在であると考える方が妥当であろう。

ということで、t クォーク留任が選択されたのだが、$\iota < 1$ の原子を許容する理屈は他にも 2 つある。第 1 は、図体の大きい構造物の安定強度を保つ方法は、ちっぽけな構造物とは違ってくるのではないかということ。小さな s 軌道上[※]を高い回転数で運動する核子は、しっかりとコアクォークの超接近重力で捕まえておかないと、たちまちどこかへ飛び散ってしまうだろう。しかし、大きな核軌道上の核子はゆったりと回転しているので、さほど大きな重力場の密度勾配（重力）はなくても安定的に運動できる。内部の小さな核軌道さえしっかりと重力圏で固定されておれば、外部の核軌道は軌道間の接近引力で固定されるのである。　　　　　　　　　　　　※ §2.6.1 参照。

比較的サイズの小さな複合核軌道でなる小さな原子の構造強度は、中心の大黒柱であるコアクォークの超接近重力圏で確保しなければならないが、サイズの大きな原子では「壁強度」も活用されるわけだ。したがってコアクォークの重力圏半径 L_g が核軌道の外縁半径 Lo 以下で $\iota < 1$ となっても[※]、一応は安定的に運動できるわけである。

※ $\iota = L_g / Lo$ は ι の本来の定義。§B で記述される。

$\iota < 1$ の原子を許容する第 2 の理屈は、計算結果表のレニウム原子前後の原子の配列が絶妙であることだ。タングステン W →レニウム Re →オスミウム Os →イリジウム Ir →プラチナ Pt →金 Au →水銀 Hg →タリウム Tl →鉛 Pb とつづき、つぎのビスマス Bi 以下は、すべて核軌道構造の不安

定な崩壊性原子（放射性元素）である。もう少し行けば「悪名高き」アクチノイド列がはじまる。

　レアメタル、貴金属のオンパレードがあり、もっとも硬い金属のレニウムから次に硬いオスミウム、もっとも密度の高いオスミウムから次のイリジウム、金属ではもっとも融点の高いタングステンなど「もっとも」付きの物性の多い金属群である。硬度に関しては、イリジウムを過ぎるとプラチナ Pt 以下は順次急激に柔らかくなり、金 Au の次に位置する水銀 Hg などは常温で液体である。

　これは核軌道の外縁部がコアクォークの重力圏から自由になるので、最外殻軌道の核子の非対称スピン状態※がゆるみ、しだいに対称スピン状態に近づいて核子間の結合がゆるくなる現象だと考えられる。そして、タリウム Tl、鉛 Pb と過ぎて、次のビスマス Bi 以下は核子の対称スピン状態がいよいよ著しくなって、核軌道そのものの構造安定性が損なわれ、崩壊性原子（放射性元素）ばかりの領域に突入するわけだ。

　　※非対称スピンと対称スピンの概念は SST モデルの力学を論じる上でもっとも重要
　　な概念である。§2.4.1 でも説明したが、非対称スピン状態とはコマが高速回転し
　　て揺らがない状態で、対称スピン状態とはコマのスピン軸がランダムに回転して
　　球形に見える状態のことである。

　化学反応性があまりないことは貴金属として当然だが、これは、最外縁核軌道が重力圏（電子が原子から脱出して運動しうる範囲）から「露頭」しているため、原子の中から孤立電子が脱出できるのは、他の、重力圏のぶ厚い（ι が 1 より著しく大きい）種類の原子に激突されたときに限られるからだと考えられる。

　・・・重力圏半径比率 ι は、原子のさまざまな物性と化学反応性だけでなく、原子そのものの安定性（崩壊性）を示す指標とみなすことができる。

§A.5　重力圏半径比率 ι と喪失質量 $\Delta m/\eta$ の相関について

　ところで、重力圏半径比率 ι だけで、前章のような尤もらしい説明、というより物語ができることには、じつは面食らった。下の図を眺めただけで、カルシウム原子とスカンジウム原子ではコアクォークの異動があるらしいという感覚的解釈をしたことがあったが、ι を計算することにより、同じコアクォークを用いつづけると $\iota < 1$ の状態になる事が原因だと説明できるのには、とても驚いた。

　逆に不安になる。・・・中学か高校レベルの数学しか用いなかったが、ある種の数学的マジックで、タネ明かしすればガッカリするしかないような、何かあたり前のことがらを難しげに誤魔化して、えらそうにお喋りしているだけではないのだろうか？

　このような不安を抱えつつ、154 ページの計算結果についてはグラフを描いて解析してみた。結果的に重力圏比率 ι が SST 標準モデルを下敷きとする数学マジックであるという証拠は見つからなかった。むしろお喋りがますます勢いづいてしまうのである。

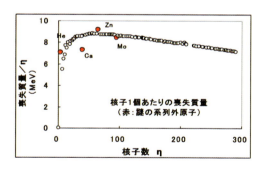

　左の図は、喪失質量 $\Delta m/\eta$ ②のグラフである。最初にこのグラフを描いたとき、核子数 η が 60 のあたりで最大値になるような曲線がなぜ描かれるのか不思議だった。

　また、η が 40 のカルシウム原子が著しく系列から外れているのは何かあると感じて、コアクォークの異動説を考えた。この図では、He, Ca, Zn, Mo の 4 つを「謎の系列外原子」と銘打って赤マークしておいた。

　他に、生物と関係の深い C と O もはみ出して見えるのだが、追及は難しそうだ。右側の本流グラフもわずかにくねっているので、C と O には、同じ要因が極端に現われる何らかの条件が備わっているのだろうと想像される。

　なお喪失質量 $\Delta m/\eta$ というのは、記号どおりの定義で計算される。原子

質量の計算値と測定データとの差⊿mを原子の核子数ηで割った値だから、核子1個あたりの差である。

右の図では、重力圏比率ιと一緒にプロットした。見やすくするためιは3倍の値で示す。前のページの赤いプロットが緑に変わったのは、謎が解けたという意味である。

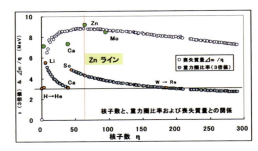

ιのプロットで、H→He、He→Li、Ca→Scのところは、このままコアクォークを交代させないでいるとι＜1になるギリギリの状態であるから、HeとCaの喪失質量⊿m/ηが異常な値になると解釈できるだろう。ただしZnとMoのところではιに関しては何も起こっていない。155ページで説明したとおり、W→Reの遷移についても同様である。

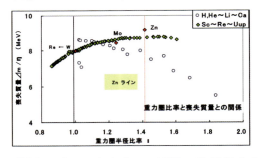

左のグラフは、重力圏比率ιと喪失質量⊿m/ηとの相関関係を見るために作成した散布図である。

白丸でプロットした小さな原子では負の相関が認められ、重力圏比率ιが1のあたりで喪失質量⊿m/ηが極大値に達する。一方、薄緑でプロットしたSc以降の比較的大きな原子（コアがtクォーク）では正の相関が認められ、Zn原子のあたりで喪失質量⊿m/ηが極大に達する。これがZnラインの1つの意味である。

重力圏比率ιが1のラインが白丸の比較的小さな原子の喪失質量⊿m/ηの「曲り角」であるならば、Znラインは、薄緑プロットの比較的大きな原子の「曲り角」になっている。

Moは、Znとは逆に前後の仲間より低い⊿m/ηの値を示すのだが、この散布図においてもZnと同様に系列外であり、重力圏比率ιで見れば薄緑プロットの比較的大きな原子系列の中央値に近い値をもつ。Moも何かの曲り

§A　SST 標準モデルについて

角である可能性がある。

以上から Mo と Zn の系列外の謎はいちおう解けたということにしよう。しかし、前のページの散布図では「曲り角」が見えにくいので、以下の作図を行った。

右下の図は、すべての原子のコアクォークが t クォークであると仮定して計算した結果である。当然ながら、重力圏比率 ι のグラフは断続がなくきれいな曲線を描く。図でコメントしたとおり、Zn ラインの意味するところは、最大喪失質量 ⊿m/η を与える核子数は、η = 65.48 ということである。・・・喪失質量に関する核子数 η の曲り角がここにあった。

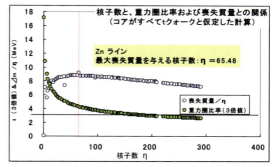

下の図は、同じ計算値を用いて ι と ⊿m/η の散布図を作成したものである。Zn ラインとは、最大喪失質量を与える重力圏比率 ι は、ι = 1.4114 ということであり、曲り角の意味が分かりやすくなった。

§2.4.1 で触れた「非対称性の他発的獲得」理論は、2 個の粒子重力場の結

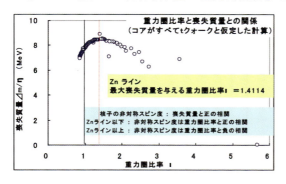

合部分の容積だけ、2 個の重力場の容積の和は減少するので、「質量の喪失」が起こるという理屈である。ここまで論じてきた原子の喪失質量 ⊿m/η というのは、まさしくその理屈を体現しているようなデータなのであった。

以下、だいぶ飛躍するかもしれないが、原子核軌道の変遷に関して「まるで見てきたような」コメントを試みることにしよう。

159

Znラインより左の大きな原子では、核軌道のサイズが大となり重力圏半径比率 ι が小さくなるほど、喪失質量 $\varDelta m/\eta$ が小さくなる。ということは、核軌道のサイズが大となるほど、核軌道上の核子の非対称スピン状態はしだいに損なわれる（対称スピン状態が増す）ため、核子重力場の重複部分が小さくなり、原子質量は核子質量の単純和に近づく。

　したがって、どこかでもっとも高い密度をもつ原子（オスミウム）があり、もっとも高い融点の原子（タングステン）や硬度をもつ原子（レニウム）があることになったわけだ。

　レニウム原子以下、核軌道が重力圏から「露頭」した状態で、原子の慣性質量は増し、対称スピン状態はいよいよ著しくなっていくわけである。

　なお「対称スピン状態が著しくなる」とは、核子スピンの首ふり運動（歳差運動）が大きくなるというイメージで理解すればよいだろう。

　では、前のページの図で Zn ラインの右側にある比較的小さな原子ではどんなことが起こるのだろうか？これを理解するには、下の図（再掲）を眺めたほうが分かりやすい。前の図で Zn ラインの右側にある比較的小さな原子は、この図ではラインの左側に展開している。

　左側に進んで原子サイズが小さくなるにつれて、喪失質量 $\varDelta m/\eta$ は最初少しずつ、のち急激に下がる。核子の対称スピンの度合いが最初少しずつ、のち急激に増大するのだ。同時に重力圏半径比率 ι は増大し、上限値に達するたびにコアクォークを小さなものに取り替えて進んでいくわけだ。・・・このように

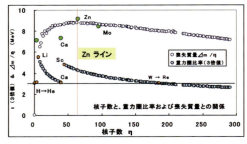

周期律表を逆にたどると不思議な表現だと感じるが、これも成りたつのである。原子創生は順番に行われたのではなく、全てが一瞬で行われて、生きのこったものを私たちが順番にならべただけなのだから。

　上の散布図の縦軸近くのもっとも小さな部類の原子の場合、核軌道のすべてがコアクォークの超接近重力圏にしっかり捉えられているので、核軌道そ

のものは至って安定していると想像される。

　だが、核子の対称スピン状態は原子サイズが小さくなるほど急激に増えていく。なお、原子全体は完全な対称スピン状態にある。

§A.6　SST 標準モデルのまとめ

　t クォークの 10 倍ぐらいの質量をもつ $\mathfrak{R}$ クォークと $\mathcal{L}$ クォークは、すでにハドロンの域を超えていて、原子のミクロ世界を突き抜けた存在ではないかと述べた。

計算式 単独クォーク サイズ次元	近似式【A1.11】,【A1.12】 単独クォーク慣性質量(MeV)		計算式 複合クォーク サイズ次元	近似式【A1.13】,【A1.14】 複合クォーク慣性質量(MeV)		【A1.7.1】,【A1.8.1】 重力圏半径比率		3個組クォーク構成数	
	単独軽クォーク	単独重クォーク		複合軽クォーク	複合重クォーク	ℓ	h	η_ℓ	η_h
0	p_ℓ 0.001359	p_h 0.000536	0.5	P_ℓ 0.011925	P_h 0.011917	4.963	9.973	2	1
1	e_ℓ 0.056960	e_h 0.07181	1.5	E_ℓ 0.5109991	E_h 0.5109991	5.002	6.823	2	1
2	u 2.39	d 9.62	2.5	U 21.896	D 21.912	5.044	4.669	2	1
3	s 100	c 1290	3.5	S 938.27205	C 939.56538	5.084	3.194	2	1
4	b 4190	t 172900	4.5	B 40205	T 40288	5.124	2.185	2	1
5	r 175561	ℓ 23173968	5.5	$\mathfrak{R}$ 1722810	$\mathcal{L}$ 1727563	5.175	1.498	2	1
6	y 7.356E+06	w 3.106E+09	6.5	Y 7.382E+07	W 7.408E+07	5.214	1.024	2	1
7	m 3.082E+08	z 4.163E+11	7.5	M 3.163E+09	Z 3.176E+09	5.257	0.701	2	1

　上の表（再掲）で、濃い緑でマークしたのは、原子のコアクォークとして採用した 6 種類のクォークの質量である。これで見ると、第 3.5 次元以下に、大きくて重い粒子（ハドロン）の領域と小さくて軽い粒子（レプトン）が展開している。第 4.5 次元までが原子の領域である。

　前に述べたとおり、AS^{N+5} ステージは球形天体、AS^{N+6} ステージは銀河、AS^{N+7} ステージは宇宙そのもののコアクォークである。また新しいクォーク名が登場するが、上 up 下 down 左 left 右 right の次は、東 east 西 west となる。e は電子と紛らわしいので y をつけて酵母菌 yeast の意味になるが発音が似ているのでよかろうとした。m と z は、miracle か mystery の m と、最後の z か、想像を zessuru の z である。

　どれも数字としては大きな質量だが、私たちの感覚としては、太陽や銀河のコアクォークや、宇宙を開闢させたコアスピンがこの程度の質量なのかと、恐ろしく小さな質量である。マイクログラムをはるかに下回る質量なのだ。

しかし、これらの数値は重力場の体積に比例する慣性質量の値である。慣性質量 m としてはこれぐらいの値にしか測定されない小さな空間領域の中に、担当する天体と同じぐらいの質量（真質量 μ）が閉じこめられているのである。

　SST 標準モデルの全体像を下に図示する。これは、§A.3 の最後に掲げた図のフォトン系列だけを示す。

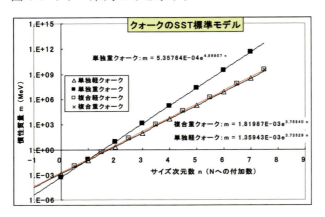

　クォークとはこのような「天体」なのだ。この銀河系の中心にもあるとされる「巨大なブラックホール」というのは、前のページの表では $10^6 \sim 10^9$（MeV）ぐらい、つまり 1780～1780000（yg!）というマイクログラムにもはるかに及ばない慣性質量しか示さないクォーク、すなわち点滅ホワイトホール※である。質量が小さいのではなく膨大な質量（真質量）が閉じこめられた空間の容積（慣性質量）が、恐ろしく小さいだけなのである。※§1.3 参照。

　大小さまざまな膨大な量のクォークは宇宙開闢のときに創生され、周囲より質量の大きなクォークは小さなクォークを一瞬で集積する。ミクロ領域ではさまざまな粒子が創生され、マクロ領域ではさまざまな天体や天体系が同様に創生されたのである。・・・これはあまりにも唐突に聞こえるかも知れないが、補遺§C ではじめて納得されるであろう。

　現代物理学は、ブラックホールは膨大な量の粒子や物体が重力で中心に集められた結果であるとする。SST モデルでは、点滅ホワイトホールがあらゆる力学現象をひき起こすエンジンとしてはたらく。SST モデルは、現代物理学が力学現象の結果とするブラックホールを点滅ホワイトホールとみな

§A SST 標準モデルについて

し、力学現象の原因として捉えなおすのである。

　宇宙開闢の瞬間から存在しているクォーク群の中で、とりわけ質量の大きいクォーク（コアクォーク）は、集積した粒子、物体、天体、天体系にエネルギーを供給するエンジンの役割を果たし、あらゆる力学現象の原因となる点滅ホワイトホールなのである。SST 標準モデルとは、これらのクォーク（点滅ホワイトホール）の系譜である。

　クォークとは、素粒子から原子そして天体創生のコーディネーターとして、またエネルギーのジェネレーターとして、宇宙に万遍なく大小取りそろえて存在する点滅ホワイトホールのこと。宇宙の全てはクォークでできている、あるいは光でできていると言っても同じことだ。宇宙最大のコアクォークであるコアスピンを中心に、スピンする実体的重力場で構成されるという点では、宇宙そのものが巨大なクォークあるいは光の粒子である。

163

§B　新しい原子モデル、それにもとづく電子のエネルギー計算

　前章の§A.4と§A.5で明らかにしたことの1つは、重力圏半径比率 ι が
チョンと書いたような外見に似あわず、素晴らしい威力を秘めた物理量で
あったことだ。

　喪失質量と名づけた $\Delta m / \eta$ の値が不思議な屈曲をもつ曲線であり、その
謎を解きたいと思ったことがそもそもの発端だったが、重力圏半径比率と名
づけた ι との間には、単なる偶然では片づけられないような符合が認められ
た。これによって、118種の原子について、従来の周期律や量子力学の考え
方とは明らかに異なる、いわば原子創生の模様から考える視点が与えられた、
と言えるかもしれない。

　本章§Bでは、§2.6.1で包括的に述べた新しい原子モデル（複合核軌道
モデル）の部品である核軌道の動力学的特性を明らかにしたあと、核軌道は、
中心のコアクォーク重力場のきわめて急峻な密度勾配がもたらす「超接近重
力」によって、核軌道そのものが三次元的に等方圧縮されるという「ニュー
トン収縮」の概念について記述する。

　ニュートン収縮率 $\iota^{\#}$ は、$\iota^{\#} = 1 / \iota^{3}$ という式で ι と結ばれるが、重力
圏半径比率と名づけられた ι の意味は初めて数理的に明らかにされる。

　そして、ニュートン収縮によりサイズとともに慣性質量が収縮した複合核
軌道モデルに関する詳細な計算が行われ、算出された電子のエネルギーが、
量子力学によるエネルギー準位と完全に一致することが証明される。

§B.1　核軌道モデルの幾何学的表記、および動力学特性

　§2.6.1では、原子のユニークな複合核軌道モデルは図式的に記述されたが、
ここでは数学的に記述しよう。

§B 新しい原子モデル、それにもとづく電子のエネルギー計算

1. 核子モデルと原子の核軌道（1次慣性構造）モデル

右の図は、核子を密度均一な球体とするモデルである。半径 R の核子の体積は $4\pi R^3/3$、その 1/2 の体積をもつ同心内球の半径を r とすれば、内球の半径 r は、

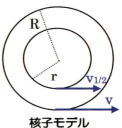

核子モデル

$4\pi r^3/3 = (1/2) 4\pi R^3/3$　∴) $r = R/\sqrt[3]{2}$ ・・・【B1.1】

となる。つまり r は R を $\sqrt[3]{2}$ で割った値となる。核子の表面のスピン速度を v、内球表面のスピン速度を $v_{1/2}$ とすれば、スピン速度は球の内部に行くにつれ半径に比例して低下するので、核子表面のスピン速度 v と内球表面の $v_{1/2}$ の関係は、

$v_{1/2} = v/\sqrt[3]{2}$ ・・・【B1.2】

である。なお、陽子と中性子の直径 $2R_p$ および $2R_n$ については測定データがあって、

陽子の直径：$2R_p = 1.7750$　　ie) $R_p = 0.8875$ (fm :10^{-15}m) ・・・【B1.3】
中性子の直径：$2R_n ≒ 1$ (fm :10^{-15}m)
　　　⇒ $2R_n = 1.065$　　∴) $R_n = 0.5325$ (fm :10^{-15}m) ・・・【B1.4】

とされている。中性子の直径を若干修正したのは $R_n/R_p = 3/5$ の関係にぴったりあわせるためであり、後の計算の都合からである。核子の質量は正確に測定されていて、

陽子の質量：$m_p = 1.673$ (yg :10^{-24}g) = 938.27205 (MeV) ・・・【B1.5】
中性子の質量：$m_n = 1.675$ (yg :10^{-24}g) = 939.56538 (MeV) ・・・【B1.6】

でありほとんど等しい。計算の便のため、中央値を核子の質量 m として、

核子の質量：m = 1.674 (yg) = 938.91871 (MeV) ・・・【B1.7】

と表わすことにする。この数値は §A.4 で求めた【A4.4】式と一致する。

核子モデルの内球の表面に核子全体の質量が質点として存在すると考えれば、半径 R_p、スピン速度 v_p、質量 m_p の陽子と、R_n、v_n、m_n の中性子のスピン運動では、

陽子のスピン運動量：$P_p = m_p v_p / \sqrt[3]{2}$ (yg・fm/ys) ・・・【B1.8】

165

中性子のスピン運動量：$P_n = m_n v_n / \sqrt[3]{2}$（yg·fm/ys）　・・・【B1.9】
陽子のスピン回転数：$\gamma_p = v_p / 2\pi R_p$（1/ys）　・・・【B1.10】
中性子のスピン回転数：$\gamma_n = v_n / 2\pi R_n$（1/ys）　・・・【B1.11】

が成りたつ。運動量は質量に速度をかけた物理量で、エネルギーの計算に用いられる。エネルギーと同様に保存則があって、外力が加えられないかぎり一定に保たれる量である。現代物理学ではそう単純ではないが、SSTモデルでは単純である。

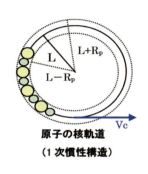

原子の核軌道
（1次慣性構造）

次に原子の核軌道（1次慣性構造）モデルを右に示す。中心のコアクォークの周りを回転する半径Lの円軌道上を、陽子（黄色の丸）と中性子（緑色の丸）が交互に数珠つなぎとなって、回転速度Vcで回転しているとするモデルである。のちに重要となるので、核軌道の外縁と内縁部の半径を、それぞれ$L+R_p$、$L-R_p$として図示した。R_pとは図でも分かるとおり陽子の半径である。

半径Lの核軌道（ふつう原子核と呼ばれるもの）に乗った陽子と中性子は、すべて核軌道の回転と同じ方向の非対称スピン状態にある。したがって接触部のスピンは互いに反対方向にかみ合っている。

ドローンという名前の多軸ヘリがあるが、これが核軌道と同じようにプロペラがぜんぶ同じ方向に回転したら、ドローンはグルグル回転して制御不能となるだろう。しかし、核軌道はこれと同じ「欠陥多軸ヘリコプター」である。核軌道はそれでいいのである。核軌道は核子のスピンを動力として回転速度Vcで回転する回転体であるとする。

核子スピンの回転数と同じ回転数で核軌道が回転すれば、核軌道上の核子どうしは互いに静止していることになり、核子のスピン動力は100％の効率で核軌道の回転に伝達される。しかしこれは同じサイズの核子だけの場合である。図のように陽子と中性子という異なるサイズの場合について考えてみ

§B 新しい原子モデル、それにもとづく電子のエネルギー計算

よう。

　動力伝達の最大効率が実現するのは、核軌道上の陽子と中性子のスピン速度が逆方向で等しい速度のときのはずだ。すなわち、
　　　$v_p = v_n = v$（fm/ys）　　　v：核子のスピン速度　・・・【B1.12】
である。ゆえに【B1.10】と【B1.11】より、
　　　$\gamma_p = v / 2\pi R_p$, $\gamma_n = v / 2\pi R_n$　　　∴）$\gamma_n / \gamma_p = R_p / R_n$　・・・【B1.13】
が成り立つ。一方、
　　　$R_p = 0.8875$（fm）・・・【B1.3】　　　$R_n = 0.5325$（fm）・・・【B1.4】
という測定値があるので、
　　　$R_p / R_n = 5 / 3$　・・・【B1.14】
とすることができる。したがって【B1.13】は、
　　　$\gamma_n / \gamma_p = 5 / 3$　・・・【B1.15】
となり、核軌道中の中性子と陽子のスピン回転数は5：3の比率となる。

　さて、陽子 ε 個、中性子 ν 個で成る核軌道（半径 L）における回転速度をVc（fm/ys）として核軌道の回転数 γc を求めると、
　　　$\gamma c = Vc / 2\pi L$（1/ys）　・・・【B1.16】
が得られる。核軌道の半径 L を核軌道モデルから求めると、
　　　$L = (2\varepsilon R_p + 2\nu R_n) / 2\pi = (\varepsilon R_p + \nu R_n) / \pi$（fm）　・・・【B1.17】
となるので、これに【B1.14】式を代入すれば、
　　　$L = 3R_p (\varepsilon / 3 + \nu / 5) / \pi$（fm）　・・・【B1.18】
が与えられる。これを【B1.16】に代入すると核軌道の回転数 γc は、
　　　$\gamma c = Vc / 6R_p (\varepsilon / 3 + \nu / 5)$（1/ys）　・・・【B1.19】
とすることができる。

　一方、核軌道を構成する核子のスピン運動量の総和 $\Sigma P_{p \cdot n}$ は【B1.8】【B1.9】と【B1.12】より、
　　　$\Sigma P_{p \cdot n} = \varepsilon P_p + \nu P_n = (\varepsilon m_p v / \sqrt[3]{2} + \nu m_n v / \sqrt[3]{2})$（yg·fm/ys）　・・・【B1.20】
で与えられる。陽子と中性子の質量については、m_p と m_n の中央値：m =

167

$1.674\,(\mathrm{yg})=938.91871\,(\mathrm{MeV})$【B1.7】を用いることにすれば、【B1.20】は、

$$\Sigma P_{p \cdot n}=(\varepsilon+\nu)\,mv/\sqrt[3]{2}\,(\mathrm{yg \cdot fm/ys}) \quad \cdots 【B1.21】$$

と表記することができる。したがって核軌道の回転運動量 Pc に関しては、

$$(Pc=)\,(\varepsilon+\nu)\,mVc=(\varepsilon+\nu)\,mv/\sqrt[3]{2}\,(=\Sigma P_{p \cdot n})$$

$$\therefore)\;\;Vc=v/\sqrt[3]{2}\,(\mathrm{fm/ys})\cdots 【B1.22】$$

となる。核子のスピン速度 v は核軌道の回転速度 Vc の $\sqrt[3]{2}$ 倍であることが分かる。これを【B1.19】に代入すれば、核軌道の回転数 γc は、

$$\gamma c=v/6\sqrt[3]{2}R_p(\varepsilon/3+\nu/5)\,(1/\mathrm{ys}) \quad \cdots 【B1.23】$$

と表記することもできる。

2. 核子・核軌道の運動に関する物理量の意外なデジタル性

　陽子と中性子のスピン回転数 γ_n と γ_n に関して $\gamma_n/\gamma_p=5/3$【B1.15】という関係が成りたつということは、単位時間あたり陽子が 3 n 回転、中性子が 5 n 回転すれば、陽子と中性子のスピン速度は等しくなるということだ。n は自然数である。

　これは、核子スピン動力の核軌道回転への伝達効率が最大になる条件、$v=v_p=v_n$【B1.12】が満たされるということ。そして核軌道が、$\gamma c=v/6\sqrt[3]{2}R_p$ $(\varepsilon/3+\nu/5)$【B1.23】という回転数 γc で回転することによって、陽子と中性子表面の擦れあいによる摩擦損失を最小化しつつ、核軌道構造の破壊を防いでいることを意味する。

　というのは、もし【B1.12】の条件が維持されないと、陽子と中性子表面の擦れあいによる力が、核軌道の外側方向か内側方向かのどちらかに偏り、核軌道の環状構造が自然に崩壊する恐れがあるからだ。

　以上より、

　　陽子のスピン回転数：$\gamma_p=v_p/2\pi R_p=$ 3n $(1/\mathrm{ys})$　$\cdots$【B1.24】

　　中性子のスピン回転数：$\gamma_n=v_n/2\pi R_n=$ 5n $(1/\mathrm{ys})$　$\cdots$【B1.25】

とした場合、

$$v_p=6\pi R_p n=16.72898\,n\,(\mathrm{fm/ys}) \quad \cdots 【B1.26】$$

§B　新しい原子モデル、それにもとづく電子のエネルギー計算

$v_n = 10\pi R_n n = (3R_p/5R_n) \times 10\pi R_n n = 6\pi R_p n = v_p$　・・・【B1.27】

となり、$v = v_p = v_n$【B1.12】の条件は満足されることが保証され、

核子のスピン速度：$v = 6\pi R_p n = 16.72898 n$（fm/ys）　・・・【B1.28】

と一般化され、自然数 n だけで表記できることが分かる。

これにより、核子のスピン速度 v は 16.72898（fm/ys）を飛び幅とする離散変量として扱われることになる。

核軌道の回転速度 Vc は、$Vc = v/\sqrt[3]{2}$【B1.22】で v との関係が与えられたので、

$Vc = (6\pi/\sqrt[3]{2})R_p n = 13.27780 n$（fm/ys）・・・【B1.29】

と、同様に離散変量となる。また核軌道の回転数 γc は、$\gamma c = Vc/6R_p(\varepsilon/3 + \nu/5)$【B1.19】で与えられたので、これも同様に、

$\gamma c = (6\pi/\sqrt[3]{2})R_p n /6R_p(\varepsilon/3 + \nu/5) = [\pi/\sqrt[3]{2}(\varepsilon/3 + \nu/5)]n(1/\text{ys})$・・・【B1.30】

と離散変量化される。この式の [　] 内の定数を「核軌道の固有回転数 δ」と称して、

$\delta = \pi/\sqrt[3]{2}(\varepsilon/3 + \nu/5) = 2.49348 /(\varepsilon/3 + \nu/5)$（1/ys）　・・・【B1.31】

と定義すれば、核軌道の回転数 γc は、

$\gamma c = \delta n$（1/ys）・・・【B1.32】

と、固有回転数 δ を飛び定数とする離散変量として簡単に表記できる。

核軌道の固有回転数 δ は、核軌道の「回転性能」を表わすような定数であり、定義式【B1.31】で分かるように、抱える核子数の多い大きな核軌道ほど回転性能は低下する。この δ は、のちに ι と並ぶ重要な定数となる。

以上のように、核子のスピン速度・回転数と核軌道の回転速度・回転数が離散変量となれば、他の運動量と運動エネルギーも離散化されることは自明である。以下に整理する。

陽子のスピン回転数：$\gamma_p = v_p/2\pi R_p = 3n$（1/ys）　・・・【B1.24】

中性子のスピン回転数：$\gamma_n = v_n/2\pi R_n = 5n$（1/ys）　・・・【B1.25】

核子のスピン速度：$v = 6\pi R_p n = 16.72898 n$（fm/ys）　・・・【B1.28】

核軌道の回転速度：$Vc = (6\pi/\sqrt[3]{2})R_p n = 13.27780 n$（fm/ys）・・・【B1.29】

核軌道の回転数：$\gamma c = \delta n$（1/ys）・・・【B1.32】　ただし、

169

固有回転数：$\delta = \pi / \sqrt[3]{2}(\varepsilon/3 + \nu/5) = 2.49348 / (\varepsilon/3 + \nu/5)$ $(1/\mathrm{ys})$・・・【B1.31】

以下、演算過程は省略し結果だけを示す。

核子のスピン運動量：$P_{pn} = (6\pi/\sqrt[3]{2})\, mR_p\, n$ $(\mathrm{yg \cdot fm/ys})$・・・【B1.33】

核軌道の回転運動量：$Pc = (6\pi/\sqrt[3]{2})\, \eta m R_p n$ $(\mathrm{yg \cdot fm/ys})$・・・【B1.34】

　　　ただし、核子数（質量数）：$\eta = \varepsilon + \nu$

核子スピンエネルギー：$E_{pn} = (9\sqrt[3]{2}\pi^2)\, mR_p^{\,2} n^2$ $(\mathrm{yg \cdot fm^2/ys^2})$・・・【B1.35】

核軌道回転エネルギー：$Ec = (9\sqrt[3]{2}\pi^2)\, \eta^2 mR_p^{\,2} n^2 = \eta^2 E_{pn}$ $(\mathrm{yg \cdot fm^2/ys^2})$・・・【B1.36】

なお、核軌道の半径 L は、

　　$L = 3R_p(\varepsilon/3 + \nu/5)/\pi = 3R_p/\sqrt[3]{2}\,\delta = 2.11323 / \delta$ (fm)・・・【B1.37】

と表記できる。δ と L は核軌道に固有の定数であり離散変量ではない。

　以上の数式で表わされるのは、核子と核軌道に関する「幾何モデル」と称する。しかしこのモデルで計算した結果は、従来の研究でえられたデータと対照しにくいのが問題だ。これまでの物理学概念にない「核軌道」が計算の対象になるからである。

　量子力学で記述されるのは、主として「電子殻」という原子核をとりかこむ電子の飛行サーキットのような空間における電子の挙動である。現在では、核磁気共鳴（NMR）などの手段で原子核も直接的に計測できるようになったが、原子の SST モデル理論を検証するためには、電子の測定データを調べるのが手軽で有効だと思われる。

　次に、核軌道の幾何モデルをベースにして、電子の通り道である電子軌道モデルを作りあげることにしよう。

§B.2　電子軌道（2次慣性構造）の幾何モデル

　最初は以下のように考えてモデルを組上げようとした。・・・電子殻にある電子のマスゲームは、原子核の中にある陽子がクーロン引力の凧糸を引いて行う「凧揚げ大会」の様子であるということができるだろう。核軌道上の陽子スピン（自転運動）と、その核軌道上の回転（公転運動）によるエネル

§B　新しい原子モデル、それにもとづく電子のエネルギー計算

ギーが、電子殻の電子に伝達されておこる現象だと考えられる。

　しかしながら、これは大きな誤りであることが明らかとなった。ボーアの太陽系モデルに囚われた考え方をしていると、電子の凧揚げ大会は飛んでもない光速度違反を冒す電子ばかりになって※、これは禁止しなければならなくなったのである。　　　　　　　　　　　　　　　　　　　　　※私版本[7]に詳述。

　陽子と電子の間にはたらくクーロン引力は、コアクォークの凄まじい「超接近重力場」にある核軌道から、陽子が電子を墜落させないための力として働いているのであり、ボーアの太陽系モデルや現在の超伝導理論（BCS理論）にあるように、原子核が一旦手放した電子との間に働く力ではないこと※が明らかとなった。　　　　　　　　　　　　　　　　　※§2.5.2末尾も参照。

　最終的に、クーロン引力の軛から解放された電子に働く力は、コアクォークとの間にはたらく重力だけであることが明らかとなるのである。

　・・・以上のような研究の経緯は省略することにして、クーロン力のことは除外して、電子が核軌道の上空のどのあたりの高さを飛行中であるかを計算してみよう。

　クーロン力のことは除外して、電子が核軌道の上空のどのあたりの高さを飛行中であるかを計算するには、遠心力と重力に関するニュートン力学の問題を解けばよい。

　遠心力は、圧倒的に巨大な地球（コアクォーク）が人工衛星（電子）に及ぼす遠心力のようなものだから、高校で習った次の公式、

　　　遠心力：$F_e = m_e r_e \omega^2 = m_e V_e{}^2 / r_e$（yg·fm /ys²）　・・・【B2.1】

　　　　　　m_e：振りまわされる方（電子）の質量（9.109×10^{-4} yg）

　　　　　　V_e：振りまわされる方（電子）の速度　r_e：中心からの距離（高度）

　　　　　　角速度：$\omega = V_e / r_e$

を適用すればよい。問題となるのは人工衛星の打ち上げ速度V_eをどう設定するかだけであり、それが決まれば高度r_eは決まる。

171

この衛星打ち上げにロケットなど使われず、核軌道の外縁にあった電子に働くクーロン引力が突然消えてしまった場合を想定するだけである。すなわち打ち上げ速度 V_e は、　　核軌道の回転数 $\gamma c = \delta n$【B1.32】を用いて、

　　　$V_e = 2\pi Lo\,\delta n$（fm／ys）　・・・【B2.2】

　　　　　ただし、核軌道外縁半径：$Lo = L + R_p$（fm）・・・【B2.3】

とする。核軌道という剛体の中で最大の回転速度をもつのは外縁部表面（§B.1 核軌道モデルの図を参照）であるから、その速度を利用するという衛星打ち上げである。これにより【B2.1】式は、

　　　遠心力：$F_e = 4\pi^2 Lo^2\, m_e\, \delta^2 n^2 / r_e$（yg·fm／ys^2）　・・・【B2.4】

とすることができる。なお、Lo は、$L = 3R_p / \sqrt[3]{2}\,\delta$【B1.37】より、

　　　$Lo = L + R_p = (3/\sqrt[3]{2}\,\delta + 1)\, R_p$（fm）・・・【B2.5】

で計算することができる。

　遠心力に対し電子が受ける重力は、万有引力の法則により、

　　　$Gm_e\, M_Q / r_e^2 = -F_e$（yg·fm/ys^2）・・・【B2.6】

　　　　　ただし、M_Q：コアクォークの質量（yg）

で与えられる。電子が受ける重力が、遠心力と逆向きで大きさが等しい $-F_e$ であるとき、電子は永遠にコアクォークに落ち続ける人工衛星となる。したがって、【B2.4】【B2.6】より、

　　　$4\pi^2 Lo^2\, m_e\, \delta^2 n^2 / r_e = Gm_e\, M_Q / r_e^2$

　　　$\therefore$）$r_e = G M_Q / 4\pi^2 Lo^2\, \delta^2 n^2$（fm）　・・・【B2.7】

となり、電子の高度 r_e を求める式が導かれる。これに、

　　　$G = 6.67428\times10^{-41}$（fm^3／yg·ys^2）

を代入すれば、

　　　$r_e = 1.691\times10^{-42}\, M_Q / Lo^2\, \delta^2 n^2$（fm）　・・・【B2.8】

が得られる。

　r_e には少なくとも Å 単位の値が求められるのに、r_e は 10^{-42}fm 単位の値となる。ということは、放たれた電子はコアクォークに向かって墜落し、きわめて低い高度【B2.8】でコアクォークを周回する衛星になると考えるしかない。

172

§B　新しい原子モデル、それにもとづく電子のエネルギー計算

電子は、クーロン引力の命綱を使って核軌道にへばりついてないと、コアクォークに際限もなく転落するしかないのである。凧上げ大会（電子殻）のように、原子核（核軌道）から天空高く舞い上がるのは不可能なのだ。核軌道が超接近重力場というブラックホールのような空間領域に近づきすぎているため、電子が原子核を離れて完全な遊離状態になって無事でいるのは不可能なのである。

結局、電子軌道の半径は核軌道外縁半径 Lo に等しいことにした。人工衛星打ち上げは失敗に終わったわけだ。しかし電子の速度は、遊離状態と同じ固有スピン速度 V_e に等しいという、すこし身勝手な条件で電子軌道モデルを組上げることになった。

§B.3　電子軌道モデルの力学的製作に向けて・・・超接近重力場の特性解明

§B.2 で明らかになった問題は、コアクォークの超接近重力場に単独で分離された電子は、際限もなく転落するということだった。この §B.3 で目ざす「モデルの力学的構築」というのを簡単にいえばこうだ。・・・同一の重力場で、電子だけが墜落するのはおかしい。核軌道も部品の核子も一緒に墜落させなければいけない。

幾何モデルを墜落させると何が起こるかというと、モデルの全体も部品も、すべて同じ割合で収縮する。この考えから導かれるのが「ニュートン収縮」の概念である。

当然の一般則であるが、ある物理存在が収縮する事実があれば必ずそれを圧縮する存在がある。収縮する存在とは原子の核軌道、圧縮する存在とはコアクォークの実体的重力場である。しかし重力場が圧縮するというのは、空気を圧縮するのと結果は同じだがすこし異なる。実体的重力場というのは粒子を存在させている空間そのものであるからだ。

173

1. ニュートン収縮率 $\iota^{\#}$ と重力圏半径比率 ι の定義

　右にニュートン収縮の概念を表わす模式図を掲げる。赤いグラフはコアクォークの重力場密度の分布を、コアクォークの位置を原点とする左右の距離に対して描いた。

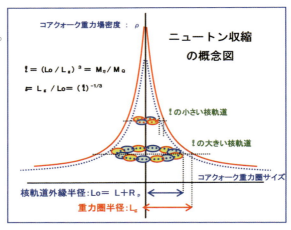

　横軸を「コアクォーク重力圏サイズ」としたのには理由がある。重力圏とは何かといえば、「核軌道を包む重力場のうち、有効な密度を有する範囲のサイズ」と言えるだろう。だが「有効な密度」というのがよく分からない。上の図は、この莫とした重力圏を目で見えるように表わそうと苦心した結果である。図にはサイズの異なる核軌道を２つ描き、それぞれの外縁部を結んで青い点線を描いてある。

　ニュートン収縮という言葉から、下の大きなサイズの核軌道が圧縮されて上の方に昇っていくのかと誤解しやすいが、そうではない。ニュートン収縮率 $\iota^{\#}$ は、コアクォークの質量 M_Q と、核軌道のサイズ（慣性質量 M_η）に応じてきまるのである。

　ニュートン収縮率 $\iota^{\#}$ は、

　　$\iota^{\#} = (L_o / L_g)^3 = M_\eta / M_Q$ ・・・【B3.1】

　　$L_o = L + R_p$ (fm)：核軌道外縁半径，R_p (0.8875fm)：陽子半径

　　L_g (fm)：コアクォークの重力圏半径

という関係で定義される。

　ニュートン収縮率 $\iota^{\#}$ は、定義式の第２右辺 M_η / M_Q で計算するのが最も容易である。これは §A.4 で用いた、

　　$\iota = (M_Q / M_\eta)^{1/3}$ ・・・【A4.5】

　　M_Q：コアクォークの質量

§B　新しい原子モデル、それにもとづく電子のエネルギー計算

と同じ関係式である。すなわち【B3.1】の逆数をとって立方根を求めれば、

$$(1/\iota^{\#})^{1/3} = L_g/Lo = (M_Q/M_\eta)^{1/3} = \iota \qquad \cdots 【B3.2】$$

という重力圏半径比率 ι の定義式になる。

わけの分からないコアクォークの重力圏半径 L_g という概念は、【B3.1】の第2式、

$$(Lo/L_g)^3 = M_\eta/M_Q \quad \cdots 【B3.3】$$

によって初めて物理的根拠が与えられる。右辺の M_η は、特定可能な核子数 η でなる核軌道の質量、M_Q は、§Aで計算したSST標準モデルに記載されるコアクォークの質量である。また左辺の核軌道外縁半径 Lo も、§B.2の幾何モデルの式、

$$Lo = L + R_p = (3/\sqrt[3]{2}\,\delta + 1)\,R_p\ (fm)\ \cdots 【B2.5】$$

で計算して求められる。

$(Lo/L_g)^3 = M_\eta/M_Q$【B3.3】式では、未知数は L_g だけとなるので、その値は、容易に算出できるようになったわけだ。

$\iota = L_g/Lo$【B3.2】式は、§Aで論じた「$\iota > 1$ 原則」の内容を物理的に記述できるようにする。つまり $\iota > 1$ 原則とは、核軌道が重力圏からはみ出さない（露頭しない）ことが原子が安定的に存在できる条件であることを意味していたのだ。

なお言及すれば、$(Lo/L_g)^3 = M_\eta/M_Q$【B3.3】という関係式は、§2.2で述べた「慣性質量は重力場の容積に比例する」というSSTモデルの考え方を反映する。左辺のサイズ比の3乗とは容積比に他ならないので、それは右辺の質量比に等しくなるのである。

2. 幾何モデルの力学モデルへの変換原理

前段で説明した重力圏半径比率 ι の定義式 $L_g/Lo = (M_Q/M_\eta)^{1/3} = \iota$ 【B3.2】より、

$$M_Q = M_\eta\,\iota^3 \qquad \cdots 【B3.4】$$

という関係が導かれる。

175

ここで脇道にそれるが、§A.4 では、

　　原子の質量：M_η = 938.91871 η （MeV）　・・・【A4.4】

という式で原子の質量 M_η を計算したが、一方、§B.1 において陽子と中性子の中央値 m を求めたところ、

　　核子の質量：m = 1.674（yg）= 938.91871（MeV）　・・・【B1.7】

となり、【A4.4】の 938.91871 MeV という質量は、この中央値 m に他ならないことが判明した。したがって、上の M_Q = M_η ι^3【B3.4】式は、

　　M_Q = mη ι^3（yg）　ただし、m = 1.674（yg）　・・・【B3.5】

としても差しつかえないだろう。

　核軌道の質量 M_η は核子質量 m に核子数 η をかけた値に決まってる！と思うかも知れない。しかし問題にしたいのは重力圏半径比率 ι のことである。

　下の表（再掲）で ι の計算を行う計算式は §A.1 の【A1.7.1】【A1.8.1】であり、§A.4 や上の定義式【B3.2】$L_g/L_o = (M_Q/M_\eta)^{1/3} = \iota$ とではまったく異なるのだ。

計算式	近似式【A1.11】,【A1.12】		計算式	近似式【A1.13】,【A1.14】		【A1.7.1】,【A1.8.1】		3個組クォーク構成数	
単独クォークサイズ次元	単独クォーク慣性質量(MeV)		複合クォークサイズ次元	複合クォーク慣性質量(MeV)		重力圏半径比率			
	単独軽クォーク	単独重クォーク		複合軽クォーク	複合重クォーク	ι_ℓ	ι_h	η_ℓ	η_h
0	p_ℓ 0.001359	p_h 0.000536	0.5	P_ℓ 0.011925	P_h 0.011917	4.963	9.973	2	1
1	e_ℓ 0.056960	e_h 0.07181	1.5	E_ℓ 0.5109991	E_h 0.5109991	5.002	6.823	2	1
2	u 2.39	d 9.62	2.5	U 21.896	D 21.912	5.044	4.669	2	1
3	s 100	c 1290	3.5	S 938.27205	C 939.56538	5.084	3.194	2	1
4	b 4190	t 172900	4.5	B 40205	T 40288	5.124	2.185	2	1

　この表の ι と、上で定義した $\iota = L_g/L_o = (M_Q/M_\eta)^{1/3}$【B3.2】とははたして同じなのだろうか？というのが疑問として残るのは確かである。最終的にこの問題は解決していないのだが、しかし先を急ぐことにした。

　上の関係式、M_Q = mη ι^3【B3.5】は、

　　mη = M_Q/ι^3 = M_Q $\iota^{\#}$（yg）　・・・【B3.6】

と変形することができる。・・・「幾何モデルの力学モデルへの変換」という課題を解決する手段は、この【B3.6】式の関係を利用することだったのである。

　すなわち核軌道の質量 M_η に関しては、

　　幾何モデル：M_η = mη ⇒ 力学モデル：M_η = mη $\iota^{\#}$（yg）・・・【B3.7】

という変換を行う。【B3.6】式のコアクォーク質量 M_Q の位置に、幾何モデ

§B　新しい原子モデル、それにもとづく電子のエネルギー計算

ルの核軌道質量 $m\eta$ をもってくる変換である。

　この変換で、核子の質量 m はニュートン収縮により $m\iota^{\#}$ に変換されるという意味になる。自然数 η はニュートン収縮による影響は受けない。
　ニュートン収縮は、核軌道の構成成分の粒子であれば、核子のみならず電子にも及び、粒子重力場の体積が縮小するということである。したがって慣性質量も減少するのである。もちろん、$\iota < 1$（$\iota^{\#} > 1$）であれば体積が膨張し慣性質量は増大することを意味する。

　サイズ（距離）に相当する変量もある。たとえば幾何モデルの核軌道半径、
　　$L = 3R_p(\varepsilon/3 + \nu/5)/\pi = 3R_p/\sqrt[3]{2}\,\delta = 2.11323/\delta$（fm）・・・【B1.37】
　については、
　　$L = 3R_p(\varepsilon/3 + \nu/5)(\iota^{\#})^{1/3}/\pi = 3R_p/\sqrt[3]{2}\,\delta\iota = 2.11323/\delta\iota$（fm）・・・【B3.8】
という変換が施される。質量や体積が $\iota^{\#}$ の割合で収縮するとき、サイズ（距離）はその 1/3 乗の割合で収縮するので、収縮率は $(\iota^{\#})^{1/3} = 1/\iota$ となるわけである。
　【B3.8】式の場合は、陽子半径 R_p は R_p/ι に変換されるという意味になる。自然数 ε と ν で構成される固有回転数 δ は無関係である。

3.　もう1つの変換原理（三次元時間体積の変換）

　速度 v は（距離 / 時間）という変量だから、$v\iota^2$ という変換を施すことになる。というのは、SST モデルでは、時間 t は三次元の体積変量であり、時間体積もニュートン収縮を受けるのである。だから時間は、$t \Rightarrow t\iota^{\#}$ という変換を受ける。したがって、
　　速度：　$v = \ell/t \Rightarrow (\ell/\iota)/t\iota^{\#} = (\ell/t)\iota^2 = v\iota^2$
と変換されることになる。同じように、回転数 γ は（1/ 時間）だから、
　　$\gamma \Rightarrow \gamma\iota^3$
と変換される。

177

4. 力学モデルの整理

　以下、前段までの原理によって変換した核軌道と電子軌道の力学モデルを整理する。

　まず §B.1 の幾何モデルに、次のように、

　　陽子のスピン回転数：$\gamma_p = (v_p \iota^2)/2\pi(R_p/\iota) = 3n$（1/ys）・・・【B1.24】

　　中性子のスピン回転数：$\gamma_n = (v_n \iota^2)/2\pi(R_n/\iota) = 5n$（1/ys）・・・【B1.25】

と、赤文字で示す変換を行うことにより、

　　$\gamma_p = \iota^3 v_p/2\pi R_p = 3n$（1/ys）　・・・【B3.9】

　　$\gamma_p = \iota^3 v_n/2\pi R_p = 5n$（1/ys）　・・・【B3.10】

が得られる。また、

　　核子のスピン速度：$v = 6\pi(R_p/\iota)n = (16.72898/\iota)n$（fm/ys）・・・【B1.28】

　　核軌道の回転速度：$Vc = (6\pi/\sqrt[3]{2})(R_p/\iota)n = (13.27780/\iota)n$（fm/ys）・・・【B1.29】

より、

　　$v = 6\pi R_p n/\iota = 16.72898 n/\iota$（fm/ys）　・・・【B3.11】

　　$Vc = (6\pi/\sqrt[3]{2})R_p n/\iota = 13.27780 n/\iota$（fm/ys）・・・【B3.12】

と変換される。また、

　　核軌道の回転数：$\gamma c = \iota^3 \delta n$（1/ys）・・・【B3.13】

である。さらに、

　　核子のスピン運動量：$P_{pn} = (6\pi/\sqrt[3]{2}) m \iota^{\#}(R_p/\iota)n$（yg·fm/ys）・・・【B1.33】

　　核軌道の回転運動量：$Pc = (6\pi/\sqrt[3]{2})\eta m \iota^{\#}(R_p/\iota)n$（yg·fm/ys）・・・【B1.34】

より、P_{pn} と Pc は、

　　$P_{pn} = (6\pi/\sqrt[3]{2}) m R_p n \iota^{-4}$（yg·fm/ys）　・・・【B3.14】

　　$Pc = (6\pi/\sqrt[3]{2})\eta m R_p n \iota^{-4}$（yg·fm/ys）・・・【B3.15】

と変換され、

　　核子スピンエネルギー：$E_{pn} = (9\sqrt[3]{2}\pi^2) m \iota^{\#}(R_p/\iota)^2 n^2$（yg·fm²/ys²）・・・【B1.35】

　　核軌道回転エネルギー：$Ec = (9\sqrt[3]{2}\pi^2)\eta^2 m \iota^{\#}(R_p/\iota)^2 n^2 = \eta^2 E_{pn}$（yg·fm²/ys²）・・・【B1.36】

より、E_{pn} と Ec は、

　　$E_{pn} = (9\sqrt[3]{2}\pi^2) m R_p^2 n^2 \iota^{-5}$（yg·fm²/ys²）・・・【B3.16】

178

$$Ec = (9\sqrt[3]{2\pi^2})\,\eta^2 mR_p{}^2 n^2\,\iota^{-5} = \eta^2 E_{pn}(yg\cdot fm^2/ys^2)\cdots【B3.17】$$

と変換される。なお、核軌道の半径 L は、

$$L = 3(R_p/\iota)(\varepsilon/3+\nu/5)/\pi = 3R_p/\sqrt[3]{2\delta\iota} = 2.11323/\delta\iota\,(fm)\cdots【B3.18】$$

と変換される。

5. 重力場の固有スピン速度、および電子軌道とは

　原子（核）の内部空間は超接近重力場であり、そこにある電子も核軌道もすべてニュートン収縮を受けていると述べた。超接近重力場とはコアクォークに一定程度以上近い空間のことであり、分かりやすく表現すれば「ブラックホール」に間近い空間のことである。重力場密度勾配が極度に高い空間と言うこともできる。

　非対称流体※の塊りである実体的重力場のきわだった特性は、その粘度が限りなくゼロに近い、きわめて低い粘度特性を有することである。

> ※ §1.4 参照。きわめて低い粘度特性が、広大な宇宙空間が誕生する要因であるが、それがゼロではないことが、粘性摩擦でもはや外側に拡大できなくなる限界を生じることから、宇宙空間が有限であることの原因ともなる。

　流体である実体的重力場のスピン速度というのは、コアクォークから遠い座標位置も含めて見れば均一ではないが、コアクォークに近い重力場の内部空間では、すべての座標位置で一定なのである。この速度のことを「固有スピン速度」と称する。

　核軌道という剛体から分離された電子は、この固有スピン速度 V_e でしか運動することができず、それでは遠心力が圧倒的に不足するので真っ逆さまに転落するのであった。それは不公平だというわけでニュートン収縮の概念が導入され、核軌道はいくらか縮んで電子を追いかけようとした。しかし核軌道は環状にならんだ核子のスクラムで一定程度以上の収縮を食いとめられる「剛体」である。・・・電子が核軌道から分離されると、やはり際限もなく転落するしかないのである。

　・・・転落しない電子軌道の構築手段は以下のとおりだ。「電子軌道」というのは、じつは核軌道外縁にへばりついた電子の軌道であり、現在の「電

子殻」のように原子核の外を回る軌道のことではない。だが、核軌道にへばりついて回りながら、核軌道外縁表面の速度ではなく、重力場の固有スピン速度 V_e で運動するような、身勝手な電子※の運動エネルギーが論じられることになったのである。　※§2.5.2では「取っておきの真相」というのがあって、
　　　　　　　　　　　　これにはやむに止まれぬ事情があることが明かされた。

・・・とにかく、この理屈で興味深い結果が得られることになるのであるから、あまり深くは追及せぬこととしよう。

§B.4　原子モデルの動力学的製作

以上より原子模型を動力学的に組み立てる準備が整った。原子の中心にあるコアクォークは、右の図と次のページの表（再掲）に示すSST標準モデルのリストから適切に選べばよいのだった。

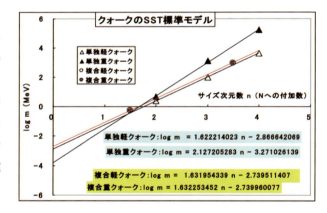

§A.4で述べたように、原子のコアクォークは、次のページの表で緑マークの入った4種類のクォークのどれかを選べばよい。

複合軽クォークのSクォークは、水素原子 ^1H にしか用いられない。次の単独軽クォークのbクォークは、重水素 ^2H、3重水素 ^3H、ヘリウム ^3He、ヘリウム ^4He と、わずか4種類※だ。　　　　※210ページの計算結果表などを参照。

他の原子の組み立てには、複合軽クォークのBクォークと単独重クォークのtクォークが用いられる。リチウムLiからカルシウムCaまでの比較的サイズの小さな原子に用いられるBクォークは、4種類のクォークの中では1つだけ未発見である。粒子加速器実験でリチウムLiからカルシウムCaまでの原子を破壊してみれば、あるいは、すでに得られたデータを解析してみ

§B 新しい原子モデル、それにもとづく電子のエネルギー計算

れば発見されるかもしれない。

計算式 単独クォーク サイズ次元	近似式【A1.11】、【A1.12】 単独クォーク慣性質量(MeV)		計算式 複合クォーク サイズ次元	近似式【A1.13】、【A1.14】 複合クォーク慣性質量(MeV)		【A1.7.1】、【A1.8.1】 重力圏半径比率		3個組クォーク構成数	
	単独軽クォーク	単独重クォーク		複合軽クォーク	複合重クォーク	ι_ℓ	ι_h	η_ℓ	η_h
0	p_ℓ 0.001359	p_h 0.000536	0.5	P_ℓ 0.011925	P_h 0.011917	4.963	9.973	2	1
1	e_ℓ 0.056960	e_h 0.07181	1.5	E_ℓ 0.5109991	E_h 0.5109991	5.002	6.823	2	1
2	u 2.39	d 9.62	2.5	U 21.896	D 21.912	5.044	4.669	2	1
3	s 100	c 1290	3.5	S 938.27205	C 939.56538	5.084	3.194	2	1
4	b 4190	t 172900	4.5	B 40205	T 40288	5.124	2.185	2	1

　クォークがコアとなって強力な超接近重力場に陽子と中性子を抱え込んで、複合核軌道が形成される。その原理的なところは §2.6.1 などで述べた。

　SST モデルでは、原子だけでなく構成粒子も、はじめから空間的拡がりをもつ構造物としてとらえている。粒子は空間的拡がりをもつ構造物だから、構造物は伸縮できるという考えから、§B.3 の1段めではニュートン収縮の概念を展開した。

　本章 §B.4 における最大の成果は、原子模型を組み立てるのに、SST 標準モデル上のコアクォークの質量 M_Q の数値だけを仮定するだけで、原子の諸元を計算しうることが明らかになったことである。195 ～ 196 ページの表はその成果である。

　量子力学では、粒子は空間的拡がりのない点としてとり扱うので、それとの違いから、ユニークな原子理論が誕生したと考えられるのである。

1.　固有スピン速度 V_e の数理モデルの発見

　ところが、未解決の大きな問題が1つ残っていた。もし固有スピン速度 V_e を、

　　$V_e = 2\pi \mathrm{Lo}\,\delta\,\mathrm{n}\,\iota$　（fm/ys）　・・・【B4.1】

と定義して計算すれば、V_e は、固有回転数 δ、自然数 n、重力圏半径比率 ι に依存して変化してしまう。これは §B.3 の5段めで述べた、固有スピン速度 V_e は、あらゆる座標位置で一定でなければならないという SST モデルの「掟」に反するのだ。

181

結局この問題は、著者が「ある演算ミス※」を犯したのがきっかけで解決した。偶然のきっかけで $δ^{-2/3} ι^2$ という量が定数であることが発見されたのである。　　　　　　　　　　　　※私版本[1)]では詳しく述べたが、割愛する。
　そこで【B4.1】式は、
　　$V_e = p_g δ^{-2/3} ι^2$ (fm/ys)　　p_g (fm/ys)：パラメータ　　・・・【B4.2】
と改めることにした。【B4.2】式は、前章§B.3の３段めで述べた速度に対する変換係数 $ι^2$ を含んでいるが、それを $δ^{2/3}$ で割ればなぜ一定になるのか分からない。

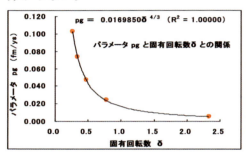

しかし、モデル製作の実際的な手段として用いることにした。
　パラメータ p_g は、【B4.2】式で計算された V_e の値にたいして、
　　$p_g = V_e δ^{-2/3} ι^{-2}$　・・・【B4.3】
という式で計算し、$δ$ に対してプロットしたら、左図より近似式は、
　　$p_g = 0.0169850\ δ^{4/3}$　($R^2 = 1.00000$)・・・【B4.4】
で正確に与えられることが分かったので、この式を用いて p_g を決定した。
　パラメータは適当な数字を選べばよいと思われるが、実際の物理測定ではパラメータの値が測定されることがあるので、その測定値と原子モデルとの関係が分かっているほうが望ましいと考えられるからである。しかし残念ながら、パラメータ p_g をどうやって測定したらよいのかは不明である。

　【B4.2】式の $δ^{-2/3} ι^2$、また【B4.3】式の $δ^{-2/3} ι^{-2}$ は恣意的な決め方であるし、どんな物理的意味をもつのか分からないのだが、乗数がぴったり分数や整数で表わせるのは、これらの変数が何らかの物理的関係で結ばれることを示唆する。最終的に【B4.4】式より、
　　パラメータ：$p_g = 0.0169850$ (fm/ys)　つまり　$δ = 1$ (1/ys)・・・【B4.5】
ということにして計算を行った。この値でよかった理由は、後で分かる。

　計算結果の一部は次のページの表のとおりである。

§B　新しい原子モデル、それにもとづく電子のエネルギー計算

担当コア種	担当コア質量 M_Q (MeV)	軌道	n	ε	ν	η	固有回転数 δ (1/ys)	核軌道質量 M_g ^{0} (MeV)	重力圏比率 ι	軌道半径 L_0 /ι (fm)	軌道回転数 γ ι ^{3} (1/ys)	固有sp速度 V_e (fm/ys)	固有sp速度 V_e (km/s)
S	40205	s	1	2	2	4	2.338	351	2.204	0.813	0.09818	0.04684	46839
S	40205	p	1	6	6	12	0.779	3157	1.528	2.356	0.01129	0.04684	46839
S	40205	d	1	10	10	20	0.468	8771	1.289	4.196	0.00380	0.04684	46839
S	40205	f	1	14	14	28	0.334	17191	1.152	6.263	0.00182	0.04684	46839
S	40205	g	1	18	18	36	0.260	28417	1.060	8.516	0.00104	0.04684	46839

　核軌道中の陽子数 ε と中性子数 ν が等しいバランスのよい原子を想定しての計算だが、自然数 n = 1 で、s 〜 g 軌道までサイズが異なる場合、固有スピン速度 V_e は一定であることが分かる。しかも右端の表示で分かるとおり、速度 V_e はすごいスピードではあるが光速度違反を犯していない。

　【B4.5】のパラメータ p_g の設定が適切であったかどうかはまだ分からないが、好ましいことだ。V_e が光速度を越えないのであれば、原子表面のスピン速度を測定できる可能性が出てくるし、この原子モデルの正否を実験で検証できる可能性も担保されるからである。

　なお、核軌道ごとの核子数 η が、なぜ現在の電子軌道増成原理の倍数で一致する表のような数字になるのかについては §2.6.2 で述べた。大きなドーナツ（核軌道）が、内側の穴に小さなドーナツを納めきれるかどうかという、単純な幾何学的ルールに基づく計算で説明できることが分かった。粒子に空間的拡がりをもたせた SST モデルの1つの成果だが、その単純さはちょっとした驚きであった。

2. 核軌道造成数 n の意味について

　固有スピン速度 V_e が定まったところで、次に、電子のもつ運動エネルギー E_e は、

　　$E_e = (1/2) m_e V_e^2$ $(yg \cdot fm^2/ys^2)$　・・・【B4.6】

　　　電子の慣性質量：$m_e = 9.10938 \times 10^{-4}$ （yg）

で簡単に計算できると思われるが、そうはいかない。前に述べたとおり、原子の構成要員となった電子のサイズはニュートン収縮で縮む。ということはその慣性質量も小さくなるのである。慣性質量 9.10938×10^{-4} （yg）という

183

のは、電子が自由空間を単独で運動している状態で測定された値なのだ。原子の中で電子のエネルギーは、

$$E_e = (1/2)\, m_e\, \iota^{\#}\, V_e^2\ (\mathrm{yg \cdot fm^2/ys^2})\quad \cdots \text{【B4.7】}$$

ただし、ニュートン収縮率：$\iota^{\#} = (Lo/L_g)^3 = M_\eta / M_Q = 1 / \iota^3$【B3.1】
としなければならない。

　さらに、核軌道は単独で存在するのではなく、複合核軌道として存在する。同じサイズの核軌道が複数あるときは、その個数を自然数 n として取りあつかう数理を考える必要がある。考え方は、ニュートン収縮は自然数 n がステップアップするたびに起こるということである。自然数 n がステップアップするとは、同じサイズの核軌道が 1 個ふえ、その分だけ空間が窮屈になることだ。窮屈さの度合いをニュートン収縮概念で表わすことを考えてみよう。

　ニュートン収縮は、電子軌道半径 Lo の収縮として現われるとすれば、収縮率は $1/\iota$ で表わすことができる。軌道半径 Lo は自然数 n がステップアップする度に $1/\iota$ に収縮するのである。軌道半径 Lo が小さくなっても、電子の速度は固有スピン速度 V_e で変わらないので、軌道回転数 γ_e（$= \iota^3 V_e / 2\pi Lo$）が上がらざるをえないことが分かる。

　自然数 n のステップアップ 1 回につき $Lo \Rightarrow Lo / \iota$ のニュートン収縮が起こるのだから、回転数 γ_e は、$\gamma_e \Rightarrow \iota \gamma_e$ というステップアップを強いられることになる。したがって、n 個の核軌道で成る場合の回転数 γ_{eR} は、

$$\gamma_{eR} = \iota^n \gamma_e = \iota^n (\iota^3 V_e / 2\pi Lo) = \iota^{n+3} V_e / 2\pi Lo\ (1/\mathrm{ys}) \cdots \text{【B4.8】}$$

と表わされる。

　【B4.8】で定義される軌道回転数 γ_{eR} は今後「励起回転数」と称するが、自然数 n については、後に §B.5 においては「軌道造成数」と称することになる。狭い空間にさらに空間を造成して核軌道という構造物を建設するのだから、この名称の方が単なる自然数 n より具体的にイメージしやすいだろう。

3. 量子力学の主量子数 n と、SST モデルの自然数 n は同じものか？

しかし、励起回転数 γ_{eR} がいくら大きくなっても、電子の運動速度 V_e は変わらないので、電子のエネルギー E_e は、

$$E_e = (1/2)\, m_e\, \iota^{\#}\, V_e^2 \quad (yg\cdot fm^2/ys^2) \quad \cdots \text{【B4.7】}$$

という関係式のとおりで変わらない。

計算結果を下の表に示す。観測エネルギー E_{eO} と判定定数 ρ についてはまだ説明していないので、あとで表の作図解析を行いながら説明する。

軌道	n	ε	v	η	固有回転数 δ (1/ys)	核軌道質量 M_q (MeV)	重力圏比率	軌道半径 Lo /ι (fm)	固有sp速度 V_e (fm/ys)	電子エネルギー E_e (eV)	判定定数 ρ_e	観測エネルギー E_{eO} (eV)	判定定数 ρ_{eO}
s	1	2	2	4	2.338	351	2.204	0.813	0.04684	583	145.652	54	13.60567
p	1	6	6	12	0.779	3157	1.528	2.356	0.04684	1748	48.551	490	13.60567
d	1	10	10	20	0.468	8771	1.289	4.196	0.04684	2913	29.130	1361	13.60567
f	1	14	14	28	0.334	17191	1.152	6.263	0.04684	4078	20.807	2667	13.60567
g	1	18	18	36	0.260	28417	1.060	8.516	0.04684	5243	16.184	4408	13.60567

量子力学における主量子数 n について WIKIPEDIA で調べたところ、原子核周りの電子のエネルギー準位 E_n は次の式で与えられ、典型的なエネルギーの大きさは 1 〜 1000 eV であるという。

$$E_n = -hcR_\infty Z^2 \,/\, n^2 \quad \cdots \text{【B4.9】}$$

  n：主量子数 Z：原子番号 h：プランク定数 c：光速度

  R_∞：リュードベリ定数

以下、量子力学的原子モデルの代表式としてこの【B4.9】式を選び、これまで製作してきた SST モデル的原子モデルとの整合性があるかどうか検証する。とくに同じ n で表記される主量子数と、これまで用いた自然数 n とは同じなのかどうかに焦点をあてて調べてみることにしよう。その前に、【B4.9】式は次のように表わせることを確認する。

$$E_n = -13.60567\, Z^2 \,/\, n^2 \quad (eV) \cdots \text{【B4.10】}$$

  n：主量子数 Z：原子番号

これは、次のデータ、

  リュードベリ定数：$R_\infty = 1.0973731568508 \times 10^7 \ (m^{-1})$

        $= 1.0973731568508 \times 10^{-8} \ (fm^{-1})$

185

プランク定数：h ＝ 4.135667662×10⁻¹⁵(eV・s) ＝ 4.135667662×10⁹(eV・ys)
光速度：c ＝ 2.99792×10⁵(km/s) ＝ 2.99792×10⁻¹(fm/ys)
をもとに計算して hcR_∞ の値を求め、【B4.9】式に代入したものである。

前のページの表には判定定数 ρ_{eO} の欄があるが、ずっと前にパラメータ p_g の値を、p_g ＝ 0.0169850（fm/ys）【B4.5】と決めたのは、実は、判定定数 ρ_{eO} の値が 13.60567（eV）に一致するように δ の値を調整して決めたのだ。これは【B4.10】式の hcR_∞ の値である。

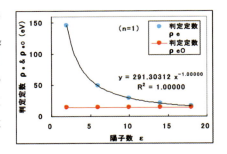

右のグラフは、判定定数 ρ_e と ρ_{eO} を陽子数 ε に対してプロットしたもので、ρ_e は ε と反比例関係にあるが、ρ_{eO} のほうは一定値（13.60567）となることが分かる。

説明が前後したが、判定定数 ρ について説明する。判定定数 ρ というのは、電子のエネルギー E_e と E_{eO} が、量子力学的エネルギー準位 E_n を表わす【B4.9】式と整合するかどうかを判定するため、次の計算を行ったものである。つまり【B4.9】式と同じく、

$E_e = \rho_e \varepsilon^2 / n^2$　　　　$E_{eO} = \rho_{eO} \varepsilon^2 / n^2$

という関係が成り立つのであれば、

$\rho_e = n^2 E_e / \varepsilon^2$　・・・【B4.11】　　　$\rho_{eO} = n^2 E_{eO} / \varepsilon^2$　・・・【B4.12】

と計算される判定定数 ρ_e と ρ_{eO} が決まる。これが定数であるかどうかで、このモデルと量子力学的モデルとの整合性を判定できるという考えである。上のグラフに現われたとおり、ρ_e は陽子数 ε と反比例関係にあるが、ρ_{eO} のほうは一定値 13.60567（eV）となった。

したがって、電子エネルギー E_e より観測エネルギー E_{eO} のほうが、量子力学的エネルギー準位 E_n の概念との整合性がとれていると判定できる。

次に観測エネルギー E_{eO} について説明する。古い映画で「ミクロの決死

§B　新しい原子モデル、それにもとづく電子のエネルギー計算

圏」というのがあった。セミマクロスケールの世界に住む私たちがミクロ化して原子の内部を探検し、原子の中で運動する電子が野球ボールぐらいに見えるようになれば、電子の速度も運動エネルギーも、ミクロ化した計測ガンなどを使って直接的に測定できるだろう。

　しかし、現実の私たちに原子がもつ電子の速度や運動エネルギーを測定するチャンスが訪れるのは、電子が原子の重力圏から脱出した直後の状態で測定機器や実験で捕らえられたときだけである。・・・そこで、電子が原子の重力圏から脱出し直線運動をはじめたときの運動エネルギーを「観測エネルギー」と解釈する。

　185 ページの表にのせた観測エネルギー E_{eO} の計算値は、
　　　観測エネルギー：$E_{eO} = \iota^{\#} E_e$（yg・fm^2/ys^2）　・・・【B4.13】
という関係式で得られたもの。ただしこれは自然数 n が 1 の場合だけである。

　電子が原子の重力圏から脱出したとき、観測エネルギー E_{eO} は電子が原子内部で運動しているときのエネルギー E_e を $\iota^{\#}$ 倍した値に減る。・・・電子がニュートン収縮から開放されるとは、エネルギー的には分散であると理解しなければならないのである。

　分散とは、ニュートン収縮で凝り固まった高密度エネルギーが分散して低温度になることを意味し、ニュートン収縮率 $\iota^{\#}$ をもう 1 度かけることで表現できるわけだ。

　電子エネルギー E_e を凝り固める要因の 1 つは、電子軌道の励起回転数 γ_{eR} であると解釈できる。回転数が $\gamma_{eR} = \iota^{n} \gamma_e$ 【B4.8】により ι^{n} 倍になっているのを解消するかのように、【B4.13】式には $(1/n)^2$ をかけて、観測エネルギー E_{eO} は、
　　　$E_{eO} = \iota^{\#} E_e (1/n)^2$（yg・fm^2/ys^2）【B4.14】
と計算する。・・・固く巻き込まれたゼンマイバネが弾けて、凝り固められたエネルギーが解放されるようなイメージであるが、解放されたエネルギーは、電子が原子の重力圏を脱出するための加速に消費されて、脱出直後には消耗してフラフラと圏外飛行に移行するわけだ。そのとき観測されるのが電

187

子の観測エネルギー E_{eO} である。

右の表は、s～g 軌道の観測エネルギー E_{eO} と判定定数 ρ_{eO} の計算結果を示す。いちばん上の 5 行は基底状態（n = 1）の結果であり 185 ページの表と同じである。その下の行は、励起状態（n = 2～5）の計算結果を順に示す。

下のグラフは、基底状態（n = 1）の結果だけを陽子数 ε に対してプロットしたものである。

軌道	n	ε	ν	η	観測エネルギー E_{eO} (eV)	判定定数 ρ_{eO}
s	1	2	2	4	54	13.60567
p	1	6	6	12	490	13.60567
d	1	10	10	20	1361	13.60567
f	1	14	14	28	2667	13.60567
g	1	18	18	36	4408	13.60567
s	2	2	2	4	14	13.60567
p	2	6	6	12	122	13.60567
d	2	10	10	20	340	13.60567
f	2	14	14	28	667	13.60567
g	2	18	18	36	1102	13.60567
s	3	2	2	4	6	13.60567
p	3	6	6	12	54	13.60567
d	3	10	10	20	151	13.60567
f	3	14	14	28	296	13.60567
g	3	18	18	36	490	13.60567
s	4	2	2	4	3	13.60567
p	4	6	6	12	31	13.60567
d	4	10	10	20	85	13.60567
f	4	14	14	28	167	13.60567
g	4	18	18	36	276	13.60567
s	5	2	2	4	2	13.60567
p	5	6	6	12	20	13.60567
d	5	10	10	20	54	13.60567
f	5	14	14	28	107	13.60567
g	5	18	18	36	176	13.60567

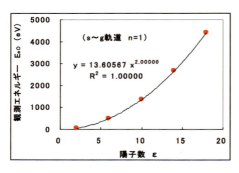

核軌道造成数（自然数）n を 5 まで、それぞれ同じ作図解析を行ったところ、以下のとおり観測エネルギー E_{eO} は陽子数 ε の 2 乗にきれいに比例することが分かった。

$E_{eO} = 13.60567\ \varepsilon^{2.00000}$　（n = 1）【B4.15.1】
$E_{eO} = 3.40142\ \varepsilon^{2.00000}$　（n = 2）【B4.15.2】
$E_{eO} = 1.51174\ \varepsilon^{2.00000}$　（n = 3）【B4.15.3】
$E_{eO} = 0.85035\ \varepsilon^{2.00000}$　（n = 4）【B4.15.4】
$E_{eO} = 0.54423\ \varepsilon^{2.00000}$　（n = 5）【B4.15.5】

これらの近似式の中で ε^2 というのは、量子力学的関係式、

$E_n = -hcR_\infty Z^2 / n^2$　・・・【B4.9】　n：主量子数　Z：原子番号

の Z^2 項に対応していると考えることができる。

次に、上の近似式の係数を「観測エネルギー係数」と称して n に対して

§B 新しい原子モデル、それにもとづく電子のエネルギー計算

プロットしたところ、下の図となった。その結果、
　　観測エネルギー係数 = 13.60566 n$^{-2.00000}$ (n = 1〜5)　・・・【B4.16】
というきれいな近似式が得られる。

したがって【B4.15】式群と【B4.16】
式は、

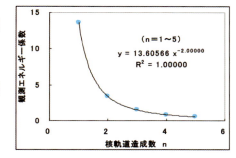

　　$E_{eO} = 13.60566\ \varepsilon^2 / n^2$ (eV)
　　　　　　　　　　　　・・・【B4.17】
　　　ε：陽子数
　　　n：核軌道造成数（自然数）
　　　　$13.60567 = \rho_{eO}$
として一括りにできることになる。この式は、量子力学的関係式、
　　$E_n = -13.60567\ Z^2 / n^2$ (eV)・・・【B4.10】
　　　　Z：原子番号　　n：主量子数　　$13.60567 = hcR_\infty$
と正確な対応関係にあると言える。

また、$n^2 E_{eO} / \varepsilon^2 = \rho_{eO}$【B4.12】の関係から、
　　$hcR_\infty = n^2 E_{eO} / \varepsilon^2$　　∴）$E_{eO} = hcR_\infty \varepsilon^2 / n^2$ ・・・【B4.17】
とできるので、観測エネルギー E_{eO} は量子力学でいうエネルギー準位 E_n と一致する。

なお、電子が原子の重力圏を脱出したあとの速度 V_{eO} を求めるには、慣性質量は m_e（9.109×10^{-4} yg）に戻っているのだから、
　　観測エネルギー：$E_{eO} = \iota^\# E_e (1/n)^2$ (yg・fm^2/ys^2)　・・・【B4.14】
　　電子エネルギー：$E_e = (1/2) m_e \iota^\# V_e^2$ (yg・fm^2/ys^2)　・・・【B4.7】
の関係を用いて、
　　$E_{eO} = (1/n)^2 (\iota^\#)^2 (1/2) m_e V_e^2 = (1/2) m_e V_{eO}^2$　・・・【B4.18】
という方程式を立てることができる。これにより、
　　$(1/n)^2 (\iota^\#)^2 V_e^2 = V_{eO}^2$　　∴）$V_{eO} = \iota^\# V_e / n$ (fm/ys)　・・・【B4.19】
とすることができる。

　・・・ところで、自然数 n のもともとの働きは、核軌道上の陽子と中性子のスピン回転数がぴったり 3n 倍と 5n 倍になったとき、核子のスピンと核

189

軌道の回転が調和して「欠陥多軸ヘリコプター」の機体（核軌道）の回転も、ローター（核子）スピンも安定してスムースになるという意味だった。

　この働きにより、核軌道と核子のスピン回転数や回転速度などの動力学変量は、自然数 n を含む離散変量となったのであった。

　原子は大小さまざまな核軌道を単に積み重ねただけの複合核軌道である。だからふつうに考えて、自然数 n が 2 や 3 に上がらなければならない理由は見当たらない。ぜんぶ 1 であっても何も問題はないと思われるのだが・・・核軌道のとなりに同じサイズの核軌道を新設するときは、がんばって自然数 n を 1 つ上げなければならないのだ。タダでとなりに新居を作ろうとは虫がよすぎるというもの。核軌道は、余分なニュートン収縮を行ってエネルギー密度が上がりサイズが縮むことにより、隣に新居を設けるための空間を空ける「造成」を行うという考えは尤もらしくて合理的だ。

　この考えは、次章 §B.5 で、同じサイズの核軌道がいくつも重ねられる実際の原子モデルを組み立てるときに採用することになる。このような考え方※で原子の複合核軌道を製作していけばよいのである。

※「内部空隙の逐次造成原理」§2.6.1 参照。

§B.5　原子の複合核軌道モデルにおける電子のエネルギー計算

　さて、原子モデルができたところで本物の原子模型を動かしてみよう。原子とは複合核軌道のことである。複合核軌道の組み立て方の概要は、§2.6.1 では次のページの図を描いて説明したので、概略を見てみよう。

　製作マニュアルの特徴は、第 1 に、真ん中の絵のとおり 2 つの下位軌道（1s と 2s）の節目の位置に上位軌道（2p）を組み立てるのが基本である。第 2 の特徴は、その 1 つ右側の絵のとおり、上位軌道が陽子と中性子で埋まったら、内部にある 2 つの下位軌道の真ん中に新しい軌道（3s）を組み立てて節目を増やすことである。私たちが同じものを組み立てるやり方からみれば、じつにやりにくい方法だが、これで 2 つめの節目のところにもう 1 つの上位軌道 3p を組み立てることができるようになる。

§B　新しい原子モデル、それにもとづく電子のエネルギー計算

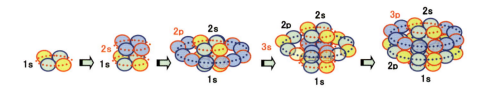

　これ以降は、2つのp軌道の節目にピラミッドトップのd軌道が組み立てられ、それが陽子と中性子で埋まっても、いきなり下位のp軌道の組み立てはできない。ふたたび最下位のs軌道をもう1つ組み立てて4個とし、1つ増えた節目の上に上位のp軌道をもう1つ組み立てて3個とする。こうしてようやく1つ増えたp軌道の2つめの節目の上にd軌道がもう1個組み立てられて、2個のd軌道には節目が1つできる。その節目の上に、もう1段上位のf軌道が組み立てられる。

　・・・という具合に、上位軌道の新設には2個の下位軌道の節目が必要という第1マニュアル、ピラミッド頂上の軌道が完成したら、建造物内部にある最下位のs軌道から順に上位の軌道を1個ずつ増やしていくという第2マニュアルがある。これに従って、原子の複合核軌道は製作されるのである。
　建造物内部に新軌道を設ける空間が空けられる原理は、§2.6.1では絵の類推から上位軌道が下位軌道の節目を締めつけて空間を広げるのだと説明する。・・・直感的に理解しやすいし、あながち誤りではないと思うが、物理学的な説明とは言えないだろう。
　前章§B.4で初めて、ニュートン収縮率 $\iota^{\#}$ と核軌道造成数 n の概念を用いて物理学的な説明ができたと考えられる。

　さて、原子模型の製作は上記マニュアルに従って行った。しかし、最後の原子番号118のウンウンオクチウム Uuo（オガネシウム Og）の場合でも、最大核軌道のg軌道（核子36個が定員）2個には陽子が1個も乗り込まず、1段下位のf軌道もまだ陽子数と中性子数のバランスがとれていないといった具合である。原子の複合核軌道が完全なバランス軌道だけでできたものは、おおむね製作できないことが分かった。

右の表は、周期律表の第2周期までの原子の「家族構成」だけを示したものだが、完全なバランス軌道だけで構成されるのは表の ^{4}He と ^{20}Ne だけである。

以降、原子番号118の ^{296}Uuo まで、そのような原子種はなく、みな、どこかで陽子数と中性子数がアンバランスな核軌道を有することになる。

なお、自然数 n の欄は n* としてあり、表の緑マークで示した原子の総括欄だけが自然数でないのだが、これについては後で説明する。とにかく、上記の複合核軌道の製作マニュアルに従って原子が製作され、20Ne あたりまで至って順調である。

次のページには、すこし複雑な家族構成をもつ原子、カルシウム Ca 原子と、スカンジウム Sc 原子についての計算結果を示す。

これは、§A.4で、$\iota > 1$ 原則によりコアクォークが B から t に交代した原子番号20のカルシウム Ca 原子と、21のスカンジウム Sc 原子の計算結果である。同じ種類の核軌道でも計算結果が著しく変わる様子が見てとれる。コアクォーク交代により超接近重力場の固有スピン速度 V_e 自体が変わるのだから、当然である。

原子種	担当コア種	担当コア質量 M_0 (MeV)	軌道	n*	ε	ν	η
1H	S	938.27205	s	2	1	0	1
2H	b	4190	s	2	1	1	2
3H	b	4190	s	2	1	2	3
3He	b	4190	s	2	2	1	3
4He	b	4190	s	2	2	2	4
6Li	B	40205	s	2	1	1	2
6Li	B	40205	s	3	3	3	6
7Li	B	40205	s	2	2	2	4
7Li	B	40205	s	2	1	2	3
7Li	B	40205	s	3	3	4	7
9Be	B	40205	s	2	2	2	4
9Be	B	40205	s	2	2	2	4
9Be	B	40205	p	1	0	1	1
9Be	B	40205	p	3	4	5	9
10B	B	40205	s	2	2	2	4
10B	B	40205	s	2	2	2	4
10B	B	40205	p	1	1	1	2
10B	B	40205	p	3	5	5	10
11B	B	40205	s	2	2	2	4
11B	B	40205	s	2	2	2	4
11B	B	40205	p	1	1	2	3
11B	B	40205	p	3	5	6	11
12C	B	40205	s	2	2	2	4
12C	B	40205	s	2	2	2	4
12C	B	40205	p	1	2	2	4
12C	B	40205	p	3	6	6	12
13C	B	40205	s	2	2	2	4
13C	B	40205	s	2	2	2	4
13C	B	40205	p	1	2	3	5
13C	B	40205	p	3	6	7	13
14N	B	40205	s	2	2	2	4
14N	B	40205	s	2	2	2	4
14N	B	40205	p	1	3	3	6
14N	B	40205	p	3	7	7	14
15N	B	40205	s	2	2	2	4
15N	B	40205	s	2	2	2	4
15N	B	40205	p	1	3	4	7
15N	B	40205	p	3	7	8	15
16O	B	40205	s	2	2	2	4
16O	B	40205	s	2	2	2	4
16O	B	40205	p	1	4	4	8
16O	B	40205	p	3	8	8	16
17O	B	40205	s	2	2	2	4
17O	B	40205	s	2	2	2	4
17O	B	40205	p	1	4	5	9
17O	B	40205	p	3	8	9	17
18O	B	40205	s	2	2	2	4
18O	B	40205	s	2	2	2	4
18O	B	40205	p	1	4	6	10
18O	B	40205	p	3	8	10	18
19F	B	40205	s	2	2	2	4
19F	B	40205	s	2	2	2	4
19F	B	40205	p	1	5	6	11
19F	B	40205	p	3	9	10	19
20Ne	B	40205	s	2	2	2	4
20Ne	B	40205	s	2	2	2	4
20Ne	B	40205	p	1	6	6	12
20Ne	B	40205	p	3	10	10	20

§B 新しい原子モデル、それにもとづく電子のエネルギー計算

　この表計算においては、560.9588845 MeV／yg は、yg 単位の質量を MeV 単位に変換する係数、6241.50974 MeV／(yg・fm²/ys²) は、計算で直接得られる yg・fm²/ys² 単位のエネルギーを MeV 単位に変換する係数として用いている。

　Ca と Sc は、s,p,d 軌道が、それぞれ 3,2,1 個ずつで複合核軌道を構成しており、ピラミッドトップの d 軌道はまだ満席になっていなくて未完成である。

　自然数 n は前章 §B.4 で述べたとおり、同種の核軌道が何個「詰め込まれて」いるかという数字になっている。しかし緑マークした総括行では異なる。

　総括行においては、n* = α max (n)、α = 1.7 とし、単独核軌道群の n の最大値 max (n) に 1.7 をかけた数値を n* として総括行には示した。ということは、最大数である基底の s 軌道の造成数 n に 1.7 をかけた数値が n* である。当然 n* は整数ではない。

原子種	組当コア種	担当コア質量 M₀ (MeV)	軌道	n*	ε	ν	η	固有回転数 δ (1/ys)	核動運量 M_δ (MeV)	核軌道運量 M_L (MeV)	N 収縮率	重力図比率 γ²	軌道半径 Lo /₁ (fm)	軌道回転数 γ (1/ys)	固有sp速度 V_s (fm/ys)	電子エネルギー E_s (eV)	判定定数 p_s	観測エネルギー E_so (eV)	判定定数 p_so
40Ca	B	40205	s	3	2	2	4	2.338	3756	351	0.093	1.023	1.751	0.00456	0.04684	583	1310.864	6	13.606
40Ca	B	40205	s	3	2	2	4	2.338	3756	351	0.093	1.023	1.751	0.00456	0.04684	583	1310.864	6	13.606
40Ca	B	40205	s	3	2	2	4	2.338	3756	351	0.093	1.023	1.751	0.00456	0.04684	583	1310.864	6	13.606
40Ca	B	40205	p	2	6	6	12	0.779	11267	3157	0.280	1.023	3.519	0.00227	0.04684	1748	194.202	122	13.606
40Ca	B	40205	p	2	6	6	12	0.779	11267	3157	0.280	1.023	3.519	0.00227	0.04684	1748	194.202	122	13.606
40Ca	B	40205	d	1	2	2	4	2.338	3756	351	0.093	1.023	1.751	0.00456	0.04684	583	145.652	54	13.606
40Ca	B	40205	s	5.1	20	20	40	0.234	37557	35083	0.934	1.023	9.705	0.00082	0.04684	5826	378.840	209	13.606
45Sc	B	40205	d	5.1	21	24	45	0.211	42251	44402	1.051	0.984	11.070	0.00063	0.04632	6409	378.005	259	15.273
45Sc	t	172900	s	3	2	2	4	2.338	3756	82	0.022	1.800	1.120	0.07122	0.12249	926	2084.471	2	5.031
45Sc	t	172900	s	3	2	2	4	2.338	3756	82	0.022	1.800	1.120	0.07122	0.12249	926	2084.471	2	5.031
45Sc	t	172900	s	3	2	2	4	2.338	3756	82	0.022	1.800	1.120	0.07122	0.12249	926	2084.471	2	5.031
45Sc	t	172900	p	2	6	6	12	0.779	11267	734	0.065	1.800	2.250	0.03545	0.12249	2779	308.811	45	5.031
45Sc	t	172900	p	2	6	6	12	0.779	11267	734	0.065	1.800	2.250	0.03545	0.12249	2779	308.811	45	5.031
45Sc	t	172900	d	1	3	6	9	1.133	8450	413	0.049	1.800	1.721	0.04637	0.12249	2084	231.608	102	11.320
45Sc	t	172900	d	5.1	21	24	45	0.211	42251	10325	0.244	1.500	6.807	0.01172	0.12249	10422	614.706	98	5.775

　総括行というのは、ε、ν、η がそれぞれの単独核軌道の総和になっている家族構成の原子を想定し、それに対して単独核軌道と同じ計算を施したものである。計算値の総和になっているものはなく、複合核軌道のモデル計算結果を示すのが総括行である。

　その際、造成数 n* をどのように設定するかがいちばんの問題であったが、最終的に　n* = α max (n) α = 1.7　という形に落ちついた。

　α = 1.7 という数値になった理由は、前章 §B.4 で主量子数 n の知識を得たとき、「典型的なエネルギーの大きさは 1 〜 1000 eV である」という記述があったので、計算される観測エネルギー E_so の最大値を 1000 eV 付近

（1011 eV）※にしてくれるのが 1.7 だったというだけのことである。

※章末の計算表で最大値が 1011 eV であることが確認できる。

　次のページ以下の表で、原子の総括行の計算結果を示す。第 1 周期では、水素 ^{1}H と重水素 ^{2}H の間でコアクォーク S から b への交代が行われ、コアクォーク b はヘリウム ^{4}He までとなった。

　これらの表を示した後、全変量について作図解析を行うので、計算結果の理解はそれらの結果から得られる。なお、これらの表の文字は細かくて分かりにくいので、本章末に最低限の変量だけの表をもう一度掲げることにする。

§B 新しい原子モデル、それにもとづく電子のエネルギー計算

原子種	コアクォーク種類	コアクォーク質量 M_q (MeV)	軌道	n^*	ε	ν	η	固有回転数 δ (1/ys)	核軌道質量 mq (MeV)	核軌道質量 $mq\iota^4$ (MeV)	N 収縮率 ι^*	重力圏比率 ι	軌道半径 Lo/ι (fm)	軌道回転数 $\gamma\iota^3$ (1/ys)	固有sp速度 V_e (fm/ys)	電子エネルギー E_e (eV)	判定定数 ρ_e	観測エネルギー E_{e0} (eV)	判定定数 ρ_{e0}	観測速度 V_{e0} (fm/ys)	励起回転数 γ_{e0} (1/ys)
1H	S	938.27205	s	2	1	0	1	7.480	938.91871	939.56583	1.001	1.000	1.170	0.00060	0.00444	56	161.973	19	56.085	0.00281	0.00060
2H	b	4190	s	2	1	1	2	4.675	1878	842	0.448	1.307	1.025	0.00359	0.01037	137	396.175	21	61.437	0.00273	0.00566
3H	b	4190	s	2	1	2	3	3.400	2817	1894	0.672	1.142	1.322	0.00175	0.00979	183	529.167	43	123.892	0.00387	0.00220
3He	b	4190	s	2	2	1	3	2.877	2817	1894	0.672	1.142	1.421	0.00182	0.01084	229	165.298	53	38.451	0.00433	0.00228
4He	b	4190	s	2	2	2	4	2.338	3756	3366	0.896	1.037	1.727	0.00107	0.01037	274	198.087	85	61.437	0.00547	0.00113
6Li	B	40205	s	3	3	3	6	1.558	5634	789	0.140	1.925	1.165	0.04566	0.04684	874	1122.488	11	13.606	0.00193	0.42346
7Li	B	40205	s	3	3	4	7	1.385	6572	1074	0.163	1.829	1.319	0.03374	0.04572	971	1247.583	14	17.642	0.00220	0.26274
9Be	B	40205	p	3	4	5	9	1.069	8450	1776	0.210	1.682	1.703	0.02043	0.04597	1263	912.185	23	16.585	0.00284	0.11970
10B	B	40205	p	3	5	5	10	0.935	9389	2193	0.234	1.624	1.938	0.01647	0.04684	1457	673.493	29	13.606	0.00322	0.08561
11B	B	40205	p	3	5	6	11	0.870	10328	2653	0.257	1.573	2.109	0.01355	0.04613	1554	718.478	35	15.966	0.00349	0.06324
12C	B	40205	p	3	6	6	12	0.779	11267	3157	0.280	1.528	2.356	0.01129	0.04684	1748	561.244	42	13.606	0.00386	0.04775
13C	B	40205	p	3	6	7	13	0.733	12206	3706	0.304	1.488	2.533	0.00957	0.04624	1845	592.474	48	15.560	0.00413	0.03695
14N	B	40205	p	3	7	7	14	0.668	13145	4298	0.327	1.452	2.791	0.00817	0.04684	2039	481.066	58	13.606	0.00450	0.02900
15N	B	40205	p	3	7	8	15	0.634	14084	4934	0.350	1.419	2.976	0.00707	0.04632	2138	504.006	65	15.273	0.00477	0.02322
16O	B	40205	p	3	8	8	16	0.584	15023	5613	0.374	1.388	3.244	0.00615	0.04684	2330	420.933	75	13.606	0.00515	0.01877
17O	B	40205	p	3	8	9	17	0.558	15962	6337	0.397	1.361	3.434	0.00541	0.04638	2428	438.493	83	15.059	0.00542	0.01542
18O	B	40205	p	3	8	10	18	0.534	16901	7104	0.420	1.335	3.628	0.00480	0.04597	2525	456.092	92	16.585	0.00568	0.01281
19F	B	40205	p	3	9	10	19	0.499	17839	7916	0.444	1.311	3.909	0.00426	0.04643	2719	388.036	104	14.394	0.00606	0.01070
20Ne	B	40205	p	3	10	10	20	0.468	18778	8771	0.467	1.289	4.196	0.00380	0.04684	2913	336.748	118	13.606	0.00643	0.00902
21Ne	B	40205	p	5	10	11	21	0.451	19717	9670	0.490	1.268	4.398	0.00343	0.04647	3010	782.981	57	14.763	0.00447	0.01151
22Ne	B	40205	p	5	10	12	22	0.435	20656	10613	0.514	1.249	4.602	0.00310	0.04613	3108	808.288	61	15.966	0.00465	0.00963
23Na	B	40205	p	5	11	12	23	0.411	21595	11599	0.537	1.230	4.901	0.00281	0.04650	3302	709.691	68	14.856	0.00490	0.00809
24Mg	B	40205	p	5	12	12	24	0.390	22534	12630	0.560	1.213	5.204	0.00256	0.04684	3496	631.400	75	13.606	0.00515	0.00684
27Al	B	40205	p	5	13	14	27	0.350	25351	15985	0.631	1.166	5.945	0.00198	0.04655	3884	597.786	94	14.492	0.00576	0.00433
28Si	B	40205	p	5	14	14	28	0.334	26290	17191	0.654	1.152	6.263	0.00182	0.04684	4078	541.200	103	13.606	0.00601	0.00375
31P	B	40205	p	5	15	16	31	0.304	29108	21072	0.724	1.114	7.037	0.00146	0.04659	4467	516.352	124	14.372	0.00661	0.00252
32S	B	40205	p	5	16	16	32	0.292	30045	22453	0.747	1.102	7.368	0.00135	0.04684	4661	473.550	134	13.606	0.00686	0.00222
35Cl	B	40205	p	5	17	18	35	0.269	32862	26860	0.817	1.070	8.173	0.00111	0.04682	5049	454.438	159	14.281	0.00747	0.00156
40Ar	B	40205	d	5	18	22	40	0.240	37557	35083	0.934	1.023	9.484	0.00083	0.04606	5633	452.179	202	16.240	0.00844	0.00093
39K	B	40205	d	5	19	20	39	0.241	36618	33350	0.911	1.032	9.349	0.00087	0.04684	5632	405.778	197	14.209	0.00833	0.00102
40Ca	B	40205	d	5	20	20	40	0.234	37557	35083	0.934	1.023	9.705	0.00082	0.04684	5826	378.840	209	13.606	0.00858	0.00092
45Sc	t	172900	d	5	21	24	45	0.211	42251	10325	0.244	1.600	8.807	0.01172	0.12249	10422	614.706	98	5.775	0.00587	0.12859
48Ti	t	172900	d	5	22	26	48	0.199	45068	11747	0.261	1.565	7.352	0.01014	0.12214	11054	594.061	111	5.953	0.00624	0.09974
51V	t	172900	d	5	23	28	51	0.188	47885	13262	0.277	1.534	7.907	0.00885	0.12183	11687	574.607	124	6.118	0.00662	0.07854
52Cr	t	172900	d	5	24	28	52	0.183	48824	13787	0.282	1.524	8.144	0.00846	0.12227	12002	541.954	130	5.884	0.00677	0.07282
55Mn	t	172900	d	5	25	30	55	0.174	51641	15424	0.299	1.496	8.713	0.00746	0.12198	12634	525.771	145	6.037	0.00714	0.05820
56Fe	t	172900	d	5	26	30	56	0.170	52579	15990	0.304	1.487	8.956	0.00715	0.12239	12949	498.234	151	5.825	0.00730	0.05411
59Co	t	172900	d	7	27	32	59	0.162	55396	17749	0.320	1.461	9.538	0.00636	0.12211	13581	861.446	94	5.969	0.00575	0.08382
58Ni	t	172900	d	7	28	30	58	0.163	54457	17152	0.315	1.470	9.445	0.00659	0.12315	13580	800.944	93	5.456	0.00570	0.09038
63Cu	t	172900	d	7	29	34	63	0.151	59152	20237	0.342	1.430	10.381	0.00548	0.12222	14529	798.810	107	5.910	0.00615	0.06229
64Zn	t	172900	d	7	30	34	64	0.148	60091	20884	0.348	1.422	10.634	0.00528	0.12257	14844	762.644	112	5.732	0.00628	0.05792
69Ga	t	172900	d	7	31	38	69	0.139	64785	24275	0.375	1.387	11.597	0.00446	0.12176	15783	759.895	128	6.158	0.00671	0.04127
74Ge	t	172900	d	7	32	42	74	0.131	69480	27921	0.402	1.355	12.579	0.00381	0.12106	16742	756.022	146	6.570	0.00715	0.03010
75As	t	172900	d	7	33	42	75	0.129	70419	28680	0.407	1.349	12.845	0.00369	0.12138	17057	724.268	150	6.379	0.00727	0.02829
80Se	t	172900	d	7	34	46	80	0.121	75113	32632	0.434	1.320	13.852	0.00319	0.12075	18007	720.283	169	6.767	0.00771	0.02113
81Br	t	172900	d	7	35	46	81	0.119	76052	33453	0.440	1.315	14.124	0.00310	0.12105	18322	691.585	174	6.579	0.00783	0.01995
84Kr	t	172900	d	7	36	48	84	0.115	78869	35977	0.456	1.299	14.775	0.00285	0.12080	18954	676.268	187	6.671	0.00811	0.01692
85Rb	t	172900	d	7	37	48	85	0.114	79808	36838	0.462	1.294	15.052	0.00278	0.12118	19269	650.841	192	6.497	0.00823	0.01601
88Sr	t	172900	d	7	38	50	88	0.110	82625	39484	0.478	1.279	15.713	0.00257	0.12103	19901	637.286	206	6.586	0.00851	0.01388
89Y	t	172900	d	7	39	50	89	0.108	83564	40387	0.483	1.274	15.994	0.00250	0.12130	20216	614.596	211	6.424	0.00862	0.01298
90Zr	t	172900	d	7	40	50	90	0.107	84503	41300	0.489	1.270	16.276	0.00243	0.12156	20531	593.353	217	6.271	0.00874	0.01232
93Nb	t	172900	f	7	41	52	93	0.104	87319	44099	0.505	1.256	16.950	0.00228	0.12141	21164	582.154	231	6.358	0.00902	0.01062
98Mo	t	172900	f	7	42	56	98	0.099	92014	48968	0.532	1.234	18.026	0.00201	0.12090	22113	579.658	255	6.671	0.00946	0.00838
98Tc*	t	172900	f	7	43	55	98	0.098	92014	48968	0.532	1.234	18.118	0.00200	0.12133	22289	556.916	256	6.410	0.00950	0.00837
102Ru	t	172900	f	7	44	58	102	0.095	95770	53047	0.554	1.218	19.011	0.00183	0.12102	23060	550.782	276	6.598	0.00986	0.00688
103Rh	t	172900	f	7	45	58	103	0.094	96709	54092	0.559	1.214	19.306	0.00179	0.12125	23375	533.765	283	6.457	0.00997	0.00667
106Pd	t	172900	f	7	46	60	106	0.091	99525	57289	0.576	1.202	20.008	0.00167	0.12112	24008	524.628	299	6.531	0.01025	0.00585
107Ag	t	172900	f	7	47	60	107	0.090	100464	58375	0.581	1.198	20.307	0.00164	0.12134	24323	509.132	306	6.398	0.01037	0.00560
114Cd	t	172900	f	7	48	66	114	0.085	107037	66263	0.619	1.173	21.848	0.00142	0.12058	25590	513.576	343	6.876	0.01098	0.00421
115In	t	172900	f	7	49	66	115	0.084	107976	67431	0.624	1.170	22.153	0.00139	0.12080	25905	498.869	350	6.738	0.01109	0.00404
120Sn	t	172900	f	7	50	70	120	0.081	112670	73422	0.652	1.153	23.302	0.00126	0.12040	26855	496.707	378	7.000	0.01154	0.00333
121Sb	t	172900	f	9	51	70	121	0.080	113609	74650	0.657	1.150	23.612	0.00124	0.12060	27169	754.708	247	6.864	0.00932	0.00407
130Te	t	172900	f	9	52	78	130	0.076	122058	86168	0.706	1.123	25.643	0.00105	0.11970	28756	768.349	281	7.508	0.00994	0.00292
127I	t	172900	f	9	53	74	127	0.077	119243	82237	0.690	1.132	25.094	0.00111	0.12043	28434	731.357	271	6.981	0.00977	0.00317
132Xe	t	172900	f	9	54	78	132	0.074	123937	88840	0.717	1.117	26.279	0.00101	0.12008	29385	728.068	292	7.223	0.01013	0.00261
133Cs	t	172900	f	9	55	78	133	0.073	124876	90191	0.722	1.115	26.599	0.00100	0.12027	29699	709.346	297	7.091	0.01022	0.00251
138Ba	t	172900	f	9	56	82	138	0.071	129571	97100	0.749	1.101	27.800	0.00092	0.11995	30650	706.137	318	7.324	0.01057	0.00206
139La	t	172900	f	9	57	82	139	0.070	130510	98512	0.755	1.098	28.125	0.00090	0.12012	30964	688.570	323	7.194	0.01067	0.00200
140Ce	t	172900	f	9	58	82	140	0.070	131449	99935	0.760	1.096	28.450	0.00089	0.12030	31279	671.787	329	7.069	0.01076	0.00192
141Pr	t	172900	f	9	59	82	141	0.069	132388	101368	0.766	1.093	28.776	0.00087	0.12048	31593	655.737	335	6.949	0.01085	0.00185
142Nd	t	172900	f	9	60	82	142	0.069	133326	102811	0.771	1.091	29.103	0.00086	0.12065	31908	640.376	341	6.835	0.01095	0.00179
145Pm*	t	172900	f	9	61	84	145	0.067	136143	107201	0.787	1.083	29.880	0.00082	0.12057	32540	631.832	355	6.888	0.01117	0.00161
152Sm	t	172900	f	9	62	90	152	0.064	142716	117801	0.825	1.066	31.572	0.00073	0.12003	33809	635.452	386	7.260	0.01166	0.00126
153Eu	t	172900	f	9	63	90	153	0.064	143655	119356	0.831	1.064	31.907	0.00072	0.12020	34123	621.164	392	7.143	0.01175	0.00122
158Gd	t	172900	f	9	64	94	158	0.062	148349	127284	0.858	1.052	33.164	0.00067	0.11991	35074	618.671	417	7.347	0.01210	0.00104
159Tb	t	172900	f	9	65	94	159	0.062	149288	128901	0.863	1.050	33.502	0.00066	0.12007	35388	605.159	423	7.232	0.01220	0.00100
164Dy	t	172900	f	9	66	98	164	0.060	153983	137135	0.891	1.039	34.774	0.00062	0.11980	36339	602.727	448	7.430	0.01255	0.00085
165Ho	t	172900	f	9	67	98	165	0.059	154922	138813	0.896	1.037	35.117	0.00061	0.11996	36653	589.930	455	7.316	0.01265	0.00083
166Er	t	172900	f	9	68	98	166	0.059	155861	140500	0.901	1.035	35.461	0.00060	0.12011	36968	577.620	461	7.207	0.01274	0.00080
169Tm	t	172900	f	9	69	100	169	0.058	158677	145624	0.918	1.029	36.277	0.00057	0.12005	37600	570.587	478	7.248	0.01296	0.00073
174Yb	t	172900	f	9	70	104	174	0.056	163372	154369	0.945	1.019	37.574	0.00054	0.11980	38551	568.428	504	7.434	0.01332	0.00063
175Lu	t	172900	f	9	71	104	175	0.056	164311	156148	0.950	1.017	37.923	0.00053	0.11994	38865	557.034	511	7.327	0.01341	0.00061
180Hf	t	172900	f	9	72	108	180	0.055	169005	165198	0.977	1.008	39.234	0.00050	0.11970	39816	554.919	539	7.508	0.01377	0.00053
181Ta	t	172900	f	9	73	108	181	0.054	169944	167039	0.983	1.006	39.588	0.00049	0.11984	40130	544.082	546	7.402	0.01386	0.00051
184W	t	172900	f	9	74	110	184	0.053	172761	172622	0.999	1.000	40.427	0.00047	0.11979	40763	537.822	564	7.438	0.01408	0.00047
185Re	t	172900	g	9	75	110	185	0.053	173700	174504	1.005	0.998	40.783	0.00047	0.11993	41077	527.614	571	7.336	0.01417	0.00046
187Re*	t	172900	g	9	75	112	187	0.053	175578	178297	1.015	0.995	41.270	0.00045	0.11975	41395	531.700	582	7.473	0.01431	0.00044
192Os	t	172900	g	9	76	116	192	0.051	180272	187959	1.043	0.988	42.608	0.00043	0.11953	42346	529.683	611	7.644	0.01466	0.00038
193Ir	t	172900	g	9	77	116	193	0.051	181211	189922	1.048	0.984	42.969	0.00042	0.11966	42660	519.854	619	7.541	0.01475	0.00037
195Pt	t	172900	g	9	78	117	195	0.050	183089	193879	1.059	0.981	43.578	0.00041	0.11970	43134	512.233	632	7.508	0.01491	0.00035
197Au	t	172900	g	9	79	118	197	0.050	184967	197876	1.070	0.978	44.189	0.00040	0.11974	43607	504.828	646	7.475	0.01507	0.00033
202Hg	t	172900	g	9	80	122	202	0.049	189662	208048	1.097	0.970	45.550	0.00038	0.11954	44558	503.020	677	7.637	0.01543	0.00029
205Tl	t	172900	g	9	81	124	205	0.048	192478	214274	1.113	0.965	46.419	0.00037	0.11950	45191	497.642	696	7.668	0.01565	0.00027
208Pb	t	172900	g	9	82	126	208	0.047	195295	220591	1.130	0.960	47.291	0.00036	0.11946	45823	492.375	716	7.698	0.01587	0.00025
209Bi*	t	172900	g	9	83	126	209	0.047	196234	222717	1.135	0.959	47.661	0.00035	0.11958	46138	483.878	725	7.601	0.01597	0.00025
210Po*	t	172900	g	9	84	126	210	0.047	197173	224853	1.140	0.957	48.032	0.00035	0.11970	46452	475.644	733	7.508	0.01606	0.00024
210At*	t	172900	g	9	85	125	210	0.047	197173	224853	1.140	0.957	48.151	0.00035	0.11990	46607	466.072	736	7.356	0.01609	0.00024
222Rn*	t	172900	g	10	86	136	222	0.045	208440	251285	1.206	0.940	51.336	0.00031	0.11917	48672	684.674	564	7.934	0.01409	0.00016

コアクォークBは第2、第3周期と、第4周期の最初の2族、^{39}Kと^{40}Caまで働く。以降^{45}Scから（^{185}Reから$\iota>1$原則が守られなくなるが）最後の^{296}Uuoまでtクォークがコアクォークの座を占める。下の、最後の第7周期までである。

原子種	コアクォーク種類	コアクォーク質量 M_0 (MeV)	軌道	ϵ	ν	η	固有回転数 β (1/ys)	核熱遠質量 m_g	核熱連貫量 cm_g^{-3}	N収縮率 t^*	重力衡比率	軌道半径 L_0 /t	軌道回転数 γ^* (1/ys)	固有v_p速度 V_e (fm/ys)	電子エネルギー E_e (eV)	判定定数 ρ_e	電気エネルギー E_{e0} (eV)	判定定数 ρ_{e0}	軌道速度 V_{e0} (fm/ys)	軌道回転数 γ_{e0} (1/ys)
223Fr*	t	172900	g	10	87	136	223	0.044	208379	253554	1.211	0.938	51.714	0.00030	0.11929	48966	673.343	570	7.837	0.01416	0.00016
226Ra*	t	172900	g	10	88	138	226	0.044	212196	260422	1.227	0.934	52.610	0.00029	0.11926	49619	606.625	585	7.864	0.01435	0.00015
227Ac*	t	172900	g	10	89	138	227	0.044	213135	262732	1.233	0.933	52.991	0.00029	0.11937	49933	655.856	592	7.771	0.01443	0.00014
232Th*	t	172900	g	10	90	142	232	0.043	217829	274433	1.260	0.926	54.414	0.00028	0.11919	50684	653.578	616	7.814	0.01472	0.00013
231Pa*	t	172900	g	10	91	140	231	0.043	216890	272073	1.254	0.927	54.275	0.00028	0.11945	50880	639.239	613	7.707	0.01469	0.00013
238U*	t	172900	g	10	92	146	238	0.042	223463	288812	1.292	0.918	56.233	0.00027	0.11914	52149	641.022	648	7.963	0.01510	0.00011
237Np*	t	172900	g	10	93	144	237	0.042	222524	286390	1.287	0.919	56.093	0.00027	0.11938	52145	627.280	645	7.759	0.01506	0.00011
244Pu*	t	172900	g	10	94	150	244	0.041	229096	303557	1.325	0.910	58.067	0.00025	0.11928	53415	628.933	680	8.010	0.01547	0.00009
243Cm*	t	172900	g	10	95	148	243	0.041	228157	301074	1.320	0.912	57.926	0.00025	0.11932	53410	615.712	677	7.809	0.01544	0.00010
247Cm*	t	172900	g	10	96	151	247	0.040	231913	311068	1.341	0.907	59.114	0.00024	0.11923	54202	611.890	699	7.889	0.01568	0.00009
247Bk*	t	172900	g	10	97	150	247	0.040	231913	311068	1.341	0.907	59.239	0.00024	0.11940	54357	601.053	701	7.749	0.01570	0.00009
251Cf*	t	172900	g	10	98	153	251	0.039	235669	321224	1.363	0.902	60.434	0.00023	0.11930	55149	597.426	723	7.827	0.01594	0.00008
252Es*	t	172900	g	10	99	153	252	0.039	236608	323789	1.368	0.901	60.828	0.00023	0.11940	55463	588.753	730	7.744	0.01602	0.00008
253Fm*	t	172900	g	10	100	153	253	0.039	237546	326384	1.374	0.900	61.222	0.00023	0.11950	55777	580.306	737	7.663	0.01610	0.00008
258Md*	t	172900	g	10	101	157	258	0.038	242241	339391	1.401	0.894	62.698	0.00022	0.11934	56726	576.571	764	7.791	0.01639	0.00007
261No*	t	172900	g	10	102	159	261	0.038	245058	347330	1.417	0.890	63.638	0.00021	0.11932	57361	573.606	781	7.814	0.01658	0.00006
265Lr*	t	172900	g	10	103	162	265	0.037	248813	358057	1.439	0.886	64.854	0.00020	0.11923	58153	570.299	804	7.888	0.01682	0.00006
265Rf*	t	172900	g	10	104	161	265	0.037	248813	358057	1.439	0.886	64.962	0.00020	0.11938	58306	560.865	806	7.758	0.01684	0.00006
268Db*	t	172900	g	10	105	163	268	0.037	251630	346210	1.455	0.882	65.830	0.00019	0.11936	58940	556.203	824	7.780	0.01703	0.00006
272Sg*	t	172900	g	10	106	166	272	0.036	255386	377224	1.477	0.878	67.158	0.00019	0.11927	59732	553.060	848	7.852	0.01727	0.00005
274Bh*	t	172900	g	10	107	167	274	0.036	257264	382791	1.488	0.876	67.838	0.00019	0.11930	60205	547.102	861	7.824	0.01740	0.00005
276Hs*	t	172900	g	10	108	168	276	0.036	259142	388400	1.499	0.874	68.520	0.00018	0.11934	60679	541.240	874	7.797	0.01754	0.00005
278Mt*	t	172900	g	10	109	169	278	0.036	261019	394049	1.510	0.872	69.203	0.00018	0.11937	61152	535.500	887	7.770	0.01767	0.00004
280Ds*	t	172900	g	10	110	170	280	0.035	262897	399739	1.521	0.870	69.889	0.00018	0.11940	61625	529.878	901	7.744	0.01780	0.00004
283Rg*	t	172900	g	10	111	172	283	0.035	265714	408351	1.537	0.867	70.855	0.00017	0.11938	62258	525.715	920	7.766	0.01799	0.00004
285Cn*	t	172900	g	10	112	173	285	0.035	267592	414143	1.548	0.865	71.544	0.00017	0.11941	62732	520.296	933	7.740	0.01812	0.00004
287Uut*	t	172900	g	10	113	174	287	0.034	269470	419976	1.559	0.863	72.235	0.00017	0.11944	63205	514.985	947	7.715	0.01825	0.00003
289Fl*	t	172900	g	10	114	175	289	0.034	271348	425850	1.569	0.861	72.928	0.00017	0.11947	63678	509.780	961	7.690	0.01838	0.00003
291Uup*	t	172900	g	10	115	176	291	0.034	273225	431765	1.580	0.859	73.622	0.00016	0.11956	64152	504.677	974	7.665	0.01851	0.00003
292Lv*	t	172900	g	10	116	176	292	0.034	274164	434737	1.586	0.858	74.036	0.00016	0.11959	64466	498.443	983	7.597	0.01859	0.00003
294Uus*	t	172900	g	10	117	177	294	0.034	276042	440713	1.597	0.856	74.733	0.00016	0.11962	64939	493.557	997	7.574	0.01872	0.00003
296Uuo*	t	172900	g	10	118	178	296	0.033	277920	446729	1.607	0.854	75.431	0.00016	0.11965	65413	488.765	1011	7.551	0.01885	0.00003

以下、全体像を得るために電子数 ε（原子番号）に対して諸変量の計算結果をすべてプロットした図を掲げる。

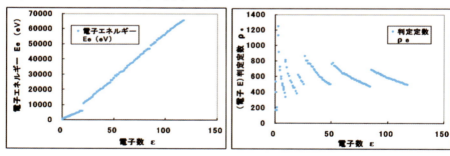

上は、固有スピン速度 V_e で運動する電子エネルギー E_e と判定定数 ρ_e のグラフである。E_e は、コアクォークが t クォークに交代した Ca から Sc の間に、直線の傾きも数値も大きく飛躍するが、概ね電子数 ε に比例して増加する。判定定数 ρ_e は一定ではなく、7つのグループに別れるが、平均的に

§B 新しい原子モデル、それにもとづく電子のエネルギー計算

みると 600 eV ぐらいで一定だといえる。

次の観測エネルギー E_{eO} と判定定数 ρ_{eO} は、§B.4 の理想的条件下での理論計算どおり、E_{eO} は電子数 ε のべき乗に比例し、ρ_{eO} は一定であるというルールは守られている。しかしその範囲が限定され、7つのグループに分かれる。

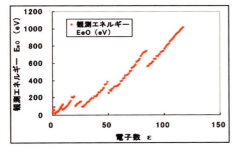
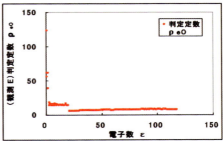

次では、ニュートン収縮率 $\iota^{\#}$ と重力圏半径比率 ι との交点がコアクォークの交代ポイントであったが、Re のところで交代できなかった様子が分かる。

Re 以降は $\iota^{\#} > 1$ だから、「ニュートン膨張率」と呼ぶ方がよさそうだ。$\iota < 1$ の重力圏半径比率 ι は「重力圏はみ出し率」である。

固有回転数 δ だけは、例外的にかなり正確な累乗近似式が得られている。このような変量は他に見あたらない。

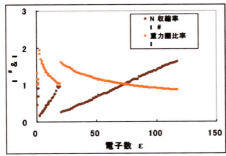
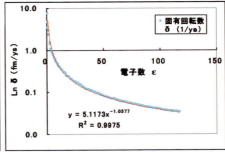

次ページ図の核軌道の幾何質量 $m\eta$ と力学質量 $m\eta\iota^{\#}$ とは、コアクォークが t クォークに交代した Ca/Sc ポイントで互いの大小関係が大きく異なる。核軌道の割に大きすぎる（ニュートン収縮率 $\iota^{\#}$ が小さい）t クォークを抱えた力学質量 $m\eta\iota^{\#}$ であったが、Re ポイントを境に、幾何質量 $m\eta$ を逆転する。

197

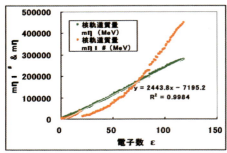
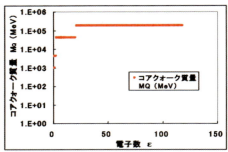

次の図では、固有スピン速度 V_e だけを赤でプロットしてある。軌道回転数 $\gamma_I{}^3$ はエネルギー計算に用いられなかった。電子速度としては V_e が用いられたからである。

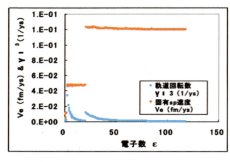
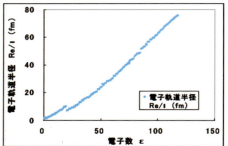

次も、本スタディではあまり出番のなかった観測速度 V_{eO} と励起回転数 γ_{eR} である。

しかし §C の太陽系モデルでは大活躍する。

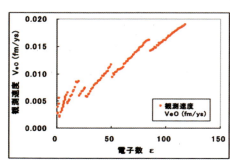
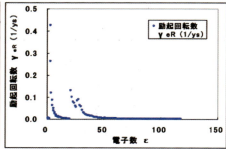

§B 新しい原子モデル、それにもとづく電子のエネルギー計算

さて、下の図をながめてみよう。

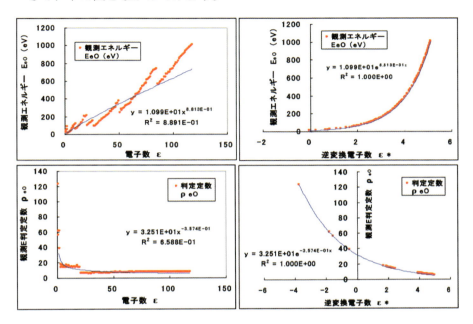

　左側の図は、上で掲げた観測エネルギー E_{eO} と判定定数 ρ_{eO} のグラフである。累乗近似式を求めたところが異なるだけである。
　あまり正確な近似式ではないのだが、これを用いてちょっとした数学あそびをやってみたら、右側のような完璧な指数関数が得られることを発見した。
　2つの近似式は次のとおりであった。

$E_{eO} = 10.99\ \varepsilon^{0.8813}$　(eV)　($R^2 = 0.8891$)・・・【B5.1】

$\rho_{eO} = 32.51\ \varepsilon^{-0.3574}$　(eV)　($R^2 = 0.6588$)・・・【B5.2】

これらの式で電子数 ε を求める式（逆関数）を導く途中で、

$\mathrm{Ln}(\varepsilon) = \mathrm{Ln}(E_{eO}/10.99) / 0.8813 = \varepsilon^{*}$ (eV)　・・・【B5.1.1】

$\mathrm{Ln}(\varepsilon) = \mathrm{Ln}(\rho_{eO}/32.51) / (-0.3574) = \varepsilon^{*}$ (eV)　・・・【B5.2.1】

という式が導かれる。上の右側のグラフは、電子数 ε の対数 $\mathrm{Ln}(\varepsilon)$ を「逆変換電子数 ε^{*}」と称してそれぞれ計算し、それらを横軸にとってプロットしたものである。

199

その結果、右側の図の近似式は次のような完璧な指数関数となったことが分かる。

$$E_{eO} = 10.99\ e^{0.8813\ \varepsilon^{*}}\ (eV)\ (R^2 = 1.000) \cdot\cdot\cdot【B5.1.2】$$

$$\rho_{eO} = 32.51\ e^{-0.3574\ \varepsilon^{*}}\ (eV)\ (R^2 = 1.000) \cdot\cdot\cdot【B5.2.2】$$

　近似式が完璧になったので、この指数関数グラフ上の任意の1点（ε^{*}，E_{eO}）または（ε^{*}，ρ_{eO}）のxとyは完全に1対1の対応関係となったのである。

　逆変換電子数 ε^{*} の数値を任意に定めれば、対応する E_{eO} や ρ_{eO} の値は、【B5.1.2】式または【B5.2.2】式で計算して求められる。これは、SST モデルの計算結果そのままの左側のグラフの近似式【B5.1】【B5.2】では、絶対に望めないことである。

　・・・横軸の変量xを逆関数変換して、逆変換変量 x* とするだけで原子がもつ電子のエネルギーなどの変量yを指数関数で表わすことができる。

　このことが、逆関数変換という数学的操作がもたらす当然の事実なのか、それとも、この原子モデルに特徴的な事柄なのかは、いま行ったことが単なる数学あそびにすぎないのか、そうでないのかを判断するために重要である。

　結論をいえば、残念ながら単なる数学あそびであった。しかしながら、左側と右側の違いは、SST モデルと量子力学の違いに関する1つの洞察を生むことになる。

　以下、原子モデルの全ての変量について、左右のグラフを描いて逆変換電子数 ε^{*} の威力を確かめることにしよう。そのあと考えることにする。

§B 新しい原子モデル、それにもとづく電子のエネルギー計算

コアクォーク質量 M_Q

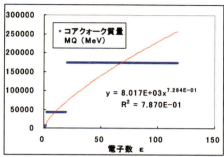
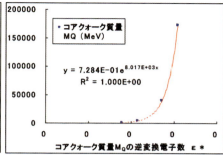

核軌道造成数 n*

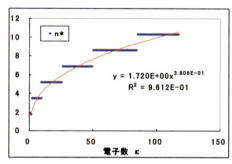
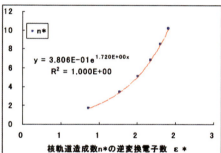

電子数 ε

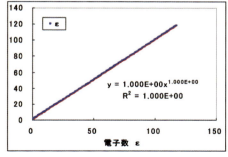
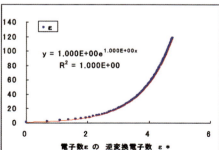

201

核子数 η

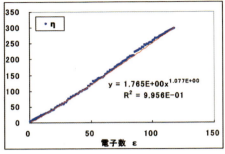 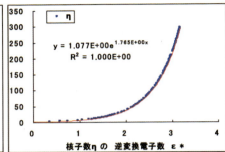

固有回転数 δ

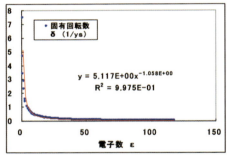 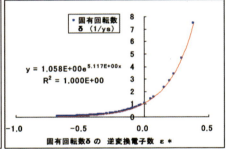

幾何軌道質量 mη

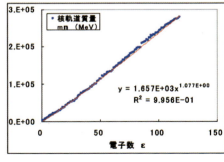 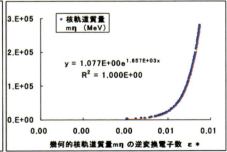

§B 新しい原子モデル、それにもとづく電子のエネルギー計算

力学軌道質量 $m\eta\iota^{\#}$

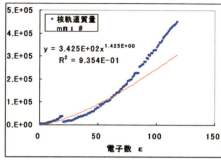
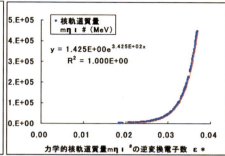

ニュートン収縮率 $\iota^{\#}$

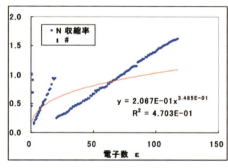
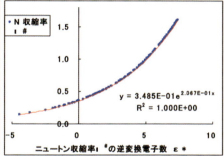

重力圏半径比率 ι

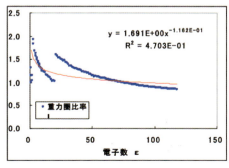
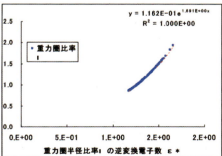

203

軌道半径 Lo／ι

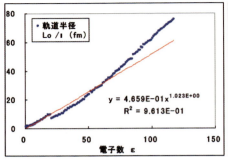
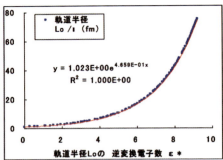

軌道回転数 γι³

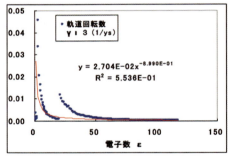
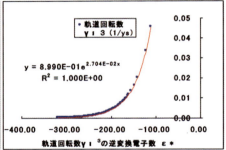

固有スピン速度 V_e

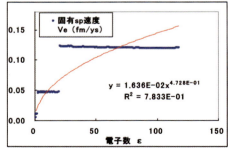
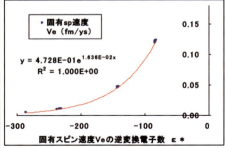

§B 新しい原子モデル、それにもとづく電子のエネルギー計算

電子エネルギー E_e

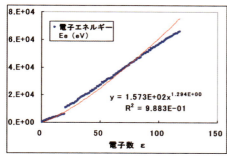
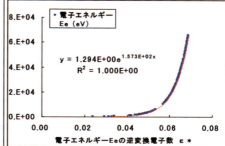

電子エネルギー判定定数 ρ_e

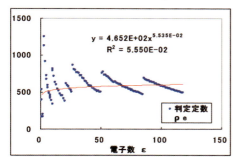
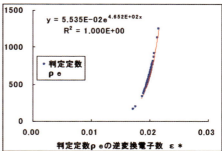

観測速度 V_{eO}

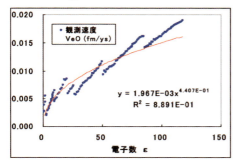
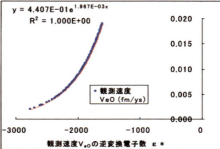

励起回転数 γ_{eR}

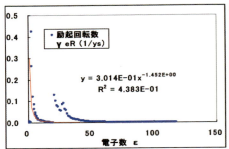
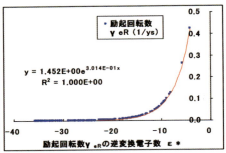

　以上、この原子モデルに出場する18個の変量（うち観測エネルギー E_{eO} とその判定定数 ρ_{eO} は最初に示した）について左右のグラフを描いてみた。・・・しかし、単なる数学あそびとはいえ、左右を見比べると不思議な感覚に襲われないだろうか？

　逆関数変換とはいっても、変換される数式は左側の不正確な近似式なのだ。この近似式が、それぞれの変量の動力学的特性値を正確に表わすのは、電子数 ε そのものを除いて皆無であることは、左側のグラフを見れば十分に確認できるだろう。

　しかも、逆関数変換は途中で止めて $Ln(\varepsilon)$ すなわち ε^* を横軸に用いなければならないのである。

　発見の端緒となった右の図（再掲）で、逆変換電子数 ε^* ではなく、完全に逆関数変換をほどこした $EXP(\varepsilon^*)$ $(=\varepsilon)$ を横軸に置いてグラフを作成すれば次のページの図が得られる。

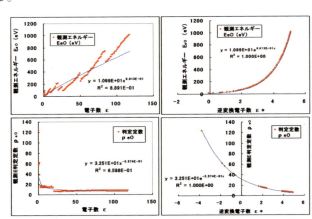

§B 新しい原子モデル、それにもとづく電子のエネルギー計算

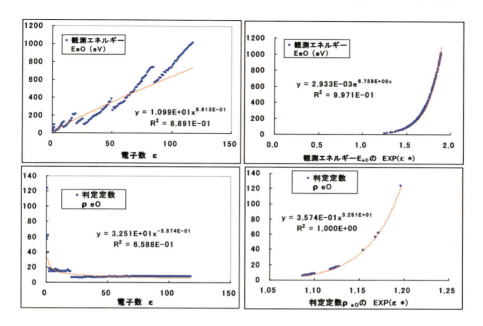

　判定定数 ρ_{eO} については完全な指数関数が得られるが、観測エネルギー E_{eO} については、精度 99 の近似式に格下げとなることが分かる。

　上の観測エネルギー E_{eO} をみれば分かるとおり、完全に逆関数変換をほどこした（電子数 ε に等しいはずの）EXP（ε^*）上のプロットは完全な指数関数ではなくなるのだ。対数記号をかぶせたままの、Ln（ε）= ε^* のほうが正確な指数関数を与えるのである。

　・・・18 個の変量すべてが、累乗近似式で平均的な数値が与えられるという、この原子モデルの特徴により、このような変換が可能となったのである。

　たとえば観測エネルギー E_{eO} の場合、$E_{eO} = 10.99\, \varepsilon^{0.8813}$ 【B5.1】という近似式から、Ln（ε）= Ln(E_{eO}/10.99)/0.8813 = ε^* 【B5.1.1】式で逆変換電子数 ε^* を求め、ε^* を横軸にとってプロットすれば、$E_{eO} = 10.99\, e^{0.8813\,\varepsilon^*}$ 【B5.1.2】という完璧な波動関数※が出現するのだった。

　　※波動関数は exp の乗数を複素数で表記するのだが、虚数部のない特殊な場合も
　　　波動関数には違いない。

波動関数ですべてが表わされるというのは、量子力学における「万能の概念」といってもよいだろう。SST モデルにおける万能の概念（§2.1 参照）は実体的重力場という流体である。流体には波動が付きものだから、波動（指数）関数で動力学的特性が記述できることは、考えてみれば不思議なことではないのである。

　・・・おそらく量子力学というのは、具体的なことは何も分からないうちに、先にこの波動関数を言い当ててしまうのだ。物理的本質をズバリ言い当てたのだが、解釈がむずかしいことになった。だから、ここまで示した不規則で気まぐれな数値に見える観測エネルギー E_{eo}（エネルギー準位 E_n）などについては、確率の雲に覆われて具体的で確定的なことは見えにくくなったのだ。
　逆に、SST モデルによる不規則で気まぐれに見える数値というのは、じつは個々の原子に関する具体的で確定的な数値であると考えることができる。

　さて、原子の中で運動しているのは核子と電子、ならびに中心のコアクォークが主なものである。これらの粒子がもつエネルギーが原子の外に解放される機会は、核分裂や核融合、崩壊性原子（放射性元素）からの放射線という形、あるいは粒子加速器実験のときである。核分裂の連鎖反応が起こるとき、中性子がなぜあのような高速で飛びだすのか、あるいは、放射線はなぜあんなに高いエネルギーを持つのか、等々の訳も直感的に理解できるようになったと思う。
　原子の内部で電子は、光速度には及ばないが固有スピン速度 V_e（4439 ～ 119645 km/s）という高速度で運動している。光子もこの速度だから原子外に解放されたら、ニュートン収縮が解除され、急加速されるのである。これらが開放されるとき、かなりのエネルギー損失はあるが、それでもかなりの速度（観測速度 V_{eo} 2613 ～ 18855 km/s）で飛びだす。光子も例外ではなく、光速度 c = 300000 km/s まで急加速されるのだから、そのとき慣性質量 1000eV ぐらいの中性粒子（単独軽クォーク p_ℓ）が観測されるならば[※]、それが光子であると考えられる。　　　　　　　　　　　　[※] 181 ページの表参照。

208

§B 新しい原子モデル、それにもとづく電子のエネルギー計算

　電子の観測エネルギー E_{eO} というのは、原子の構造自体の破壊は伴わない最外殻電子軌道からの孤立電子の運動エネルギー解放、すなわち原子の化学反応性に関わる電子の運動に関すると考えられる。これに対して、電子エネルギー E_e というのは、原子の構造自体の破壊に伴なう莫大なエネルギー開放に対応すると考えられる。

　上記の光子の急加速は、原子の構造自体の破壊に伴なう莫大なエネルギー開放に伴って起こると考えられるので、観測装置は粒子加速器でなければならない。しかも破壊現象としては、原子や核子レベルの破壊ではなく、電子や正電荷電子レベルの破壊が起こらなければ、光子の直接的な自由空間への放出という現象は観測できないであろう。

　本文124ページ（§2.6.3）では、ベータ崩壊のSSTモデルとして正電荷電子が崩壊して2個の光子がγ線となって放出される絵を描いたが、これは光子が直接的に自由空間に放出されるときのメカニズムの1つでもありうる。

　しかし、この絵には大きな問題点が2つ含まれていた。第1は、光子1個の運動が、はたしてγ線のような高エネルギーを発しうるかどうか[※]ということである。

　　※ SST標準モデルから質量1000eVぐらいの中性粒子（単独軽クォーク p_ℓ）が光子であるとして、これが光速度cで運動するときの運動エネルギーの計算を行った。・（1/560.9588845）（yg/MeV）は、MeV単位の質量をyg単位に変換する係数、6241.50974MeV／（yg·fm^2/ys^2）は、yg·fm^2/ys^{2}単位のエネルギーをMeV単位に変換する係数として用いる。光速度は：c＝2.99792×10^{-1}（fm/ys）とすると、（1/2）×0.001（MeV）×（1/560.9588845）（yg/MeV）×2.99792^2×10^{-2}（fm^2/ys^2）＝8.01×10^{-8}（yg·fm^2/ys^2）×6241.50974MeV／（yg·fm^2/ys^2）＝4.99945×10^{-4}MeV＝0.5keV が得られ、単独軽クォーク p_ℓ が光速度cで運動するときの運動エネルギーを計算すると0.5keVとなった。WIKIPEDIAによるとγ線のエネルギーは数百〜数千keVが多いようだが、^{88}Krでは最低27.513keVからのγ線が観測されるという。0.5keVというのはこの最低値にも遠く及ばないが、こんな低エネルギーのγ線がありうるのだろうか？・・・大事なことを忘れていた。特殊相対性理論により、質量をもつ粒子が光速度まで加速されるとき、質量は無限大まで発散するのだった。そこで、簡単のため単独軽クォーク p_ℓ の速度が光速の80％に達したとき質量が100倍になるとすれば、上の計算結果は0.5×100×0.64＝32（keV）と補正されるので、十分にγ線領域のエネルギーとなりうる。粒子質量と初速度から相対論的補正を

209

行えば、単独軽クォーク p_ℓ（光子）が光速度まで加速されるとき、ある所定の運動エネルギーをもつ γ 線放射が観測されうることになる。

本文124ページの絵の第2の問題は、パラポジトロニウムの崩壊が定説のような対消滅ではなく、電子1個と光子2個への分解反応だとしていることである。現代実験物理学が、電子1個を見落とすようなことは考えにくいのだが・・・。

さて先述のとおり、モデル構築上埋めきれない飛躍が何ヶ所かあったが、とにかく新しい原子モデルはひと通りは完成したものと考えられる。

最後に、予告したとおり、この原子モデルによる電子エネルギーの計算結果を、次のページ以下に再掲する。

210

§B　新しい原子モデル、それにもとづく電子のエネルギー計算

電子のエネルギー計算結果（第1～4周期）

原子種	コアクォーク種類	コアクォーク質量 M_Q (MeV)	核軌道質量 m_η (MeV)	軌道	n*	ε	ν	η	固有回転数 δ (1/ys)	重力圏比率 ι	軌道外縁半径 Lο /ι (fm)	固有sp速度 V_s (fm/ys)	電子エネルギー E_s (eV)	観測エネルギー E_sO (eV)
1H	S	938.27205	938.91871	s	2	1	0	1	7.480	1.000	1.170	0.00444	56	19
2H	b	4190	1878	s	2	1	1	2	4.675	1.307	1.025	0.01037	137	21
3H	b	4190	2817	s	2	1	2	3	3.400	1.142	1.322	0.00979	183	43
3He	b	4190	2817	s	2	2	1	3	2.877	1.142	1.421	0.01094	229	53
4He	b	4190	3756	s	2	2	2	4	2.338	1.037	1.727	0.01037	274	85
6Li	B	40205	5634	s	3	3	3	6	1.558	1.925	1.165	0.04684	874	11
7Li	B	40205	6572	s	3	3	4	7	1.385	1.829	1.319	0.04572	971	14
9Be	B	40205	8450	p	3	4	5	9	1.069	1.682	1.703	0.04597	1263	23
10B	B	40205	9389	p	3	5	5	10	0.935	1.624	1.938	0.04684	1457	29
11B	B	40205	10328	p	3	5	6	11	0.870	1.573	2.109	0.04684	1554	35
12C	B	40205	11267	p	3	6	6	12	0.779	1.528	2.356	0.04684	1748	42
13C	B	40205	12206	p	3	6	7	13	0.733	1.488	2.533	0.04624	1845	48
14N	B	40205	13145	p	3	7	7	14	0.668	1.452	2.791	0.04684	2039	58
15N	B	40205	14084	p	3	7	8	15	0.634	1.419	2.976	0.04632	2136	65
16O	B	40205	15023	p	3	8	8	16	0.584	1.388	3.244	0.04684	2330	75
17O	B	40205	15962	p	3	8	9	17	0.558	1.361	3.434	0.04638	2428	83
18O	B	40205	16901	p	3	8	10	18	0.534	1.335	3.628	0.04597	2525	92
19F	B	40205	17839	p	3	9	10	19	0.499	1.311	3.909	0.04643	2719	104
20Ne	B	40205	18778	p	3	10	10	20	0.468	1.289	4.196	0.04684	2913	118
21Ne	B	40205	19717	p	5	10	11	21	0.451	1.268	4.398	0.04647	3010	57
22Ne	B	40205	20656	p	5	10	12	22	0.435	1.249	4.602	0.04613	3108	61
23Na	B	40205	21595	p	5	11	12	23	0.411	1.230	4.901	0.04650	3302	68
24Mg	B	40205	22534	p	5	12	12	24	0.390	1.213	5.204	0.04684	3496	75
27Al	B	40205	25351	p	5	13	14	27	0.350	1.166	5.945	0.04655	3884	94
28Si	B	40205	26290	p	5	14	14	28	0.334	1.152	6.263	0.04684	4078	103
31P	B	40205	29106	p	5	15	16	31	0.304	1.114	7.037	0.04659	4467	124
32S	B	40205	30045	p	5	16	16	32	0.292	1.102	7.368	0.04684	4661	134
35Cl	B	40205	32862	p	5	17	18	35	0.269	1.070	8.173	0.04662	5049	159
40Ar	B	40205	37557	d	5	18	22	40	0.240	1.023	9.484	0.04606	5633	202
39K	B	40205	36618	d	5	19	20	39	0.241	1.032	9.349	0.04664	5632	197
40Ca	B	40205	37557	d	5	20	20	40	0.234	1.023	9.705	0.04684	5826	209
45Sc	t	172900	42251	d	5	21	24	45	0.211	1.600	6.807	0.12249	10422	98
48Ti	t	172900	45068	d	5	22	26	48	0.199	1.565	7.352	0.12214	11054	111
51V	t	172900	47885	d	5	23	28	51	0.188	1.534	7.907	0.12183	11687	124
52Cr	t	172900	48824	d	5	24	28	52	0.183	1.524	8.144	0.12227	12002	130
55Mn	t	172900	51641	d	5	25	30	55	0.174	1.496	8.713	0.12198	12634	145
56Fe	t	172900	52579	d	5	26	30	56	0.170	1.487	8.956	0.12239	12949	151
59Co	t	172900	55396	d	7	27	32	59	0.162	1.461	9.538	0.12211	13581	94
58Ni	t	172900	54457	d	7	28	30	58	0.163	1.470	9.445	0.12315	13580	93
63Cu	t	172900	59152	d	7	29	34	63	0.151	1.430	10.381	0.12222	14529	107
64Zn	t	172900	60091	d	7	30	34	64	0.148	1.422	10.634	0.12257	14844	112
69Ga	t	172900	64785	d	7	31	38	69	0.139	1.387	11.597	0.12176	15793	128
74Ge	t	172900	69480	d	7	32	42	74	0.131	1.355	12.579	0.12106	16742	146
75As	t	172900	70419	d	7	33	42	75	0.129	1.349	12.845	0.12138	17057	150
80Se	t	172900	75113	d	7	34	46	80	0.121	1.320	13.852	0.12075	18007	169
81Br	t	172900	76052	d	7	35	46	81	0.119	1.315	14.124	0.12105	18322	174
84Kr	t	172900	78869	d	7	36	48	84	0.115	1.299	14.775	0.12090	18954	187

電子のエネルギー計算結果（第５〜６周期）

原子種	コアクォーク種類	コアクォーク質量 M0 (MeV)	核軌道質量 mη (MeV)	軌道	n*	ε	ν	η	固有回転数 δ (1/ys)	重力圏比率 I	軌道外縁半径 Lo/ι (fm)	固有sp速度 Vs (fm/ys)	電子エネルギー Ee (eV)	観測エネルギー EeO (eV)
85Rb	t	172900	79808	d	7	37	48	85	0.114	1.294	15.052	0.12118	19269	192
88Sr	t	172900	82625	d	7	38	50	88	0.110	1.279	15.713	0.12103	19901	206
89Y	t	172900	83564	d	7	39	50	89	0.108	1.274	15.994	0.12130	20216	211
90Zr	t	172900	84503	d	7	40	50	90	0.107	1.270	16.276	0.12156	20531	217
93Nb	t	172900	87319	f	7	41	52	93	0.104	1.256	16.950	0.12141	21164	231
98Mo	t	172900	92014	f	7	42	56	98	0.099	1.234	18.026	0.12090	22113	255
98Tc*	t	172900	92014	f	7	43	55	98	0.098	1.234	18.118	0.12133	22269	256
102Ru	t	172900	95770	f	7	44	58	102	0.095	1.218	19.011	0.12102	23060	276
103Rh	t	172900	96709	f	7	45	58	103	0.094	1.214	19.306	0.12125	23375	283
106Pd	t	172900	99525	f	7	46	60	106	0.091	1.202	20.008	0.12112	24008	299
107Ag	t	172900	100464	f	7	47	60	107	0.090	1.198	20.307	0.12134	24323	306
114Cd	t	172900	107037	f	7	48	66	114	0.085	1.173	21.848	0.12058	25590	343
115In	t	172900	107976	f	7	49	66	115	0.084	1.170	22.153	0.12080	25905	350
120Sn	t	172900	112670	f	7	50	70	120	0.081	1.153	23.302	0.12040	26855	378
121Sb	t	172900	113609	f	9	51	70	121	0.080	1.150	23.612	0.12060	27169	247
130Te	t	172900	122059	f	9	52	78	130	0.076	1.123	25.643	0.11970	28756	281
127I	t	172900	119243	f	9	53	74	127	0.077	1.132	25.094	0.12043	28434	271
132Xe	t	172900	123937	f	9	54	78	132	0.074	1.117	26.279	0.12008	29385	292
133Cs	t	172900	124876	f	9	55	78	133	0.073	1.115	26.599	0.12027	29699	297
138Ba	t	172900	129571	f	9	56	82	138	0.071	1.101	27.800	0.11995	30650	318
139La	t	172900	130510	f	9	57	82	139	0.070	1.098	28.125	0.12012	30964	323
140Ce	t	172900	131449	f	9	58	82	140	0.070	1.096	28.450	0.12030	31279	329
141Pr	t	172900	132388	f	9	59	82	141	0.069	1.093	28.776	0.12048	31593	335
142Nd	t	172900	133326	f	9	60	82	142	0.069	1.091	29.103	0.12065	31908	341
145Pm*	t	172900	136143	f	9	61	84	145	0.067	1.083	29.880	0.12057	32540	355
152Sm	t	172900	142716	f	9	62	90	152	0.064	1.066	31.572	0.12003	33809	386
153Eu	t	172900	143655	f	9	63	90	153	0.064	1.064	31.907	0.12020	34123	392
158Gd	t	172900	148349	f	9	64	94	158	0.062	1.052	33.164	0.11991	35074	417
159Tb	t	172900	149288	f	9	65	94	159	0.062	1.050	33.502	0.12007	35388	423
164Dy	t	172900	153983	f	9	66	98	164	0.060	1.039	34.774	0.11980	36339	448
165Ho	t	172900	154922	f	9	67	98	165	0.059	1.037	35.117	0.11996	36653	455
166Er	t	172900	155861	f	9	68	98	166	0.059	1.035	35.461	0.12011	36968	461
169Tm	t	172900	158677	f	9	69	100	169	0.058	1.029	36.277	0.12005	37600	478
174Yb	t	172900	163372	f	9	70	104	174	0.056	1.019	37.574	0.11980	38551	504
175Lu	t	172900	164311	f	9	71	104	175	0.056	1.017	37.923	0.11994	38865	511
180Hf	t	172900	169005	f	9	72	108	180	0.055	1.008	39.234	0.11970	39816	539
181Ta	t	172900	169944	f	9	73	108	181	0.054	1.006	39.588	0.11984	40130	546
184W	t	172900	172761	f	9	74	110	184	0.053	1.000	40.427	0.11979	40763	564
185Re	t	172900	173700	g	9	75	110	185	0.053	0.998	40.783	0.11993	41077	571
187Re*	t	172900	175578	g	9	75	112	187	0.053	0.995	41.270	0.11975	41395	582
192Os	t	172900	180272	g	9	76	116	192	0.051	0.986	42.608	0.11953	42346	611
193Ir	t	172900	181211	g	9	77	116	193	0.051	0.984	42.969	0.11966	42660	619
195Pt	t	172900	183089	g	9	78	117	195	0.050	0.981	43.578	0.11970	43134	632
197Au	t	172900	184967	g	9	79	118	197	0.050	0.978	44.189	0.11974	43607	646
202Hg	t	172900	189662	g	9	80	122	202	0.049	0.970	45.550	0.11954	44558	677
205Tl	t	172900	192478	g	9	81	124	205	0.048	0.965	46.419	0.11950	45191	696
208Pb	t	172900	195295	g	9	82	126	208	0.047	0.960	47.291	0.11946	45823	716
209Bi*	t	172900	196234	g	9	83	126	209	0.047	0.959	47.661	0.11958	46138	725
210Po*	t	172900	197173	g	9	84	126	210	0.047	0.957	48.032	0.11970	46452	733
210At*	t	172900	197173	g	9	85	125	210	0.047	0.957	48.151	0.11990	46607	736
222Rn*	t	172900	208440	g	10	86	136	222	0.045	0.940	51.336	0.11917	48672	564

§B　新しい原子モデル、それにもとづく電子のエネルギー計算

電子のエネルギー計算結果（第7周期）

原子種	コアクォーク種類	コアクォーク質量 Mc (MeV)	核軌道質量 mη (MeV)	軌道	n*	ε	ν	η	固有回転数 δ (1/ys)	重力圏比率 r	軌道外縁半径 Lo /ι (fm)	固有sp速度 Vₑ (fm/ys)	電子エネルギー Eₛ (eV)	観測エネルギー EₛO (eV)
223Fr*	t	172900	209379	g	10	87	136	223	0.044	0.938	51.714	0.11929	48986	570
226Ra*	t	172900	212196	g	10	88	138	226	0.044	0.934	52.610	0.11926	49619	585
227Ac*	t	172900	213135	g	10	89	138	227	0.044	0.933	52.991	0.11937	49933	592
232Th*	t	172900	217829	g	10	90	142	232	0.043	0.926	54.414	0.11919	50884	616
231Pa*	t	172900	216890	g	10	91	140	231	0.043	0.927	54.275	0.11945	50880	613
238U*	t	172900	223463	g	10	92	146	238	0.042	0.918	56.233	0.11914	52149	648
237Np*	t	172900	222524	g	10	93	144	237	0.042	0.919	56.093	0.11938	52145	645
244Pu*	t	172900	229096	g	10	94	150	244	0.041	0.910	58.067	0.11908	53415	680
243Am*	t	172900	228157	g	10	95	148	243	0.041	0.912	57.926	0.11932	53410	677
247Cm*	t	172900	231913	g	10	96	151	247	0.040	0.907	59.114	0.11923	54202	699
247Bk*	t	172900	231913	g	10	97	150	247	0.040	0.907	59.239	0.11940	54357	701
251Cf*	t	172900	235669	g	10	98	153	251	0.039	0.902	60.434	0.11930	55149	723
252Es*	t	172900	236608	g	10	99	153	252	0.039	0.901	60.828	0.11940	55463	730
253Fm*	t	172900	237546	g	10	100	153	253	0.039	0.900	61.222	0.11950	55777	737
258Md*	t	172900	242241	g	10	101	157	258	0.038	0.894	62.698	0.11934	56728	764
261No*	t	172900	245058	g	10	102	159	261	0.038	0.890	63.638	0.11932	57361	781
265Lr*	t	172900	248813	g	10	103	162	265	0.037	0.886	64.854	0.11923	58153	804
265Rf*	t	172900	248813	g	10	104	161	265	0.037	0.886	64.982	0.11938	58308	806
268Db*	t	172900	251630	g	10	105	163	268	0.037	0.882	65.930	0.11936	58940	824
272Sg*	t	172900	255386	g	10	106	166	272	0.036	0.878	67.158	0.11927	59732	848
274Bh*	t	172900	257264	g	10	107	167	274	0.036	0.876	67.838	0.11930	60205	861
276Hs*	t	172900	259142	g	10	108	168	276	0.036	0.874	68.520	0.11934	60679	874
278Mt*	t	172900	261019	g	10	109	169	278	0.036	0.872	69.203	0.11937	61152	887
280Ds*	t	172900	262897	g	10	110	170	280	0.035	0.870	69.889	0.11940	61626	901
283Rg*	t	172900	265714	g	10	111	172	283	0.035	0.867	70.855	0.11938	62258	920
285Cn*	t	172900	267592	g	10	112	173	285	0.035	0.865	71.544	0.11941	62732	933
287Uut*	t	172900	269470	g	10	113	174	287	0.034	0.863	72.235	0.11944	63205	947
289Fl*	t	172900	271348	g	10	114	175	289	0.034	0.861	72.928	0.11947	63678	961
291Uup*	t	172900	273225	g	10	115	176	291	0.034	0.859	73.622	0.11950	64152	974
292Lv*	t	172900	274164	g	10	116	176	292	0.034	0.858	74.036	0.11959	64466	983
294Uus*	t	172900	276042	g	10	117	177	294	0.034	0.856	74.733	0.11962	64939	997
296Uuo*	t	172900	277920	g	10	118	178	296	0.033	0.854	75.431	0.11965	65413	1011

※原子番号113の ^{287}Uut（ウンウントリウム）は、2015年末に正式名称の命名権が理化学研究所のグループに与えられた。2016年末には「ニホニウム Nh」と命名されたことが発表されている。

　なお、同時にロシアのオガネシアン教授のグループにより、原子番号115の ^{291}Uub は Mc（モスコビウム）、原子番号117の ^{294}Uus は Ts（テネシン）、原子番号118の ^{291}Uuo は Og（オガネソン）と命名された。

　これにより、第7周期までの元素はすべて発見され、現在は第8周期の探索が進められているそうである。

※第7周期の原子の固有スピン速度 Ve は 0.1 fm/ys で、光速度 0.3 fm/ys の 1/3 強もある。しかし本モデルでは、電子の質量にはニュートン収縮による補正を行っただけで、特殊相対性理論による補正は行っていない。今後この点は吟味を要するだろう。

§C　太陽系の SST モデル

　量子論の初期には、ボーアにより原子の太陽系モデルが提唱されたことがあった。しかし本論では、太陽系の構成原理は原子と同じであることを検証する。いわば「太陽系の原子モデル」を提案しようとするのである。

　本章では、太陽は巨大な「原子核」であり、惑星軌道は巨大な「電子殻」のようなものであったと知ることになるだろう。

§C.1　惑星の公転半径と公転速度に関する「発見」と SST モデルによる解釈

　太陽系の原子モデルを構築する前に、本章 §C.1 では、もっぱら現在の太陽系に関する天文学データを調べてみよう。水星、金星、地球、火星、木星、土星、天王星、海王星という 8 個の主惑星系に関するデータから、惑星軌道がなぜ現在のようになっているのかについて論じる。

　この課題は古典的でありすでに論じ尽くされているはずなのだが、ある「発見らしきもの」があったので、論じてみる価値があると考えるに至った。

　発見らしきものとは、8 個の主惑星すべての公転半径（軌道長半径）を、惑星の内側からの順番を示す番号の 3 次式で正確に計算できるのを見出したことである。簡単なグラフを作成すればあっけなく導きだせる 3 次式なので、実際のところ発見だとは思っていないが、天文学でこんな関係式があるという話は知らないので、発見らしきものと呼んだ。

　惑星番号と公転半径との関係という規則は、古典的には「ティティウス・ボーデの法則」というのが知られているが、現在では不正確さのため葬られている。しかし、同時にこんな関係は、どんなものもあり得ないとされてしまったのであろうか？

　この 3 次式は、先人に敬意を表するためティティウスとボーデの名前から

§C 太陽系の SST モデル

「TB 則」と称するが、TB 則は 3 次式で示されることから、物理法則を直接的に示すものではない。

　下の表をながめてみよう。データは WIKIPEDIA から引いたものであるが、少し説明がいる。公転半径 L とは天文学用語では軌道長半径のことである。惑星軌道は楕円形なので、長いほうの半径を公転半径とした。公転速度 V とは、公転半径 L の円軌道の長さ（2πL）を公転周期 Λ で割った値である。自転半径は惑星の赤道半径を $\sqrt[3]{2}$ で割った数値だが、自転とは体積を 2 分する内球の表面上を質点が運動する現象ととらえるからである。自転速度 v_m というのはその運動速度であって、惑星表面の運動速度ではない。

　なお、太陽の赤道半径を公転半径としたのは、太陽の自転は、同心円の関係にある惑星の公転と同列に並べて論ずべきだという観点からである。

階数 j	天体	公転半径 L (km)	公転周期 Λ (s)	公転速度 V (km/s)	自転半径 r/$\sqrt[3]{2}$ (km)	自転周期 λ (s)	自転速度 v (km/s)	重力場密度係数 Ln (v_m^2/V^2)
	太陽	696000	2356560	1.85571	552416	2356560	1.47288	-0.46210
1	水星	57909335	7605219	47.84281	1936.39	5067360	0.00240	-19.79959
2	金星	108208627	19407510	35.03257	4803.32	20996816	0.00144	-20.20244
3	地球	149597870	31556926	29.78589	5062.33	86164	0.36915	-8.78117
4	火星	227936291	59358578	24.12736	2696.36	88642	0.19113	-9.67635
5	木星	7.784E+08	3.743E+08	13.06802	56743.24	35726	9.97941	-0.53929
6	土星	1.427E+09	9.297E+08	9.64257	47834.74	36841	8.15816	-0.33434
7	天王星	2.871E+09	2.651E+09	6.80434	20286.19	62044	2.05438	-2.39517
8	海王星	4.498E+09	5.200E+09	5.43498	19672.66	57992	2.13146	-1.87210

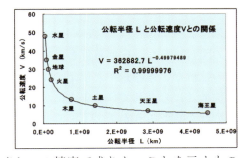

　右には、惑星の公転半径 L を横軸に公転速度 V のグラフを描いた。このグラフで R^2 の小数点以下の桁数を沢山並べたのは、これほどの高い精度で近似式が成りたつのを示すためである。

　このグラフはニュートン力学による重力と遠心力の均衡関係がこれぐらいの精度で成りたつことを示すものである。

しかし、重力と遠心力の均衡関係が理論どおりなら、累乗近似式の乗数はぴったり−0.5でなければならない。後に§C.3では、ぴったりでないのは単なる観測誤差が原因ではなく、惑星に「重力場密度差による浮力」が働いているからであることについて論じる。

　さて、有名なティティウス・ボーデの法則は、当時発見されていた太陽系の6つの惑星（水星、金星、地球、火星、木星、土星）の軌道長半径aは、

$$a / \mathrm{AU} = 0.4 + 0.3 \times 2^n$$

AU：天文単位（地球-太陽間の平均距離）　1 AU = 149,597,870 km
で表わされ、nは（水星）$-\infty$、（金星）0、（地球）1、（火星）2、（木星）4、および（土星）5としたものである。

　前のページの表の計算結果から、ティティウス・ボーデの法則に相当する関係を描くことができる。下のグラフは、惑星系の内側から順の番号（階数j）に対し公転半径Lをプロットしたものである。天文学的距離は天文単位AUや光年を用いて表わすのがふつうだが、かまわずkm単位を用いて、

$$L = 16861561 \, j^3 - 78157142 \, j^2 + 109749793 \, j + 32313995 \text{ (km)} \cdots 【\mathrm{C}1.1】$$

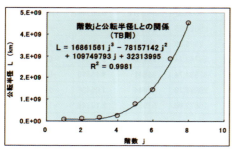

とした。この3次式の関係は「TB則」と呼ぶことにしたが、TB則では、少なくとも8個の主惑星については、惑星階数jだけから公転半径Lを直接的かつかなり正確に計算できることが分かる。

　以下、一休みして息抜きしよう。右の図（再掲）で、内惑星群と外惑星群の位置が、崖の途中と崖下の平坦な位置とに分かれているように見えるのはなぜだろうか？・・・笑えるかも知れない類推だが、図体のわりに体重のある平均密度dの大きい連中（内惑星群）は、崖にしっかり足場を確保できて墜落を免れたのだが、

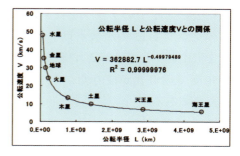

§C 太陽系のSSTモデル

体重のわりに図体の大きな平均密度dの小さい連中（外惑星群）は崖から転落して海に浮かんでいる。木星や土星のガス惑星は海面スレスレを飛行しているわけだ。

　グラフの火星と木星の間には無数の小惑星群が存在する。ここにあった惑星は中途半端な固さだったので、一まとまりの惑星ではありえず木端微塵になった？

　この不思議な配置については、§C.3のモデル計算で再現を試みる。困難な挑戦だったが、モデル計算だけで図の配置をきわめて正確に再現できたのは大きな成果だと評価できるはずである。しかし、モデルから前ページのTB則のような3次式を排除できないため、モデルの物理的意味の記述は不十分に終わることになる。

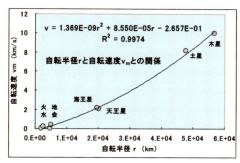

　左に、惑星の自転半径rと自転速度v_mのグラフを掲げる。自転半径というのは惑星の赤道半径の$\sqrt[3]{2}$分の1であるが、かなり正確な近似式だ。・・・上のような公転半径－公転速度の図とカン違いしてしまうと、木星・土星のほうが、天王星・海王星より外側を周っていると一瞬奇異な感じを覚えるだろう。・・・ガス型の木星・土星、水型の天王星・海王星の間でも位置が逆転している！よく眺めてみると、惑星は、公転速度で走る軌道の上を転がされて自転しているようではないか！

　相対的に公転速度の大きいガス型の木星・土星は、小さい水型の天王星・海王星よりも速く転がされ、自転速度は大となる。この関係はガス型の両惑星間、水型の両惑星間でも成りたっているようだ。

　さて息抜きはこれぐらいにして、以下では太陽系のSSTモデル的解釈を行ってみよう。

217

1. 重力場密度 ρ の概念について

他の関係について解析するため、別の計算結果を下に掲げる。

階数 j	天体	公転半径 L (km)	公転周期 A (s)	公転速度 V (km/s)	平方公転速度 V^2 (km²/s²)	天体質量 m (kg)	公転エネルギー E_k(kg・km²/s²)	比公転エネルギー E_k/m (km²/s²)	重力場密度 ρ (km²/s²)	質量密度 d (kg/km³)
	太陽	696000	2356560	1.85571	3.44367	1.989E+30	3.42E+30	1.72183	3.44367	2.817E+12
1	水星	57909335	7605219	47.84281	2288.93484	3.302E+23	3.78E+26	1144.46742	2288.93484	1.086E+13
2	金星	108208627	19407510	35.03257	1227.28067	4.869E+24	2.99E+27	613.64034	1227.28067	1.049E+13
3	地球	149597870	31556926	29.78589	887.19926	5.974E+24	2.65E+27	443.59963	887.19926	1.099E+13
4	火星	227936291	59358578	24.12736	582.12964	6.419E+23	1.87E+26	291.06482	582.12964	7.817E+12
5	木星	7.784E+08	3.743E+08	13.06802	170.77313	1.899E+27	1.62E+29	85.38657	170.77313	2.481E+12
6	土星	1.427E+09	9.297E+08	9.64257	92.97916	5.688E+26	2.64E+28	46.48958	92.97916	1.241E+12
7	天王星	2.871E+09	2.651E+09	6.80434	46.29900	8.683E+25	2.01E+27	23.14950	46.29900	2.483E+12
8	海王星	4.498E+09	5.200E+09	5.43498	29.53903	1.024E+26	1.51E+27	14.76952	29.53903	3.211E+12

下は、平方公転速度 V^2 のグラフである。V^2 から公転運動エネルギー $mV^2/2$ を計算して右下のグラフが得られるが、質量 m を含む量になっただけで、内惑星群と外惑星が分離した不連続なグラフとなる。

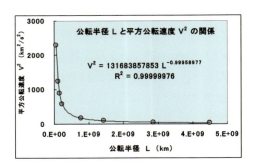

質量 m を含まない平方公転速度 V^2 は、SST モデルの概念である「重力場密度 ρ」に対応することが明らかとなる。

左の図の近似式のとおり、V^2 が公転半径 L と双曲線関係にあるというのは、SST モデル的に V^2 は太陽系の重力場密度 ρ の分布曲線を描いていると解釈できるのである。上の表で、重力場（エネルギー）密度 ρ は平方公転速度 V^2 に等しいとしたのだが、これについては §C.3 で再吟味する。左上の双曲線グラフの勾配 dρ/dL に質量 m をかければ重力に等しくなることも、そこで検証される。

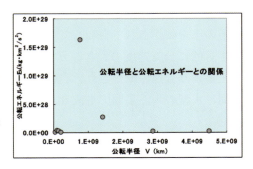

§C 太陽系のSSTモデル

単位 km²/s² の量を密度と呼ぶのには戸惑いを覚えるのだが、比公転運動エネルギー E_k/m（$= V^2/2$）の内容から考察することができる。E_k/m は質量あたりのエネルギー量である。SST モデルによれば、慣性質量 m は重力場の「容積」に比例する量であった※。したがって E_k/m（$= V^2/2$）は、重力場の容積あたりのエネルギー量、つまり惑星重力場のエネルギー密度と比例する。

※ §2.2 参照。

要するに、惑星の公転運動のように、物体が慣性運動しているときの速度 V や V^2 は、これまで「物体が作りだす物体に属する性質」であるかのようなとらえ方がされてきた。しかしそうではなくて物体が位置する空間（重力場）の属性なのである。物体を速度 V で慣性運動させるような空間（重力場）に物体が存在する。慣性運動する物体は、重力場（空間）の密度勾配 $d\rho/dL$ が一定である軌道を辿っているのである。

2. 太陽系の重力場密度分布の形

原子モデルにおいて、複合核軌道を包む重力場の回転速度はあらゆる座標で一定であり、その速度を固有スピン速度 V_e と呼んだ。電子等の粒子が複合核軌道から離れて単独で運動したら、運動速度は固有スピン速度 V_e 以外の速度を選ぶことができず、この速度では遠心力が足りず、際限もなく転落するのだった。転落を食いとめるために、核軌道の円環構造と核子間の分離斥力ならびにクーロン引力があった。

しかし下の図（再掲）を見ると、太陽の重力圏外を運動する惑星の速度 V は一定ではなく、公転半径 L の平方根と反比例する関係になっている。太陽を離れた太陽系の重力場は外側にいくほど回転速度が低下するのである。

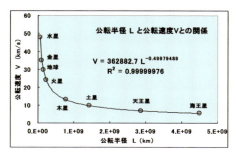

図の近似式における係数は太陽系

219

に固有の物理定数としてもよいだろう。すなわち、

$V = D／L^{0.5}$ (km/s)　恒星系定数：$D = 3.628827 \times 10^5$ $(km^{1.5}/s)$・・・【C1.2】

とすることができる。L は惑星公転軌道の長半径、V は L を半径とする円軌道上の惑星の公転速度であった。

　前のページの図で、公転半径 L を、太陽の赤道半径 696000km、つまり太陽表面の半径にとれば、そこにおける速度は【C1.2】式より 436 (km/s) となるが、実際の太陽表面の「公転速度」は、218 ページの表では 1.86 (km/s) で、この計算値の 235 分の 1 である。太陽表面の「公転速度」は、すぐ外側の水星の公転速度 47.84 (km/s) の 25.8 分の 1 にすぎないのだ。

　どういうことかと言えば、436 (km/s) という速度は、太陽の重力圏を脱出したばかりの物体の公転速度であり、脱出により物体は（もちろん太陽フレアなどで放出されるプラズマ粒子なども）235 倍に加速されるということである。SST モデルによると、太陽表面の速度 1.86 (km/s) は、太陽の複合核軌道を包む重力場の固有スピン速度にほぼ等しく、固有スピン速度 1.86 (km/s) は、内部のあらゆる座標地点で一定の固有値であった。

　しかし望遠鏡で太陽を観測すると太陽内の物質は激しく流動していて、とても一定流速の層流であるなどとは思えないだろう。

　これを SST モデルで説明すればこうなる。・・・太陽の複合核軌道という「剛体」は、確かに重力場の固有スピン速度に合わせて一定の速度で回転している。しかし複合核軌道を構成する個々の核子が集積した慣性系粒子（原子などの粒子）は、プラズマ状態の流体となっている。個々の粒子は複合核軌道とは無関係に単独で運動する傾向が強い。

　この重力場では、単独のプラズマ粒子に働く遠心力は不足し太陽中心に向かって際限もなく転落しようとする。プラズマ状態の流体は中心のコアが呑み尽くそうとするのだ。それを防ぐために（変な言い方だが）、流体は一定速度で回転する複合核軌道のプロペラで撹拌されて、観測されるとおりの激しい流動状態を呈するのである。固有スピン速度 1.86 (km/s) は、激しい流動速度の平均値だと考えられる。

ところが、太陽表面から単独で脱出したばかりの物体の公転速度、すなわち、太陽表面のすぐ外側にある重力場（惑星が位置する重力場）の回転速度は235倍にも跳ね上がっている上に、それより外側に広がる重力場の回転速度（公転速度）Vは、【C1.2】式に従って、太陽中心からの距離（公転半径）Lの平方根に反比例するようになるのである。

3. 重力のSSTモデルと古典的および現代的モデルとの整合性

太陽系の重力場密度ρの太陽中心からの距離L上の分布図を下に示す。作図の都合から、各種変量の大きさはいい加減であり、これはあくまでも模式図である。§Bの原子モデルからの想像で、太陽のシュヴァルツシルト半径は小さすぎて示せないと予想したのだが、計算すると、なんと！複合核軌道はシュヴァルツシルト半径より小さなブラックホール領域に存在することが分かった。

太陽の質量は、太陽自身を含む太陽系全体の質量 m_s に等しいとすれば、SSTモデルに基づく万有引力の法則は、

$Gmm_s/L^2 = -m(d\rho/dL) \Rightarrow d\rho/dL = -Gm_s/L^2 (km/s^2)$ ・・・【C1.3】
　　　ただし、万有引力定数：$G = 6.67428 \times 10^{-20} (km^3/kg \cdot s^2)$
　　　太陽系全体の質量 ≒ 太陽の質量：$m_s = 1.9891 \times 10^{30}$ (kg)
　　　m：惑星の質量（kg）

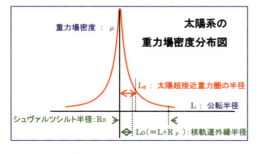

と記述することができる。Lは惑星の公転半径（軌道長半径）のこと。惑星軌道長半径も太陽核軌道の半径も、一貫して連続的に扱い、いずれも太陽中心との距離を示す。

ただし、左の図は太陽の奥底の極くごく狭い領域の分布曲線であることが判明した。

太陽表面までの半径ですら、図に描けないほどの遠方となる。そこまでが

私たちがみている太陽であり、そこは原子やプラズマ状態の粒子で構成されているのである。その撹拌プロペラである複合核軌道 L_o は、こんなに小さなプロペラだったのだ。

重力場密度 ρ とは、図の密度分布曲線における実体的重力場の密度（km^2/s^2）を示す。密度 ρ が速度の2乗の単位をもつのは奇妙な感じだが、これについては1段めで説明した。

方程式【C1.3】 $Gmm_s/L^2 = -m(d\rho/dL)$ は、重力は密度勾配 $d\rho/dL$ と惑星の慣性質量 m の積に比例するという SST モデルの数理表現である。

密度勾配 $d\rho/dL$ は加速度の単位 km/s^2 を持つので、これに質量 m をかければ半径 L 方向の力、$kg \cdot km/s^2$ の単位をもつ重力になることから了解される。

要するに【C1.3】 $Gmm_s/L^2 = -m(d\rho/dL)$ の右辺は、ニュートンの第2運動則 $F = ma$ を表現したものであり、密度勾配 $d\rho/dL$ とは公転半径 L 方向の加速度である。決して L 方向と直交する V 方向の加速度（それはゼロなのだから）ではない。

いろいろ述べたが、$d\rho/dL = -Gm_s/L^2$【C1.3】を距離 L で積分して得られる、

$$\rho = Gm_s/L = 1.32758 \times 10^{11}/L \ (km^2/s^2) \cdot \cdot \cdot【C1.4】$$

は了解されるだろう（積分定数は省略した）。

以上より、重力場密度 ρ の分布曲線は【C1.4】 $\rho = Gm_s/L$ のとおり、双曲線で表わせることになった。

万有引力定数は通常 $G = 6.67428 \times 10^{-11}$（$N \cdot m^2/kg^2$）と、力の単位 N（ニュートン）を用いて表わされるが、単位系を合わせるため（$N \cdot m^2/kg^2$）$= (kg \cdot m/s^2)(m^2/kg^2) = (m^3/kg \cdot s^2) = 10^{-9}$（$km^3/kg \cdot s^2$）という換算を行うと、【C1.3】式で示したとおり、$G = 6.67428 \times 10^{-20}$（$km^3/kg \cdot s^2$）となることが分かる。

【C1.2】 $V = D/L^{0.5}$（km/s）の両辺を2乗すると、

$$V^2 = D^2 / L \ (km^2/s^2) \cdots 【C1.5】$$

となるので、これを【C1.4】式に代入すると、

$$\rho = Gm_s V^2 / D^2 = 1.00815779 \, V^2 \ (km^2/s^2) \cdots 【C1.6】$$

とすることができる。重力場密度 ρ は惑星の公転運動エネルギー（$mV^2/2$）に関係することが分かるので、この式は、

$$\rho \, m = 2(Gm_s/D^2)(mV^2/2) = 2(Gm_s/D^2)E_k = 2.01631558 \, E_k \ (kg \cdot km^2/s^2) \cdots 【C1.7】$$

$$ただし公転運動エネルギー：E_k = mV^2/2 \ (kg \cdot km^2/s^2)$$

とすることができる。重力場密度 ρ に惑星質量 m をかけた値は、惑星の公転エネルギー E_k と比例関係にあるという物理的関係が面白い。・・・例えば地球の公転エネルギー E_k に定数 2.01631558 をかけ、質量 m で割れば、地球の公転軌道近辺の重力場密度 ρ を求めることができるというのである。

ここで少し小細工して【C1.7】式の両辺を惑星質量 m で割れば、

$$\rho = 2(Gm_s/D^2)(V^2/2) = 2(Gm_s/D^2)E_k/m = 2.01632 \, E_k/m \ (km^2/s^2) \cdots 【C1.8】$$

と表記できる。つまり、重力場密度 ρ の値は比公転エネルギー E_k/m の 2 倍ということである。当然両者は直線関係にあり、これは作図（省略）してみても明らかだ。

一方、【C1.8】式の D^2 項に【C1.5】$V^2 = D^2/L$ を代入しても、

$$\rho = Gm_s/L = (2Gm_s/LV^2)E_k/m = 2.01632 \, E_k/m \, (km^2/s^2) \cdots 【C1.9】$$

となり、【C1.8】式と同じであることが分かるが、第 2 辺と第 3 辺の関係からは、

$$E_k/m = V^2/2 \ (km^2/s^2)$$

という当然の関係が得られ、第 2 辺と第 4 辺の関係からは、

$$E_k/m = Gm_s/2.01632L = 6.5842 \times 10^{10}/L \ (km^2/s^2) \cdots 【C1.10】$$

が得られる。以上の関係から、重力場密度 ρ も比公転エネルギー E_k/m も、公転半径 L と双曲線関係にあることを、次ページのグラフで示す。

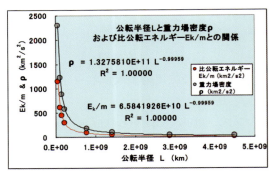
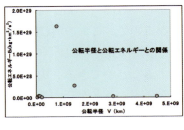

公転エネルギー E_k のグラフも右に再掲したが、外惑星群と内惑星群で全く異なり、一貫した関係はない。これを惑星質量 m で割るだけで左図になるのは当然なのだが、図の左右を見比べると何だか狐につままれたような気分になるだろう。

さて、$Gmm_s / L^2 = -m(d\rho/dL)$【C1.3】においては、有名な関係がもう1つある。惑星の公転軌道は、重力と遠心力が均衡する地点を辿っているのだった。重力場密度 ρ については、遠心力 mV^2/L を用いて、

$Gmm_s/L^2 = -m(d\rho/dL) = mV^2/L \Rightarrow d\rho/dL = -V^2/L$ (km/s^2)・・・【C1.11】

というもう1つの方程式が成りたつ。

この方程式の V^2 項に、【C1.5】$V^2 = D^2/L$ を代入すると、

$d\rho/dL = -D^2/L^2$ (km/s^2)・・・【C1.11】

となるので、これを L で積分すれば、

$\rho = D^2/L = V^2$ (km^2/s^2)・・・【C1.12】

とがっかりするような解である。

ところで、218ページのグラフからは、

$\rho = V^2 = 1.31684 \times 10^{11}/L$ (km^2/s^2)・・・【C1.13】

という近似式が得られていた。すると、222ページの積分解、

$\rho = Gm_s/L = 1.32759 \times 10^{11}/L$ (km^2/s^2)・・・【C1.4】

を思いだす。係数の値が少しだけ違うのは、【C1.13】を導いた218ページの

図で、近似式の乗数が -0.99958977 であり -1 ではないからだ。

　どちらも厳密に正解だとは言えないのだが、都合よく、223 ページに、
　　　$\rho = \mathrm{Gm_s}\mathrm{V}^2 / \mathrm{D}^2 = 1.00815779\,\mathrm{V}^2\,(\mathrm{km}^2/\mathrm{s}^2)$・・・【C1.6】
というのがあったので、辻褄あわせはできる。これに【B1.13】式を代入
すれば、
　　　$\rho = 1.00815779 \times 1.31684 \times 10^{11} / \mathrm{L} = 1.32758 \times 10^{11} / \mathrm{L}\,(\mathrm{km}^2/\mathrm{s}^2)$【C1.14】
となり、【C1.4】式と一致する。【C1.6】式の 1.00815779 という係数は、
【3.1.13】と【C1.4】の不一致を補正したものに過ぎないことになる。
　ここで当然の関係 $\mathrm{E_k}/\mathrm{m} = \mathrm{V}^2/2$ を上の $\rho = \mathrm{D}^2 / \mathrm{L} = \mathrm{V}^2$【C1.12】の V^2
に代入すれば、
　　　$\rho = 2\,\mathrm{E_k}/\mathrm{m}\,(=\mathrm{V}^2)\,(\mathrm{km}/\mathrm{s}^2)$・・・【C1.15】
　が得られる。これは実は、
　　　$\rho = \mathrm{Gm_s}/\mathrm{L} = (2\mathrm{Gm_s}/\mathrm{LV}^2)\mathrm{E_k}/\mathrm{m} = 2.01632\,\mathrm{E_k}/\mathrm{m}\,(\mathrm{km}^2 / \mathrm{s}^2)$・・・【C1.9】
という解と同じである。その証拠に、この係数 2.01632 を（不一致補正係数）
1.00815779 で割れば、ぴったり 2 となることが確認される。

　つまらない細かい計算だったが、要するに、重力は重力場密度勾配 $\mathrm{d}\rho/\mathrm{dL}$
と質量 m の積に等しいという【C1.3】$\mathrm{Gmm_s} / \mathrm{L}^2 = -\mathrm{m}(\mathrm{d}\rho/\mathrm{dL})$ の SST
モデルと、重力と遠心力の均衡で説明する古典的モデル【C1.11】$\mathrm{Gmm_s} / \mathrm{L}^2$
$= -\mathrm{mV}^2 / \mathrm{L}$ とは何ら矛盾しないということである。
　惑星の公転運動は、空間の重要な属性である重力場密度勾配 $\mathrm{d}\rho/\mathrm{dL}$ が
一定となる経路上で行われるということである。この考え方は 4 次元時空間
上の最短距離（測地線）を通って運動するという一般相対性理論に対応する
ので modern な idea だと言える。しかし理論と計算は比べものにならない
ほど単純だ。

4. SST モデルが提供する重力場空間を旅行してみよう

　これまで述べたことと比べても、さらに飛躍が過ぎるかもしれないが、

§C.1 の最後は、息抜きのために宇宙旅行を楽しむことにしよう。

宇宙船や人工衛星が太陽系を脱出して、エンジンを停止して広大な宇宙空間の慣性飛行に移行したとき、どの方角に飛ばされるかをニュートン力学で計算して予測するのは困難であろう。周辺の天体の座標位置や質量などは未知の空間への飛行であるからだ。

しかしニュートン力学の計算結果である筈の宇宙船の速度 V と飛行方角は、SST モデルによれば、飛行中の空間の性質を突きとめるための原因要素となる。右の図でも分かるとおり、速度 V を測定すれば、その 2 乗 V^2 はその位置における重力場密度 ρ に等しい【C1.12】。

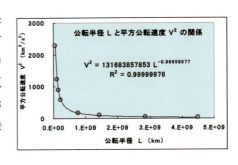

飛行方角の時間変化を測定すれば、重力場密度勾配 $d\rho/dL$ が一定の軌道が分かる。すなわち、現在宇宙船の慣性軌道を支配する主要天体（群）の重心までの距離 L も分かるわけだ。もし飛行軌道の曲率が時間的に増加する傾向が観測されるならば、重力場密度の勾配 $d\rho/dL$ 自体が増加している。つまりある大きな天体（群）に引寄せられつつあるということだ。それが目的の天体（群）であれば、その方角に積極的に軌道修正しエンジン噴射して早く到着すればいいし、目的でなかったら最も燃料消費の少ない頃合いを計算してエンジン噴射し、加速して寄り道を避ければよい。

いわゆる「ワープ航法」の原理も見えてくる。単純に宇宙船速度 V を大きくすればよい。それでその宇宙船周りの重力場密度 ρ (= V^2) が大きくなる。これは、宇宙船にとっては宇宙のサイズが小さくなることを意味するのだ。

通常ロケットで短時間で限界まで加速した後は、原子力発電の電力を集中使用して光子ビームか電子ビームロケットを最高出力で噴射する。要は、大きな出力で短時間で光速度の数％ぐらいまで加速できれば、サイズが小さく

§C　太陽系のSSTモデル

なった宇宙空間を飛行できるのだ。エンジン停止してもサイズの小さな宇宙空間をどこまでも慣性飛行できる。エンジン逆噴射で減速し通常の宇宙空間に戻ったとき、とてつもない距離を一瞬で移動したのに気づくことだろう。

さて、次章§C.2以下で展開する太陽系の原子モデルで活躍する概念、$Ln(v_m^2/V^2)$ と表記される重力場密度係数は、215ページの表では現在の太陽系でも計算してあった。下のようにプロットしたところ・・・「パウリの禁則」を連想したのだが・・・不思議なペアリングが現われた。

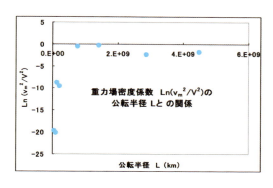

太陽系の原子モデルで重力場密度係数というのは、惑星にはたらく「浮力」に関係する惑星に固有の変量である。

今のところ、パッと直感的に分かるような物理的意味づけはできないが、ここでは、宇宙にはこんな珍しい景観もあるのだと満足することにしよう。

§C.2　太陽の原子核モデル

太陽は、ビッグバンの混沌の中で、コアとなった1つのクォークが、周りにあった小さなサイズのクォークを多数集めて、複合核軌道を構築して創生された。このメカニズムは原子核の創生と変わらず、ただ構成材料となった様々なクォークのサイズ次元が、原子より1段上位のものが用いられた点だけが異なる。

原子の創生と大きく異なるのはその環境である。太陽創生のまえに原子の創生があり、宇宙にはすでに原子が充満していたことである。そのため太陽のコアクォーク ℓ は、構築した複合核軌道の周りにさらに膨大な量の原子を集積した。その結果、原子は複合核軌道がむき出しの設計であったのに対し、

太陽の複合核軌道は集積された原子層の中心に埋もれた設計となった。

太陽系創生のとき、中心のコアクォーク ℓ と逆方向の非対称スピン状態にあった太陽の「核子」は、接近引力でコアクォーク ℓ の周りに集積され、際限もなく固められてコア構造（点滅ホワイトホール）を形成する。

一方、約半数の核子はコアと同方向の非対称スピン状態にあり分離斥力によって外部に弾き飛ばされる。一部はコアクォーク ℓ との超接近重力に捕らえられ、原子と同様の複合核軌道（1次慣性構造）を構成する。これが、私たちが太陽と呼ぶ天体の誕生のときの姿であり、「種太陽」と称する。

分離斥力で弾き飛ばされた核子のうち、複合核軌道の一員として捕捉されることなく、もっと遠くまで弾き飛ばされて、単独で太陽の重力に捕捉されたのが、惑星系（2次慣性構造）である。「種惑星系」と称することにしよう。

複合核軌道とは、原子モデルで原子核とされるもののことであったが、上で述べたとおり、太陽の姿は、複合核軌道の周りに集積された膨大な量の原子層が観測されて、私たちの目に触れているのである。種太陽は天体の中心に埋め込まれて見ることはできないのが実際である。それは種惑星系も同様である。

1. 現在の太陽を原子モデル（複合核軌道モデル）で考えてみると

太陽のシュヴァルツシルト半径 R_S は、

$R_S = 2Gm/c^2$ （km）　ただし、$2G/c^2 = 1.485 \times 10^{-30}$ （km/kg）

という式で計算できるので、質量 m に太陽の質量 $m_s = 1.9891 \times 10^{30}$ （kg）を代入すると、$R_S = 2.954$ （km）と計算される。

のちに、§C.6 の計算で分かってじつは驚いたのだが、現在の太陽の複合核軌道の半径は 0.1504 （km）で、シュヴァルツシルト半径の 19.6 分の 1 である。太陽の複合核軌道は、シュヴァルツシルト半径の内側にあり、コアクォーク ℓ の超接近重力で呑みこまれそうなのを、また分厚い原子層に押しつぶされそうなのを、核軌道の円環構造によって踏みとどまっているとイメージされるのである。

§B の原子モデルの場合は全く逆で、次のページの図のとおり、複合核軌

道の外縁半径 Lo は、原子質量から計算されるシュヴァルツシルト半径 Rs の 10^{38} 倍ぐらいの大きさで「余裕しゃくしゃく」である。

太陽の中心部には半径 2.954km のブラックホール（点滅ホワイトホール）領域が存在する。この半径は太陽半径の 235628 分の1、容積

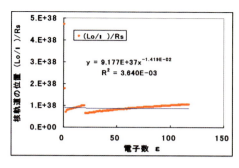

で $1.308 × 10^{16}$ 分の1 という小さな領域だが、これが太陽のみならず太陽系全体にエネルギーを供給するエンジンなのだ。

2. 種太陽モデルの基礎部分（1）

§B の原子モデルの記述をなぞりながら種太陽モデルを製作していこう。

種太陽重力場の半径 L_g と核軌道の外縁半径 Lo との比は、原子と同様に「重力圏半径比率」と称し、記号 ι を用いて、

$\iota = L_g/Lo$ ・・・【B3.2】

と定義される。比 ι の3乗は、太陽重力場の体積と核軌道重力場の体積比に等しい。ということは、コアクォークの質量 M_Q と、核軌道の質量 $m\eta$ との比に等しいので、

$M_Q/m\eta = (L_g/Lo)^3 = \iota^3$　　　∴) $M_Q = \iota^3 m\eta$　・・・【B3.5】

という関係が成り立つ。なお実際の計算ではコアクォークの質量 M_Q と核軌道の質量 $m\eta$ との比を求めて、

$\iota^{\#} = m\eta /M_Q = 1/\iota^3$　　　・・・【B3.1】

という要領で、まずニュートン収縮率 $\iota^{\#}$ を求めるところから計算は進められた。

なお η は個々の核軌道の構成核子数を表わし、$\eta = \varepsilon + \nu$　（ε：陽子数、ν：中性子数）で定義されるのだった。

種太陽モデルにおいては、

　　　核子の質量：$m = (m_p + m_n)/2 = 1.7255 \times 10^6 \,(\text{MeV}) = 3075.8\,(\text{yg})$・・・【C2.1】
とする。核子の質量 m とは、SST 標準モデルの一覧表（§A.3）から、

　　　陽子（複合軽クォーク𝔑）の質量：$m_p = 1.723 \times 10^6 \,(\text{MeV}) = 3071.9\,(\text{yg})$・・・【C2.2】
　　　中性子（複合重クォーク𝔏）の質量：$m_n = 1.728 \times 10^6 \,(\text{MeV}) = 3079.8\,(\text{yg})$・・・【C2.3】
が与えられ、両者が近い値であることから中央値を用いることにしたものである。

　また同様に、太陽のコアクォーク（単独重クォークℓ）の質量 M_Q は、

　　　$M_Q = 2.317 \times 10^7 \,(\text{MeV}) = 41423\,(\text{yg})$・・・【C2.4】
という値を用いる。さらに、核子のサイズについては

　　　陽子の半径：$R_p = 10.868\,(\text{fm})$　・・・【C2.5】
　　　中性子の半径：$R_n = 6.5236\,(\text{fm})$　・・・【C2.6】
とする。

　核子のサイズは、原子における（測定データである）陽子・中性子の半径と、種太陽のそれとの比は、それぞれの質量の立方根の比に等しいとして計算し求めた値である。

　これらを用いて実際の計算を行うときは、まず、【B3.1】式を用いて、

　　　$M_Q/m\,\eta = 41423/3075.8\,\eta = 13.467/\eta = (L_g/L_o)^3 = \iota^3$　・・・【C2.7】
とすることができるので、まず種太陽モデルの重力圏半径比率 ι の値が決まる。すると、

　　　種太陽重力圏の半径：$L_g = L_o\,\iota$　・・・【C2.8】
を計算することができる。ここで、核軌道外縁の幾何半径 Lo は、

　　　$L_o = L + R_p = L + 10.868\,(\text{fm})$・・・【C2.9】
　と計算される。核軌道の幾何半径 L は、

　　　$L = 3R_p(\varepsilon/3 + \nu/5)/\pi = 10.378(\varepsilon/3 + \nu/5)\,(\text{fm})$・・・【C2.10】
と決まっている。要するに、核軌道を構成する陽子数 ε と中性子数 ν が決まれば、種太陽の重力圏半径 L_g は計算で求められる。

　原子モデルと同様に、核子数 η が初項 4、公差 8 の等差数列であれば、

【C2.7】式は、

$M_Q/m\,\eta = 13.467/\eta = 13.467/(8j-4) = (L_g/L_o)^3 = \iota^3$ ・・・【C2.11】

ただし、jは原子モデルのnと同じ自然数で、「階数」と称すると表記することができる。したがってj＝1のs軌道の場合、$\iota_s^3 = 3.367$ と計算されるのでニュートン収縮率は $\iota_s^\# = 0.297$ と計算される。また重力圏半径比率は $\iota_s = 1.499$、その2乗は $\iota_s^2 = 2.246$ となる。

3. 種太陽モデルの基礎部分（2）・・・三次元時間体積 t について

§B.3 の3段めで述べたように、SSTモデルの三次元時間の概念によれば、ニュートン収縮は時間に対しても適用すべきである。体積である時間 t は、核軌道の場では $t\,\iota^\#$ に収縮し、空間距離 x は x/ι に収縮するので、たとえば速度 v は、種太陽の外にいる観測者から見ると、

$v(=x/t) \Rightarrow (x/\iota)/t\,\iota^\# = v\,\iota^2$ ・・・【C2.12】

に変換され、種太陽の外から見ると小さな速度（ι が1より大なら大きな速度）になる。モデルは観測者の位置から組立てるので、これは常に念頭におく必要がある。

幾何軌道半径 L を用いて計算された幾何軌道回転数 γ は、

$\gamma\,[=V_c/2\pi(L/\iota)] \Rightarrow V_c\,\iota^2/2\pi(L/\iota) = \gamma\,\iota^3$ ・・・【C2.13】

と、小さな回転数（$\iota>1$ であれば大きな回転数）に変換される。

4. 種太陽モデルのイメージ図

種太陽の1次慣性構造は、原子モデルと同様に、陽子（複合軽クォーク ℜ）と中性子（複合重クォーク ℒ）が数珠つなぎとなった半径 L の核軌道が、中心のコア（単独重クォーク ℓ）の周りを回転している。右の図のとおりである。

原子モデルと同じく、核軌道を構成する核子のスピン方向は、中心の単独重クォーク ℓ と同じ方向

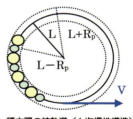

種太陽の核軌道（1次慣性構造）

になる。

　つまり、太陽系創生のとき、最大質量をもつ単独重クォーク ℓ は周囲にあった無数の複合クォーク $\mathbb{R}$ & ℓ のうち、同方向にスピンする状態にあった約半数の核子は分離斥力で外に弾きだす。

　弾きだされた核子のうち、コアクォーク ℓ の強力な超接近重力に捕らえられた核子は、図のような核軌道（1次慣性構造）のスクラムを構築し、これ以上コアクォークに引寄せられるのを防止している。

　もちろん、ずっと外まで弾きとばされたものもあった。かれらは、太陽から離れた弱い重力場内を単独で慣性運動（公転運動）するようになり、§C.3以下で論ずる種惑星系（2次慣性構造）となった。

　この時期は、種太陽が無数に創生され宇宙空間が彼らで埋め尽くされた時期である。複数の種太陽の間の空間は、種太陽の重力が均衡しているので、もっと遠くに飛びだす筈だった核子たちは、この無重力間隙でフラフラと漂っていたことだろうか。

　ところが時間が経って、宇宙空間が膨張するにつれ隣の種太陽との距離が大きくなって、もはや隣の種太陽の重力は働かなくなる。そして古巣の種太陽の重力のお世話になって、現在も惑星軌道を周回しているわけだ。

　中心の種太陽の強力な超接近重力圏はすでに飛びだしてしまったし、核軌道は満席だ。今さら核軌道の構成員となって戻るわけにはいかないのである。

　以上のとおり、私たちがふだん目にしている太陽や惑星の姿（原子層）は無視して、複合核軌道と核子だけで太陽や惑星の創生を描写してみた。

　太陽系の創生やその後の経過についてのモデルは、このように、太陽や惑星の中心に隠れ潜んで観測できない複合核軌道と核子の動力学として構築する。原子層がこれらの周りに集積されるのは副次的な現象として無視して論じることにする。

　次ページに掲げる原子モデルと同じように、種太陽モデルでも複合核軌道が中心の種太陽を構成し、種惑星軌道は、同じ核子が複合核軌道外に飛びだ

し周回することによって形成されるというイメージだ。従来の原子モデルにおける「電子殻」と同じイメージである。原子モデルでは否定された電子殻が太陽系の原子モデルでは復活したと考えればよい。ただし電子ではなく核子（種惑星）である。

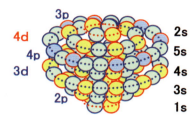

　種太陽系モデルと、原子モデルや現在の太陽系モデルを較べると、当然ながら違いがある。第1は、原子モデルでは2次慣性構造（電子殻）は最外殻の軌道だけが電子を外部に放出したのだが、種太陽系モデルでは内外すべての核軌道から核子が放出され（核軌道に捕捉されずに）種惑星系を構成した。

　原子の場合は、電子と陽子間にはたらくクーロン引力が電子を外部に逃がさない働きをしたのだが、種太陽系では、引きとめる力は重力だけだからそうなると考えることができる。

　さてこれからが重要だ。第2に、原子の場合、複合核軌道はs,p,d,f,gの5階層までが精々のところだったが、種太陽系の場合は12階層の複合核軌道が形成される。

　現在の太陽系は、円に近い軌道をもつ8つの主惑星のほかに、冥王星などの準惑星やエッジワース・カイパーベルトと呼ばれる多数の準惑星・小惑星群を従え、最外縁部にはオールトの海といわれる無数の周回天体群が存在するといわれる。これが、12階層のモデルを想定した理由である。

　この第2の特徴があることにより、この単純なモデルで様々なナイズや性質の異なる球形天体（恒星）が存在する理由は理解できるだろう。

　原子と同じように2種類の核子 $\mathscr{R}$ & $\mathscr{L}$ しかなくても、サイズと性質に関して著しい多様性が生じるからだ。原子には主系列だけでも118種もの大小さまざまな原子（複合核軌道）があったように、種太陽にも大小さまざまな種太陽がある。ビッグバンの混沌状態の中で、私たちの太陽系もその一員である様々なサイズと性質の異なる種恒星系が創生されたのである。

　本論では扱わないが、惑星や衛星の多様性についても同様のメカニズムが働いて、様々なサイズと性質の異なる種惑星が創生されたことは、十分に考

えられるのだ。

　このモデルは、大きな質量の恒星ほど寿命が短いという天文学的知識に対しても、物理的理由を提供する。全恒星共通の同じサイズのコアクォーク ℓ が過剰に核軌道を抱え込めば、重力圏半径比率 ι が1より著しく小さくなり崩壊速度が大きくなるのである。つまり半減期（寿命）が短くなる道理である。

　私たちの太陽は、程よくバランスのとれた中型（主系列恒星と呼ばれる）の複合核軌道を持つので、程よい崩壊速度を保ち、程よく寿命は長く、程よくエネルギー放出を行ってくれているのである。

5. 種太陽モデルの計算結果

　§A.6のSST標準モデルの表（161ページ）の第N＋5次元の単独重クォーク ℓ の慣性質量23173968MeV（4.142E-23kg）を唯一の出発データとする、種太陽モデルの計算結果を次のページの表に示す。単位系はつねに（kg，km，s）を用いることにした。

　原子モデルの場合、ι が1より大であることが原子が安定的に存在しうることの重要な指標であったが、種太陽の場合は、すでにd軌道（上から3行め）から1を下回る。太陽の核軌道は、概ね種太陽重力圏の半径 L_g をはみ出している（$\iota < 1$）のである。

　種太陽は、原子でいえばほとんどが崩壊性（放射性）核種が占める領域の、大きなサイズで複雑な構成の複合核軌道を形成している。しかも12階建ての複合核軌道を想定してある。宮崎駿監督の作品「ハウルの動く城」、ちょうどそんなイメージだ。今にも崩れ落ちそうな巨大な※複合核軌道である。実際、太陽は刻々と崩壊して寿命の終焉に向かって突っ走っている。これは天文学の定説どおりである。　　　　　※1段めで述べたとおり、実際はきわめて微小。

§C 太陽系のSSTモデル

【太陽モデル】　　　　　　　　　　　　　　　　　　　　　　　　　　※時空要素 ι^3 をかけてある

担当コア種	担当コア質量 M_0 (kg)	軌道	軌道生成数 n	陽子数 ε	中性子数 η	核子数	固有回転数 δ (1/s)	N 収縮率 ι^s	重力圏比率	核軌道半径 L/ι (km)	核軌道回転数 $\gamma \iota^3$ (1/s)	核軌道速度 V (km/s)	固有sp速度 V_e (km/s)
ℓ	4.142E-23	s	12	2	2	4	2.338	0.297	1.499	7.386E-18	9.252E-02	4.294E-18	1.275E-18
ℓ	4.142E-23	p	11	6	6	12	0.779	0.891	1.039	3.196E-17	7.128E-03	1.431E-18	1.275E-18
ℓ	4.142E-23	d	10	10	10	20	0.468	1.485	0.876	6.315E-17	2.164E-03	8.588E-19	1.275E-18
ℓ	4.142E-23	f	9	14	14	28	0.334	2.079	0.784	9.890E-16	9.871E-04	6.134E-19	1.275E-18
ℓ	4.142E-23	g	8	18	18	36	0.260	2.673	0.721	1.383E-16	5.491E-04	4.771E-19	1.275E-18
ℓ	4.142E-23	h	7	22	22	44	0.213	3.267	0.674	1.807E-16	3.438E-04	3.903E-19	1.275E-18
ℓ	4.142E-23	k	6	26	26	52	0.180	3.861	0.637	2.258E-16	2.328E-04	3.303E-19	1.275E-18
ℓ	4.142E-23	l	5	30	30	60	0.156	4.455	0.608	2.732E-16	1.667E-04	2.863E-19	1.275E-18
ℓ	4.142E-23	o	4	34	34	68	0.138	5.049	0.583	3.229E-16	1.245E-04	2.526E-19	1.275E-18
ℓ	4.142E-23	q	3	38	38	76	0.123	5.643	0.562	3.745E-16	9.605E-05	2.260E-19	1.275E-18
ℓ	4.142E-23	u	2	42	42	84	0.111	6.237	0.543	4.279E-16	7.605E-05	2.045E-19	1.275E-18
ℓ	4.142E-23	x	1	46	46	92	0.102	6.831	0.527	4.831E-16	6.150E-05	1.867E-19	1.275E-18

　下に、核軌道半径 L/ι を横軸とし、縦軸に軌道回転数 $\gamma \iota^3$ と軌道速度 V をとってプロットしたグラフを示す。

　上の表と下の図を見ると奇妙なことに気づく。図では表の5行目から12行目までをプロットしてあって、これらが8個の主惑星系に対応する核軌道であることはすぐ分かる。

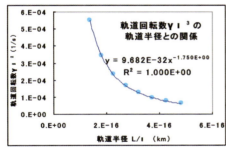 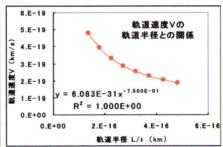

　しかし原子モデルでは、核軌道速度 V は重力場の固有スピン速度 V_e と等しいはずで、図のように異なる値をとらないはず？・・・いやいやそうではなくて、思い出していただきたい。原子モデルでは遊離電子の軌道半径を外縁半径 Lo とし、速度は固有スピン速度 V_e とするような「身勝手なこと」をしたのだった。核軌道そのものは、ちゃんとこの通りの回転数、回転速度で運動していたのだ。

　計算式を見てみよう。固有スピン速度 V_e は、

　　$V_e = p_g \, \delta^{-2/3} \, \iota^2$ (km/s)　　ただし、$p_g = 1$　・・・【C2.14】

と計算され、原子モデルと同じ決め方である。表のとおり一定値 1.275E-18 (km/s) となる。

235

しかし、軌道回転数 $\gamma \iota^3$ は、固有スピン速度 V_e を核軌道の円周長で割った値に、前述の三次元時間要素の ι^3 をかけて、

$$\gamma \iota^3 = \iota^2 V_e/(2\pi L/\iota) = \iota^3 V_e/2\pi L \ (1/s) \quad \cdot\cdot\cdot \text{【C2.15】}$$

としてある。そして核軌道速度 V は、検算のような感じで、

$$V = (2\pi L/\iota)\gamma \iota^3 = (2\pi L/\iota)\iota^3 V_e/(2\pi L/\iota) = V_e \iota^3 (km/s) \cdot\cdot\cdot \text{【C2.16】}$$

と計算してあるのだが、核軌道速度 V は、固有スピン速度 V_e と三次元時間要素の ι^3 の積となるので、前のページの図のようになったのである。

　前のページの表の左側をよく見ると、核軌道は４員環のｓ軌道から始まって上から順に配列されている。小さい核軌道の上に次々と一回り大きな軌道が積み重ねられるのが「造成原理」だったので、上の行から順に核軌道の創生順番を示している。軌道造成数ｎは、複合核軌道の中で、その軌道は何個で構成されているかを示す数字であり、創生順とは逆に並んでいることも、233 ページの複合核軌道モデルの絵を眺めれば分かる。

　これからは少し違和感を覚える。主惑星系は表では５番目に創生されたｇ軌道から 12 番めのｘ軌道に対応するのだが、表のいちばん上の行からの流れでは、ｇ軌道に対応するのは、主惑星系列の最外縁にある海王星であり、最大のｘ軌道に対応するのが、もっとも内側の軌道を回る水星である。

　違和感を克服して表と図を眺めていると、決定的な「間違い」ではないかと思われる事柄に気づく。前のページの図でいちばん左のプロットが海王星に対応するのなら、なぜ「公転速度」が最高で、右端の水星が最低なのだろう？　第一、海王星の「公転半径」がもっとも小さく水星が最大というのは間違いだ！・・・このように、核軌道の半径は惑星の公転半径に対応し、核軌道の回転速度は惑星の公転速度に対応するという先入観を持って見ると、まったく正反対だと感違いするのである。

　しかし複合核軌道の造成原理から見るかぎり、種太陽最外縁の最大半径で最小速度のｘ軌道からは、最小公転半径で最大公転速度の水星が、しかも時間的には最後に創生されたとしなければならないのである。

§C　太陽系の SST モデル

　核軌道の半径 L/ι と軌道速度 V の関係は、235 ページの図のとおり、

　　V ＝ 6.083E-31（L/ι）$^{-0.75}$（km/s）　　・・・【C2.17】

と、きれいな累乗関数で描ける関係にある。この関係は、主惑星系を越えて
いちばん上の、太陽の基底部にある s 軌道まで一貫する。核軌道の半径 R/ι
と軌道回転数 γι^3 の関係も、

　　γι^3 ＝ 9.682E-32（L/ι）$^{-1.75}$（1/s）　　・・・【C2.18】

と、きれいな累乗関数である。

　これで考えてみると、太陽の複合核軌道というのは、基底部から外縁部に
かけて核軌道どうしの回転速度にズレがあって、上下の核軌道の間には摩擦
が生じていることになる。最速の基底部から太陽表面に向かって少しずつ減
速されているのである。

　種太陽の重力場は、あらゆる座標位置で同一の速度でスピンしているのだ
から、核軌道は、重力場の固有スピン速度 V_e とは異なる速度で回転してい
る。この矛盾は、複合核軌道は１つの剛体構造とみなすことで解決される。
重力場は流体であり、核軌道は剛体※だからこうなるのである。

　　※「剛体性」というのは、SST モデルの概念であり、「構成員どうしの相互作用が
　　　密であることが剛体性の本質であり、剛体性は重力場のサイズが小さいほど高
　　　くなる」と要約できる。この意味では、宇宙の中で、私たちの太陽はもとより
　　　太陽系全体でさえ剛体性は高いのである。その証拠に、8 個の主惑星系でさえ
　　　惑星の公転速度は一定ではなく、外惑星ほどゆっくりと公転している。重力場
　　　のサイズが銀河スケールになれば、剛体性は著しく低いため、天体の公転速度
　　　は重力場の固有スピン速度に近くなり、ほぼ一定となる。現在正体不明の「暗
　　　黒物質」という概念で説明されている銀河内の天体の運動の特性は、SST モデ
　　　ルでは、非対称流体の塊である実体的重力場のサイズと剛体性の問題として説
　　　明される。つまり、小さなバケツにプラスチックの玉をたくさん入れて、水を
　　　バケツ一杯に張って、中心に撹拌棒を立てて回転させれば、中心近くのボール
　　　ほど速く、外側はゆっくり回転するだろう。バケツを円形プールに替え、ボー
　　　ルをそっくり移して同じことを行えば、ボールが同じような速度で回転するこ
　　　とが期待できるのと同じことである。「暗黒物質」とは、ここで用いた水のこと、
　　　非対称流体の塊である実体的重力場のことである。

237

【太陽モデル】 ※ι³をかけてある

担当コア種	担当コア質量 M_0 (kg)	軌道	軌道構成数 n	陽子数 v	中性子数 v	核子数 η	固有回転数 δ (1/s)	N 収束率	重力圏比率	核軌道半径 L/ι (km)	核軌道回転数 γι³ (1/s)	核軌道速度 V (km/s)	固有sp速度 V_e (km/s)	観測速度 V_{eO} (km/s)	励起回転数 $γ_{eR}$ (1/s)
ℓ	4.142E-23	s	12	2	2	4	2.338	0.297	1.499	7.386E-17	9.252E-02	4.294E-18	1.275E-18	3.157E-20	11.8882232
ℓ	4.142E-23	p	11	6	6	12	0.779	0.891	1.039	3.196E-17	7.128E-03	1.431E-18	1.275E-18	1.033E-19	0.01088054
ℓ	4.142E-23	d	10	10	10	20	0.468	1.485	0.876	6.315E-17	2.164E-03	8.588E-19	1.275E-18	1.894E-19	0.00057917
ℓ	4.142E-23	f	9	14	14	28	0.334	2.079	0.784	9.890E-17	9.871E-04	6.134E-19	1.275E-18	2.946E-19	0.00010983
ℓ	4.142E-23	g	8	18	18	36	0.260	2.673	0.721	1.383E-16	5.491E-04	4.771E-19	1.275E-18	4.261E-19	3.9898E-05
ℓ	4.142E-23	h	7	22	22	44	0.213	3.267	0.674	1.807E-16	3.438E-04	3.903E-19	1.275E-18	5.953E-19	2.1707E-05
ℓ	4.142E-23	k	6	26	26	52	0.180	3.861	0.637	2.258E-16	2.328E-04	3.303E-19	1.275E-18	8.207E-19	1.5617E-05
ℓ	4.142E-23	l	5	30	30	60	0.156	4.455	0.608	2.732E-16	1.667E-04	2.863E-19	1.275E-18	1.136E-18	1.3822E-05
ℓ	4.142E-23	o	4	34	34	68	0.138	5.049	0.583	3.229E-16	1.245E-04	2.526E-19	1.275E-18	1.610E-18	1.4373E-05
ℓ	4.142E-23	q	3	38	38	76	0.123	5.643	0.562	3.745E-16	9.605E-05	2.272E-19	1.275E-18	2.399E-18	1.702E-05
ℓ	4.142E-23	u	2	42	42	84	0.111	6.237	0.543	4.279E-16	7.605E-05	2.045E-19	1.275E-18	3.977E-18	2.2442E-05
ℓ	4.142E-23	x	1	46	46	92	0.102	6.831	0.527	4.831E-16	6.150E-05	1.867E-19	1.275E-18	8.712E-18	3.2413E-05

さて、太陽から単独で飛びだした陽子（種惑星）の速度とスピン回転数は、上の表の右端2列の、観測速度 V_{eO} と励起回転数 $γ_{eR}$ となって計算される。計算式は、原子モデルと同様に、

$V_{eO} = ι^{\#} V_e / n$ (km/s)　・・・【B4.19】

$γ_{eR} = ι^{n+3} V_e / 2πL$ (1/ys)・・・【B4.8】

である。【B4.8】式は、原子モデルでは核軌道の外縁半径 Lo が用いられたが、太陽モデルでは半径 L が用いられる。

核軌道半径 L/ι との関係を下に図示したが、観測速度 V_{eO} は右端の水星に対応する値がいちばん高く、これは惑星の公転速度に対応する。

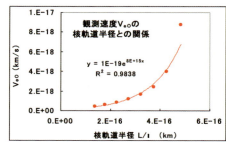
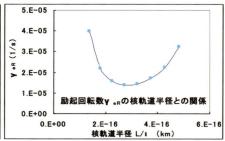

励起回転数 $γ_{eR}$ は、渓谷の断面図みたいな形になっている。上の表で励起回転数 $γ_{eR}$ を1行めから全体的にみると、基底のs軌道だけが極端に高い回転数で、あとは励起というより抑制回転数と呼んだほうがよさそうだ。図で右に進めば、ちょうど火星のあたり、つまり岩石型の4個の内惑星では、少しずつそして急激に抑制から解放されるという感じである。

次の §C.3（惑星系モデル）では、励起回転数 γ_{eR} は惑星の自転回転数に対応させることになる。

太陽と惑星系との相互作用は、双方の原子層に埋もれて私たちの目にふれることのない種太陽と種惑星系の相互作用として記述される。

なお、原子モデルと同じように、種太陽の中の核子（ここでは陽子）の運動エネルギー E_k と観測エネルギー E_{kO} も計算できる。しかしさし当たり必要ないので、エネルギーの問題は割愛して、次に進むことにしよう。

§C.3　惑星系モデル（太陽の２次慣性構造）製作の考え方

種惑星系創生は、種太陽創生と並行しておこなわれた過程であり、複合核軌道の構成員として捕捉されることなく、種太陽の外に単独で飛びだした核子群が種惑星系となる。原子モデルでは陽子の付随物である電子だけが原子核を飛びだしたが、ここでは陽子そのものが飛びだして種太陽コアクォーク ℓ の２次慣性構造としての種惑星系となる。

飛びだした核子のうち、陽子 $\mathfrak{R}$ が惑星の核になったとするが、中性子 $\mathfrak{L}$ がどうなったかは考えない。しかし、これらの核子群は、同じ第 N+5 次元のより小さな単独軽クォーク r を材料にして複合核軌道を構築し、これが惑星の核になった（さらに軽クォーク r は単独で飛びだして惑星の衛星になった）とするのは合理的だ。その方が、より精緻なモデル計算を行うことができるだろう。

しかし本論では惑星系の公転半径と公転速度だけを問題とし、惑星の細かい構造は捨象して、陽子 $\mathfrak{R}$ だけで原子層を集積して惑星に成長したことにする。

いま述べたとおり種惑星は種太陽の複合核軌道構築と同時に外に飛びだすのだが、結果は同じことになるので、種太陽の複合核軌道中にあった陽子 $\mathfrak{R}$ が、核軌道の観測速度 V_{eO}（km/s）、励起回転数 γ_{eR}（1/s）で飛びだして、種惑星系を形成する。

239

飛びだした陽子は、太陽の複合核軌道という剛体構造の束縛からは解放され、自由空間で種太陽の重力だけを束縛条件として慣性運動する。この場合は重力と遠心力が均衡するというニュートン力学で、公転半径 $|L|$ と公転速度 $|V|$ を計算することができる。すなわち、

$$Gmm_s/|L|^2 = -m|V|^2/|L| \ (kg \cdot km/s^2) \quad \cdots 【C3.1】$$

というのが有名な関係式である。

　左辺は万有引力の法則からくる重力、右辺が遠心力である。m は種惑星の質量で、SST 標準モデルにあるサイズ次元 5.5 の複合軽クォーク $\Re$（陽子）の質量 3071.9E-27（kg）を用いる。m_s は種太陽の質量であり、同じようにサイズ次元 5 の単独重クォーク ℓ の質量 4.1423 E-23（kg）とする。万有引力定数は、G = 6.67428 × 10^{-20}（$km^3/kg \cdot s^2$）である。

　【C3.1】式は、m と $|L|$ を約すことができるので、次の関係式、

$$Gm_s/|L| = |V|^2 \ (km^2/s^2) \quad \cdots 【C3.2】$$

が導かれる。−記号を外したのは、今後は絶対値だけを問題とするからである。上で述べたとおり、種太陽の複合核軌道中にあった陽子 $\Re$ が、核軌道の観測速度 V_{eO}（km/s）で飛びだすとするので、【C3.2】式は、

$$Gm_s/|L| = V_{eO}^2 \ (km^2/s^2) \quad \cdots 【C3.3】$$

とすることができる。両辺の平方根を求めれば、

$$V_{eO} = (Gm_s)^{0.5}|L|^{-0.5} \ (km/s) \quad \cdots 【C3.4】$$

となる。これが §C.1 の太陽系で導いた V = D／$L^{0.5}$【C1.2】式の正体である。

　ところで、種惑星の公転速度 V_{eO} から公転回転数 γ_c（1/s）は、

$$\gamma_c = V_{eO}/2\pi|L| \ (1/s)$$

と計算される。公転回転数 γ_c は観測速度 V_{eO} に依存する変量として扱われるので、種太陽に由来する励起回転数 γ_{eR} は惑星の公転回転数 γ_c に影響を与えることはない。

　励起回転数 γ_{eR} は、惑星の自転速度 v_m と連動させる。すなわち、

$$\gamma_{eR} = v_m/(2\pi R_p/\sqrt[3]{2}\iota) \ (1/s) \cdots 【C3.5】$$

240

§C　太陽系の SST モデル

である。これにより自転速度 v_m は、

$$v_m = (2 \pi R_p / \sqrt[3]{2} \iota) \gamma_{eR} \text{ (km/s)} \cdots \text{【C3.6】}$$

で計算する。惑星の自転運動とは、質量 m の質点が惑星の体積を 2 分する
内球表面上を回転する運動だと捉えるので $\sqrt[3]{2}$ で割る計算を行う。現実の惑
星は密度均一ではないのだが、陽子ℜは密度均一な球として扱うことになる。

　ここで陽子ℜの半径 R_p は、SST 標準モデルの原子の陽子半径 0.8875 fm に、
原子陽子と種太陽陽子（複合軽クォークℜ）の質量比（1.723E+06 / 938.27205）
の 3 乗根をかけて、10.868 fm（= 10.868E-18 km）としたものである。

　最初のアイディアはこうだった。誕生時の惑星系は密度均一な陽子だけで
成るので、それなりの姿をしていたのだが、その後の「後天的成長」段階で
陽子ℜを核として集積される原子種の違いによって、種惑星の質量密度が違
うようになる。だから何億年もかけて惑星は現在のように変化したという考
えであった。
　しかし先に結論を言えば、太陽系が現在のような姿になるのに何億年もは
かからない。誕生の一瞬後には、現在と寸分たがわず相似形の姿となり、現
在の太陽系はそれが時空間的に等方膨張した結果にすぎない。そのように推
測するに足る理論的検証結果が得られたのである。太陽系は超早熟児だった
ことになる。

　放出された陽子（種惑星）が、公転回転数と同じ自転回数で自転している
のであれば、・・・つまり、月と同じように公転 1 回につき 1 回自転するの
なら、惑星の公転半径 |L| は重力と遠心力の均衡だけで成りたつ $|L| = Gm_s / V_{eO}^2$ 【C3.3】だけで記述されるだろう。
　しかし、励起回転数 γ_{eR} で自転する惑星の、励起（あるいは抑制）された
自転回転数は、太陽重力場の広大な領域の中に、余分に盛り上がった（ある
いは凹んだ）惑星の「局所的重力場」の塊りを生んでいる。太陽重力場の広
大なプールの重力場密度と、惑星の局所的重力場密度との差は、惑星に「浮
力」を及ぼして惑星を少しだけ浮き上がらせたり、他の惑星にくらべて相対

241

的に沈み込ませたりする。

　上記のとおり集積される原子種の違いで質量密度も変化するので、浮力の大きい（自転速度の大きい）外惑星の質量密度は小さくなって浮上が助長される。内惑星系は正反対である。

　従来の重力と遠心力の均衡だけを記述する方程式は、
　　　$Gmm_s/|L|^2 = m\,V_{eO}^2/|L|$ $(kg \cdot km/s^2)$　・・・【C3.1】（負号省略）
とされている。これは、惑星の局所的重力場の密度により浮力が及ぼされるという前提から次のように改められる。
　　　$Gmm_s/L^2 = m\,V_{eO}^2/|L| + (\rho_s - \rho_m)w\,(Gm_s/|L|^2)$ $(kg \cdot km/s^2)$・・・【C3.7】
　ここで、左辺の L は浮力補正された公転半径を表わし、右辺の |L| は【C3.1】で求められる従来の公式による公転半径を表わす。
　右辺の第2項は「浮力補正項」と称し、浮力理論の公式どおりである。記号等の意味は次のとおりである。
　　ρ_s：惑星空間の重力場密度　　　ρ_m：種惑星局所的重力場の密度
　　w：種惑星の局所的重力場の体積
　　$Gm_s/|L|^2$ (km/s^2)：惑星空間の重力加速度

　重力場密度 ρ_s と ρ_m は、次のように運動速度の2乗で計算する。これについては、§C.1 で詳しく説明したとおりである。
　　　$\rho_s = V_{eO}^2$ (km^2/s^2)　・・・【C3.7.1】
　　　$\rho_m = v_m^2$ (km^2/s^2)　・・・【C3.7.2】
　陽子（種惑星）の重力場体積 w は、上に述べた自転半径 $R_p/\sqrt[3]{2}\,\iota$ を有する内球の体積に等しいとし、
　　種惑星重力場の体積：$w = 4\pi\,(R_p/\sqrt[3]{2}\,\iota)^3/3 = 2.68856\text{E-}51\,\iota^{\#}$ (km^3)・・・【C3.7.3】
となり、ニュートン収縮率 $\iota^{\#}$ だけに依存する変量となる。陽子の質量 m は、
　　　$m = 3071.9\text{E-}27\,\iota^{\#}$ (kg)　・・・【C3.7.4】
で与えられるので、もし種惑星の質量密度 d を、
　　　$d = m\,/\,w = 1.14258\text{E+}27$ $(kg/\,km^3)$　・・・【C3.7.5】
とするならば、種惑星の質量密度 d は定数であることになる。

§C　太陽系のSSTモデル

実際の惑星の密度は右の図のとおり一定ではないので、重力場密度係数に対して、右図と似たようなパターンをもつモデル変数を探索した。その結果、$m\iota^{\#}/\gamma_{eR}$ が選択された。

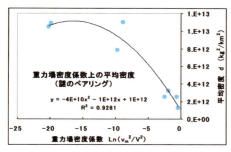

§C.2 の最後に掲げた図のとおり、励起回転数 γ_{eR} は谷底パターンをもつ唯一のモデル変数なので、その逆数は山型となり好都合だが、分子に種太陽の複合核軌道に組み込まれた陽子ℜの質量 $m\iota^{\#}$ をもってきてはじめて「質量密度らしい」変数となった。m は陽子ℜの質量（3071.9E-27kg）を示し、$\iota^{\#}$ はニュートン収縮率である。

下の図のとおり、実際の太陽系とは異なるが、似たようなパターンを示す質量密度 d に対応する変数 $m\iota^{\#}/\gamma_{eR}$ が見いだされた。

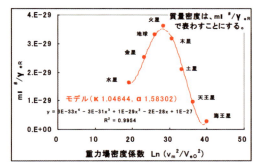

これは、陽子ℜをコアとして原子を集積して決まる種惑星の質量密度は、何億年もかけて定まったものではなく、すでに種太陽の中で決まったとする根拠にもなる。

ビッグバンで先に創生されたのは原子であり、種太陽が創生される段階では、宇宙にはすでに原子が充満していたはずだから。

広大な惑星空間を運動する惑星の公転のみならず、自転と質量密度に関してまで、徹底的に太陽モデルの変量が決定的な要因となるのは不思議な感じがする。・・・しかしこれは、太陽と惑星、双方の複合核軌道（惑星については記述しないが）どうしが密接に連動しているというモデル（仮説）で説明可能であろう。双方のコアどうしは今現在でも密接に相互作用しているのだ。

以上のとおり、惑星の局所的重力場密度 ρ_m（$= v_m^2$）と、惑星が公転す

る太陽系の重力場密度 ρ_s（$= V_{eO}{}^2$）との差による浮力が働くとする惑星の公転運動は、

$$Gmm_s/L^2 = m\,V_{eO}{}^2/|L| + (V_{eO}{}^2 - v_m{}^2)w(Gm_s/|L|^2) \quad (kg\cdot km/s^2)\cdots【C3.8】$$

で記述されることになった。両辺を種惑星の質量 m で割ると、

$$Gm_s/L^2 = V_{eO}{}^2/|L| + (V_{eO}{}^2 - v_m{}^2)(w/m)(Gm_s/|L|^2)$$

$$\Rightarrow Gm_s/L^2 = V_{eO}{}^2/|L| + (V_{eO}{}^2 - v_m{}^2)(Gm_s/|L|^2)/d \quad (km/s^2)\cdots【C3.9】$$

となり、重力加速度の均衡を表わす方程式が得られる。

【C3.9】式の質量密度 d を、前のページで求めた $m\iota^{\#}/\gamma_{eR}$ で置き換えると、

$$Gm_s/L^2 = V_{eO}{}^2/|L| + (\gamma_{eR}/m\iota^{\#})(V_{eO}{}^2 - v_m{}^2)(Gm_s/|L|^2) \quad (km/s^2)\cdots【C3.10】$$

が得られる。両辺に L^2 をかけると、

$$Gm_s = V_{eO}{}^2 L^2/|L| + (\gamma_{eR}/m\iota^{\#})(V_{eO}{}^2 - v_m{}^2)(Gm_s L^2/|L|^2)\cdots【C3.10.1】$$

となる。

ここで、浮力補正による公転半径の差はわずかである（$L \fallingdotseq |L|$）ことを利用して、

$$L/|L| = 1 \quad\cdots【C3.10.2】$$

とすれば、【C3.10.1】式は、

$$Gm_s = V_{eO}{}^2 L + (\gamma_{eR}/m\iota^{\#})(V_{eO}{}^2 - v_m{}^2)Gm_s \quad\cdots【C3.10.3】$$

とすることができる。両辺を $V_{eO}{}^2$ で割ることによって、

$$Gm_s/V_{eO}{}^2 = L + (\gamma_{eR}/m\iota^{\#})(1 - v_m{}^2/V_{eO}{}^2)Gm_s$$

$$\therefore) L = Gm_s/V_{eO}{}^2 - Gm_s(\gamma_{eR}/m\iota^{\#})(1 - v_m{}^2/V_{eO}{}^2) \quad\cdots【C3.10.4】$$

が得られる。これは $|L| = Gm_s/V_{eO}{}^2$【C3.3】の関係より、

$$L = |L| - Gm_s(\gamma_{eR}/m\iota^{\#})(1 - v_m{}^2/V_{eO}{}^2) \quad (km)\cdots【C3.10.5】$$

とすることができる。

【C3.10.5】式は、「従来の公転半径 $|L|$ が浮力補正項で補正されてモデルの公転半径 L が得られる」というモデルの設計思想をもっともよく表わしている。

ところが、浮力補正項の単位を調べると、（$km^3/kg\cdot s^3$）という単位になっていて、距離の単位（km）にはなっていない。この単位を距離の単位

§C　太陽系の SST モデル

（km）に変換するために、浮力補正項に（kg・s^3/km^2）という単位をもつパラメータ κ をかけると、

$$L = |L| + \kappa\,Gm_s\,(\gamma_{eR}\,/\,m\iota^{\#})(1 - v_m{}^2/V_{eO}{}^2)\ (km)\cdots【C3.11】$$

が得られる。

　パラメータ κ の値を数値計算で最適化すれば、現実の太陽系と相似形の種惑星系が出現するだろう。また、質量密度（$m\iota^{\#}$ / γ_{eR}）も、現実の太陽系と似たパターンを示すとはいっても同じではなかった。これにもあるパラメータを付して最適化する必要があるだろう。

　・・・以上の考えにより、パラメータを付したモデルの式は、

$$L = |L| + \kappa\,Gm_s\,(\gamma_{eR}\,/\,m\iota^{\#})^{a}\,(1 - v_m{}^2/V_{eO}{}^2)\ (km)\cdots【C3.12】$$

とした。モデルの質量密度の逆数（γ_{eR} / $m\iota^{\#}$）にパラメータ a を乗数として付して、2つのパラメータ κ と a を最適化する計算を行うことになる。

　次ページの表には、次章 §C.4 で行う最適化計算と並行して行ったモデル改良の結果を要約してある。詳しい説明は §C.4 で行うが、上のモデル式【C3.12】の結果は、表のいちばん上の基本モデル 1 行に要約してある。

　次章 §C.4 では改良モデルとして「累乗モデル（V_{eO}）」と「3 次モデル（V_{eO}）」の2つが検討されたが、最終的には 3 次モデルが採用されることになる。

モデル名	モデル式	κ	a	差分平方和 $\Sigma \Delta^2$	地球の時空比率 1/V (s/km)	後天的変分 平均Δ (km)	後天的変分 海王星Δ (km)
基本モデル	【3.3.12】	1	1	13.58234	4.168E+17	−1.824E−07	7.800E−07
累乗モデル(V_{eO})	【3.4.5】	1	1	8.59799	4.302E+17	−2.448E−07	−2.768E−08
3次モデル(V_{eO})	【3.4.6】	1	1	1.34698E−08	4.168E+17	−1.530E−11	−3.181E−11
κ ステップ幅 ： 0		0.01	0.98985	1.34698E−08	4.168E+17	−1.530E−11	−3.181E−11
a ステップ幅 ：		1	0.91794	1.34698E−08	4.168E+17	−1.530E−11	−3.181E−11
0.00001		100	0.84635	1.34698E−08	4.168E+17	−1.530E−11	−3.181E−11
		10000	0.76237	1.34698E−08	4.168E+17	−1.530E−11	−3.181E−11
		1.E+06	0.71957	1.34698E−08	4.168E+17	−1.530E−11	−3.181E−11
		1.E+10	0.53407	1.34698E−08	4.168E+17	−1.530E−11	−3.181E−11
		1.E+13	0.36698	1.34698E−08	4.168E+17	−1.530E−11	−3.181E−11
		1.E+14	0.32747	1.34698E−08	4.168E+17	−1.530E−11	−3.181E−11
		3.11405E+14	0.30063	1.34698E−08	4.168E+17	−1.530E−11	−3.181E−11
		1.E+15	0.27107	1.34698E−08	4.168E+17	−1.530E−11	−3.181E−11
		1.E+20	−0.01402	1.34698E−08	4.168E+17	−1.530E−11	−3.181E−11
		1.E+25	−0.22391	1.34698E−08	4.168E+17	−1.530E−11	−3.181E−11
		1.E+30	−0.56481	1.34698E−08	4.168E+17	−1.530E−11	−3.181E−11
		1.E+40	−1.09787	1.34698E−08	4.168E+17	−1.530E−11	−3.181E−11

3次モデルというのは、

$$L = aV_{eO}{}^3 + bV_{eO}{}^2 + cV_{eO} + d$$
$$+ \kappa\, Gm_s\, (\gamma_{eR} \,/\, m\,\iota^{\,\#})^{\,a}\, (1 - v_m{}^2/V_{eO}{}^2) \cdots \text{【C4.6】}$$

という一般式で表わされ、基本モデル【C3.12】の |L| 項を公転速度 V_{eO} の3次式で置き換えたものである。

　また上の表には3次モデルのパラメータ最適化の結果を示してある。表のとおり、パラメータ a を適当に調整すれば、κ は「任意の定数」と見なしても差しつかえないほど、数値幅の大きいパラメータであった。κ 0.01 〜 10^{40} という広い範囲で、右列の結果はまったく変動しないことが分かる。

§C.4　惑星系モデルのパラメータ最適化とモデルの改良

　前章の最後近くで述べたように、基本モデル、

$$L = |L| + \kappa\, Gm_s\, (\gamma_{eR} \,/\, m\,\iota^{\,\#})^{\,a}\, (1 - v_m{}^2/V_{eO}{}^2) \;\text{(km)} \cdots \text{【C3.12】}$$

の中の、2つのパラメータ κ と a を最適化する計算を行った。

§C 太陽系の SST モデル

原型公転半径 [L] (km)	公転半径 L (km)	比公転半径 モデル[L]	比公転半径 太陽系[L]	比公転速度 太陽系[V]	公転速度 V (km/s)	比公転速度 モデル[V]	$\Sigma \Delta^2$
2.775E-03	2.775E-03	5.77599E+03	128.53920		3.15667E-20	0.013157911	31893656.39
2.590E-04	2.590E-04	5.39272E+02	95.07890		1.03309E-19	0.043062201	197307.1591
7.707E-05	7.707E-05	1.60444E+02	68.01200		1.894E-19	0.078947368	8543.756786
3.185E-05	3.185E-05	66.30612	46.66230		2.94622E-19	0.122807018	385.8797604
1.522E-05	1.522E-05	31.69273	30.06896	0.18247	4.26149E-19	0.177631579	2.636628256
7.803E-06	7.803E-06	16.24334	19.19138	0.22844	5.95256E-19	0.248120301	8.690925007
4.104E-06	4.104E-06	8.54438	9.53707	0.32373	8.20732E-19	0.342105263	0.985436021
2.141E-06	2.141E-06	4.45679	5.20336	0.43385	1.1364E-18	0.473684211	0.557366581
1.067E-06	1.067E-06	2.22068	1.52366	0.81091	1.6099E-18	0.671052632	0.485842948
4.804E-07	4.804E-07	1.00000	1.00000	1.00000	2.39906E-18	1	0
1.748E-07	1.748E-07	0.36382	0.72333	1.17615	3.97739E-18	1.657894737	0.129247726
3.642E-08	3.642E-08	0.07582	0.38710	1.60622	8.71239E-18	3.631578947	0.096892495
1.00000	1.00000	1.00000	1.00000				13.58233903
κ 計算セル	a 計算セル	最適κ 保存セル	最適a 保存セル				

0.97797	ステップ幅 ⇒	0.10000000	0.10000000	最小ΣΔ^2 ⇒	13.58233903
a 初期値計算セル	○○	1.10000E+00	1.1000000	13.58233903	
	△○	9.00000E-01	1.1000000	13.58233903	
	○△	1.10000E+00	0.9000000	13.58233903	
	△△	9.00000E-01	0.9000000	13.58233903	

　上の表は最適化計算の心臓部である。2つある表のうち、上側の表の直下にある κ と a の2つの計算セルは、パラメータ κ と a の現在値（κ = a = 1：このときは初期値）を示す。公転半径 L のカラムは現在値をモデル式【C3.12】に代入して計算した結果である。初期状態では、その左の |L| のカラムと、計算結果が一致していることが分かる。

　もう1つの下の表は、κ と a の2つの数を、ステップ幅 0.1 としている値だけ増（○）減（△）した4つの組合せで計算するための表である。この4つの組合せのうち、ΣΔ^2（モデルと太陽系の比公転半径 [L] の差分平方和）の最小値を与える組合せを選択するのを1クールとして、これを延々とくり返すプログラムである。

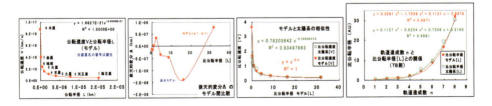

247

前のページの図は、左から2つめを除いて、前のページの表から作図したものである。いちばん左の図は、これまで何度か掲げた太陽系の図に対応するもので、「モデルの姿」と称する。まずこの図をみて、右に再掲する太陽系とどの程度似ているか評価するために描く。

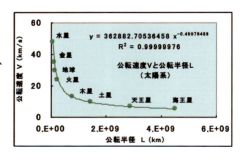

　いちばん右の図では、TB則についてモデルと太陽系を比較することができる。両者はある程度近いことが分かる。
　その左は、比公転半径 [L] に対して比公転速度 [V] をプロットしてある。横軸がモデルの [L] であるため、白丸の太陽系の比公転速度 [V] との間にズレが生じる。これらが完全に一致すれば、太陽系と完全に相似形のモデルができたことになる。ここでは、外惑星系に比べ、内惑星系の相似性はかなり低いことが見てとれる。

　その左の「後天的変分 Δ」をモデルの [L] に対してプロットした図については、まず後天的変分 Δ について理解する必要があるのであとで説明するが、グラフが横軸に一致（$\Delta = 0$）すればモデルが現実の太陽系と重なったことを意味し、モデルの完成度を表わす。
　図中に「基本モデル」とコメントしてあるのは、前のページの表の（$\kappa 1$, $a 1$）の状態が出発点であり、今後のパラメータ最適化や、モデル改良では、この基本モデルと比較してどちらが横軸に近いか（モデルの完成度）を評価する。

　次のページの結果要約表にある差分平方和 $\Sigma \Delta^2$ も、後天的変分 Δ と並んでモデルの完成度を評価する目安であるが、両者は異なる概念だから、あとで説明する。
　表で時空比率 $1/V$（s/km）というのは、計算結果を要約するのに「どの時点で」そうなったかを示す必要があると考えて設けた整理指標であった。

§C　太陽系のSSTモデル

単純に公転速度 V の逆数を計算したものだが、あまり成功した指標とは言えない。

モデル名	モデル式	κ	α	差分平方和 $\Sigma \varDelta^2$	地球の時空比率 1/V (s/km)	後天的変分 平均Δ (km)	後天的変分 海王星Δ (km)
基本モデル	【3.3.12】	1	1	13.58234	4.168E+17	-1.824E-07	7.800E-07

結果的に、基本モデル【C3.12】は最適化計算を受けつけなかった。どのように条件を変えて計算を繰り返しても、パラメータ κ と α は初期値 1 から微動だにしなかったのである。

次に、モデル改良について説明する。まず下の表をながめていただきたい。

表には、「後天的変分Δ」が左2列に示してある。その右には「変分込公転半径 |L|－Δ」という列が4つある。保存列というのは、計算結果を保存のため数値コピーした列であり、今後計算列の数値が変化しても、保存列の数値は変わらない。

現在の表全体は（κ1，α1）の基本モデルの状態なので、計算列と保存列の数値は完全に一致しているわけである。

保存列	計算列	計算列	当たり前の保存列	累乗近似計算	3次式近似計算
基本モデルの後天的変分 Δ (km)	現在の後天的変分 Δ (km)	変分込公転半径 |L|-Δ (km)	変分込公転半径 |L|-Δ (km)	変分込公転半径 |L|-Δ (km)	変分込公転半径 |L|-Δ (km)
2.713E-03	2.713E-03	6.17512E-05	6.17465E-05	*4.49732E-39*	*-5.06806E+47*
2.134E-04	2.134E-04	4.56717E-05	4.56717E-05	*-1.82540E+00*	*2.71147E+31*
4.440E-05	4.440E-05	3.26699E-05	3.26699E-05	*5.87350E-21*	*-5.8193E+13*
9.436E-06	9.436E-06	2.24145E-05	2.24145E-05	*-7.91155E-01*	*3.43579E-05*
7.800E-07	7.800E-07	1.44438E-05	1.44438E-05	1.53586E-05	1.44438E-05
-1.416E-06	-1.416E-06	9.21868E-06	9.21868E-06	8.34467E-06	9.21869E-06
-4.768E-07	-4.768E-07	4.58118E-06	4.58118E-06	4.6427E-06	4.58118E-06
-3.586E-07	-3.586E-07	2.49946E-06	2.49946E-06	2.56323E-06	2.49944E-06
3.348E-07	3.348E-07	7.31898E-07	7.31898E-07	*7.01580E-07*	*7.31900E-07*
0	0	4.80355E-07	4.80355E-07	*5.11700E-07*	*4.80357E-07*
-1.727E-07	-1.727E-07	3.47455E-07	3.47455E-07	*3.43014E-07*	*3.47455E-07*
-1.495E-07	-1.495E-07	1.85946E-07	1.85946E-07	*1.84456E-07*	*1.85926E-07*
			※3次式近似の内惑星系の係数⇒	*-1.28312E+46*	*-9.70057E+11*
				2.01542E+29	*1.82478E-06*

ちょっと面白い結果が得られるので、「当たり前の保存列」とコメントした変分込公転半径 |L|－Δ 列の数値を、

$$L = |L| + \kappa Gm_s (\gamma_{eR}/m\iota^{\#})^a (1 - v_m^2/V_{eO}^2) \text{ (km)} \cdots \text{【C3.12】}$$
　　　　ただし、$a = \kappa = 1$（基本モデル）

の右辺にある |L| の代わりに用いてみよう。

　すると下の図の結果が得られる。いちばん左のモデルの姿図では、太陽系に特徴的な内惑星と外惑星系の分離と、金地火の三連星が認められる。いちばん右の TB 則では、近似式の係数までが完全に一致する。その左の相似性評価図では、近似式の乗数と R^2 の値までが完全に一致した。

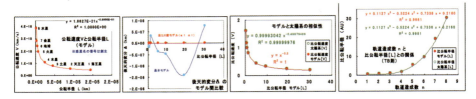

　左の後天的変分 Δ の計算結果は、ほぼ完全にゼロである。このように完成度の高いモデルがあれば完璧な成果だが、これはナンセンスであることが以下で証明される。

　「後天的変分 Δ」は、モデルと太陽系の比公転半径 [L]※ の差分である ⊿ とは定義が異なる。

　　　　※紛らわしいが、[L] は公転半径 L を地球を 1 として表わす比率であり、公転半径 |L|（km）とは異なる。

$$L = |L| + \kappa Gm_s (\gamma_{eR}/m\iota^{\#})^a (1 - v_m^2/V_{eO}^2) \text{ (km)} \cdots \text{【C3.12】}$$

という基本モデルの右辺第 1 項 |L|（= Gm_s/V_{eO}^2）からどれだけ差し引いたら、太陽系とモデルの比公転半径 [L] の差分 ⊿ がゼロになるかという数値が後天的変分 Δ である。

　惑星系誕生時のモデルが【C3.12】であると想定し、その時の |L| から後天的変分 Δ を差し引いて、強引にモデルを太陽系に合わせてしまったのが、「当たり前の保存列」とコメントした列の、変分込公転半径 |L| − Δ である。

　具体的には、差分 ⊿ と後天的変分 Δ は次のように計算される。

§C　太陽系のSSTモデル

　　比公転半径の差分：$\varDelta = [L_M] - [L_m]$　・・・【C4.1】
　　後天的変分：$\Delta = ([L_M] - [L_m])\, Le = \varDelta Le$ (km)・・・【C4.2】
　　太陽系惑星の比公転半径：$[L_M]$（天文学のAUで表わした公転半径と同じ）
　　対応するモデル惑星の比公転半径：$[L_m] = L_m / Le$
　　Le（km）：モデル地球の公転半径（比公転半径の基準となる）
　後天的変分 Δ とは、モデルの公転半径 L が太陽系とどれだけ乖離しているかを、モデル上の距離（km）で示す。これが全惑星でゼロとなれば、モデルの姿は太陽系と同じになるわけである。したがって、変分込公転半径 $|L| - \Delta$ は、

　　$|L| - \Delta = |L| - ([L_M] - [L_m])\, Le = |L| - [L_M]\, Le + [L_m]\, Le$ (km)・・・【C4.3】
と計算されるが、基本モデル、

　　$L = |L| + \kappa\, Gm_s\, (\gamma_{eR}/m\, \iota^{\#})^{a}\, (1 - v_m^2/V_{eO}^2)$ (km)・・・【C3.12】
の $|L|$ とそっくり置きかえれば、次の関係が成りたつようになる。すなわち、

　　$L = (|L| - \Delta) + \kappa\, Gm_s\, (\gamma_{eR}/m\, \iota^{\#})^{a}\, (1 - v_m^2/V_{eO}^2)$ (km)・・・【C4.4】
とすれば、右辺の浮力補正項は【C3.13】式より $L - |L|$ に等しいので、

　　$L = |L| - [L_M]\, Le + [L_m]\, Le + (L - |L|) = -[L_M]\, Le + [L_m]\, Le + L$

　　　∴）$[L_m]\, Le = [L_M]\, Le$　⇒　$[L_m] = [L_M]$
が成りたつようになる。つまり比公転半径に関しては、モデルの $[L_m]$ と太陽系の $[L_M]$ とが一致するようになるのである。したがってモデル【C4.4】は、

　　$L = [L_m]\, Le = [L_M] Le = $ 太陽系$[L]$（モデル地球のL）(km)・・・【C4.4.1】
という単純な計算を行ったのと同じ公転半径 L を与える。すなわち、現在の太陽系とそっくり相似形の比公転半径を有するモデルと化すのである。だからこそ、「当たり前」と称したのであった。

　さて、次のページに249ページの表を再掲し、モデル改良について説明する。いま述べたとおり、当たり前の保存列にある数値を用いるだけの改良では、結果は完璧でもナンセンスである。しかし、この完璧な当たり前保存列の数値を、モデル内の変量だけを用いて計算で再現できるようになれば、モデル改良が成功するはずである。

保存列	計算列	計算列	当たり前の保存列	累乗近似計算	3次式近似計算
基本モデルの後天的変分 Δ (km)	現在の後天的変分 Δ (km)	変分込公転半径 $|L|-\Delta$ (km)	変分込公転半径 $|L|-\Delta$ (km)	変分込公転半径 $|L|-\Delta$ (km)	変分込公転半径 $|L|-\Delta$ (km)
2.713E-03	2.713E-03	6.17512E-05	6.17465E-05	4.49732E-39	-5.06806E+47
2.134E-04	2.134E-04	4.56717E-05	4.56717E-05	-1.82540E+00	2.71147E+31
4.440E-05	4.440E-05	3.26699E-05	3.26699E-05	5.87350E-21	-5.8193E+13
9.436E-06	9.436E-06	2.24145E-05	2.24145E-05	-7.91155E-01	3.43579E-05
7.800E-07	7.800E-07	1.44438E-05	1.44438E-05	1.53586E-05	1.44438E-05
-1.416E-06	-1.416E-06	9.21868E-06	9.21868E-06	8.34467E-06	9.21869E-06
-4.768E-07	-4.768E-07	4.58118E-06	4.58118E-06	4.6427E-06	4.58118E-06
-3.586E-07	-3.586E-07	2.49946E-06	2.49946E-06	2.56323E-06	2.49944E-06
3.348E-07	3.348E-07	7.31898E-07	7.31898E-07	7.01580E-07	7.31900E-07
0	0	4.80355E-07	4.80355E-07	5.11700E-07	4.80357E-07
-1.727E-07	-1.727E-07	3.47455E-07	3.47455E-07	3.43014E-07	3.47455E-07
-1.495E-07	-1.495E-07	1.85946E-07	1.85946E-07	1.84456E-07	1.85926E-07
			※3次式近似の内惑星系の係数⇒	-1.28312E+46	-9.70057E+11
				2.01542E+29	1.82478E-06

　表の右端にある2つの計算列は、当たり前の保存列の数値を目標として、モデル変数 V_{eO} を用いて表わす2つの試みを示す。斜め文字で示すのは、累乗近似式の係数・乗数を示すのと、3次式近似式の係数であり、中の8行が近似式による計算結果である。

　累乗モデルの一般式は、

$$L = aV_{eO}{}^b + \kappa\, Gm_s\, (\gamma_{eR}/m\, \iota\, ^\#)^a\, (1 - v_m{}^2/V_{eO}{}^2)\ \ (km)\ \cdots\ 【C4.5】$$

と表わされ、基本モデルの $|L|$ の代わりに累乗関数 $aV_{eO}{}^b$ が置かれている。一方、3次モデルの一般式は、

$$L = aV_{eO}{}^3 + bV_{eO}{}^2 + cV_{eO} + d$$
$$+ \kappa\, Gm_s(\gamma_{eR}/m\, \iota\, ^\#)^a\, [1 - v_m{}^2/V_{eO}{}^2]\ \ (km)\ \cdots\ 【C4.6】$$

と表わされ、同様に観測速度 V_{eO} の3次式が置かれたものである。

　前章§C.3で予告したとおり、この3次モデルが最終的に選択される。上の表の計算値を見ても、これが当たり前の保存列の数値とよく一致していることが分かる。

　次章では、モデル改良の過程を詳しく説明するが、累乗モデルについては割愛し、3次モデルだけをベースに論じることにする。

§C.5　惑星系モデルの改良過程と最適化

　前章で述べた 3 次モデルの具体的な表記は、

$$L = aV_{eO}^3 + bV_{eO}^2 + cV_{eO} + d$$
$$+ \kappa\, Gm_s (\gamma_{eR}/m\, \iota^{\#})^a (1 - v_m^2/V_{eO}^2)\ (km)\ \cdot\cdot\cdot【C4.6】$$

　　ただし　　a ＝ － 1.28312E+46（内惑星），　－ 5.06806E+47（外惑星）

　　　　　　b ＝ 2.01542E+29（内惑星），　　2.71147E+31（外惑星）

　　　　　　c ＝ － 9.70057E+11（内惑星），　－ 5.8193E+13（外惑星）

　　　　　　d ＝ 1.82478E-06（内惑星），　　3.43579E-05（外惑星）

としなければならない。4 つの係数を内惑星系と外惑星系に分けて決定しな
ければならなかったことは基本的に不満だが、任意の 4 つの点を通る 3 次関
数は必ずあるという 3 次式の利点は活かされた。グラフを次のページに示す。

　グラフの横軸に観測速度 V_{eO} をとるに当たっては、太陽モデルも含めてす
べてのモデル変量を対象として探索した。内外惑星系のグラフを描いたと
き、累乗近似の R^2 が内外ともに 0.99 以上となる変量は、観測速度 V_{eO} の他
に、励起回転数 γ_{eR} と自転速度 v_m があったが、3 次式は公転半径 |L| の代わ
りに置かれるのだから、物理的関係が近いと思われる V_{eO} が選択されること
になった。最適化計算の結果は下の表（再掲）のとおりである。

モデル名	モデル式	κ	α	差分平方和 $\Sigma \varDelta^2$	地球の時空比率 1/V (s/km)	後天的変分 平均Δ （km）	後天的変分 海王星Δ （km）
3次モデル(V_{eO})	【3.4.6】	1	1	1.34698E-08	4.168E+17	-1.530E-11	-3.181E-11
κ ステップ幅 ： 0		0.01	0.98985	1.34698E-08	4.168E+17	-1.530E-11	-3.181E-11
α ステップ幅 ：		1	0.91794	1.34698E-08	4.168E+17	-1.530E-11	-3.181E-11
0.00001		100	0.84635	1.34698E-08	4.168E+17	-1.530E-11	-3.181E-11
		10000	0.76237	1.34698E-08	4.168E+17	-1.530E-11	-3.181E-11
		1.E+06	0.71957	1.34698E-08	4.168E+17	-1.530E-11	-3.181E-11
		1.E+10	0.53407	1.34698E-08	4.168E+17	-1.530E-11	-3.181E-11
		1.E+13	0.36698	1.34698E-08	4.168E+17	-1.530E-11	-3.181E-11
		1.E+14	0.32747	1.34698E-08	4.168E+17	-1.530E-11	-3.181E-11
		3.11405E+14	0.30063	1.34698E-08	4.168E+17	-1.530E-11	-3.181E-11
		1.E+15	0.27107	1.34698E-08	4.168E+17	-1.530E-11	-3.181E-11
		1.E+20	-0.01402	1.34698E-08	4.168E+17	-1.530E-11	-3.181E-11
		1.E+25	-0.22391	1.34698E-08	4.168E+17	-1.530E-11	-3.181E-11
		1.E+30	-0.56481	1.34698E-08	4.168E+17	-1.530E-11	-3.181E-11
		1.E+40	-1.09787	1.34698E-08	4.168E+17	-1.530E-11	-3.181E-11

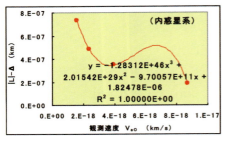
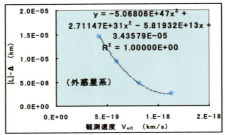

　§C.3 の最後に述べたとおり、パラメータ a を適当に調整すれば、κ は「任意の定数」と見なしても差しつかえないほど、数値幅の広いパラメータであることが分かる。下の図に、(κ, a) のグラフと近似式を示すが、κ と a の関係は、

　　　$a = -0.02167208 \, \text{Ln}(\kappa) + 0.97796862$　【C5.1】

という式で表わせることが分かる。($R^2 = 0.992$) であり、グラフを見ると

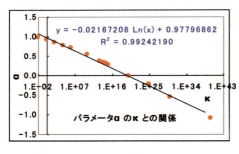

少し山なりになっているようだが、これぐらいのパラメータのズレはまったく問題にならない。計算しながら a の値を勝手に変えても、ある範囲内ではモデルの姿図などはまったく変化しないのである。

したがってモデルは、
　　　$L = aV_{eO}^3 + bV_{eO}^2 + cV_{eO} + d$
　　　　$+ \kappa \, \text{Gm}_s (\gamma_{eR} / m \, \iota^{\#})^{-0.02167208 \, \text{Ln}(\kappa) + 0.97796862} (1 - v_m^2/V_{eO}^2) \, (\text{km}) \cdots$ 【C5.2】

と表記し、パラメータ κ は「任意の定数」とすることができる。

　κ の数値の中に 3.11405E+14 というのがあるが、これは次章 §C.6 で κ を「時空拡大係数」として用いてモデル改変を行ったとき、κ 3.11405E+14 としたときモデルが現在の太陽系のサイズと同じになることを経験的に求めた結果である。

　次ページに、3 次モデル (κ 3.11405E+14, a 0.30063) のときの評価図を

254

§C 太陽系のSSTモデル

示す。しかし、κがこんな大きな値になっても、公転半径などの値が太陽系並みになるのではなく、ここでは、宇宙開闢時の種惑星系のサイズは保たれている。相似形なだけである。

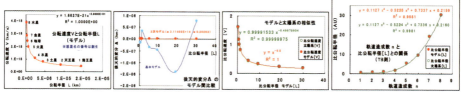

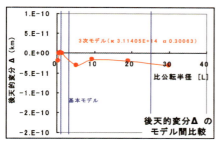

　　　　　　　　　　　　しかし、後天的変分Δのグラフの縦軸を10000倍に拡大すると、左の図が得られる。
　　　　　　　　　　　　つまり、3次モデルは、§C.4で示した当たり前モデルのように完璧ではないのである。しかし完璧に近いモデルになった。

3次関数という「物理的ブラックボックス」を用いざるを得なかったこと、また内惑星系と外惑星系を包括するモデルではないことは、克服すべき課題として残る。

§C.6　拡大する時空のモデルによる記述

　前章§C.5までに、ビッグバンの一瞬で創生された種太陽と種惑星系の創生過程を記述するモデルができ上がった。次の課題は、同じモデルを用いて「種空間と種時間が三次元的に等方膨張する過程」を記述することである。
　「こうしたらこうなった」という経験的な課題解決であったが、§C.5で述べたパラメータκの奇妙な性質を利用する方法が発見された。
　前章§C.5において3次モデルの式は、
$$L = aV_{eO}^3 + bV_{eO}^2 + cV_{eO} + d$$
$$+ \kappa Gm_s (\gamma_{eR}/m\iota^{\#})^{-0.02167208 \text{Ln}(\kappa) + 0.97796862} (1 - v_m^2/V_{eO}^2) \text{ (km)} \cdots 【C5.2】$$
とでき、パラメータκは任意の定数とすることができるのだった。

任意の定数でよいのだったら、κを「時空間の拡大率」を表わすパラメータとして利用できるのではないかと考えて、κを拡大率としても用いるようにモデルを改変した。

　以下のとおりモデルは改変された。下の表は太陽モデル部分の改変結果を示す。白抜きの変量欄をみれば、赤文字で示すκがどのような形で入っているかが分かる。距離と速度および質量にはκをかけ、回転数はκで割る原則が認められるが、観測速度 V_{eO} は、固有スピン速度にかけられた分子のκを打ち消すためにκで割ることになって変化しない。励起回転数 γ_{eR} は、分子にある軌道回転数はκで割ってあるため、元どおりの計算式であっても、κで割られていることになる。

　コアクォーク質量 M_Q にはκがかかるが、ニュートン収縮率 $\iota^\#$ には、分子の核軌道質量 M_{η} にもκがかかるので、数値は元と変わらない。したがって、重力圏半径比率 ι にも変化はない。

【太陽モデル】

担当コア種	担当コア質量 κ M_Q (kg)	軌道	軌道達成数 n	陽子数	中性子数 ν	核子数	固有回転数 δ	N収縮率 ι# =κ M_Q÷κ M_Q	重力圏比率 ι =ι# -1/3	核軌道半径 κ L/ι (km)	核軌道回転数 γι 1/κ (1/s)	核軌道速度 κ V/κ (km/s)	固有sp速度 κ V_s (km/s)	観測速度 κ V_eO/κ (km/s)	励起回転数 γ eR/κ (1/s)
ℓ	4.142E-03	s	12	2	2	4	2.338	0.297	1.499	7.386E+02	9.252E-22	4.294E-18	1.275E+02	3.157E-20	1.189E-19
ℓ	4.142E-03	p	11	6	6	12	0.779	0.891	1.039	3.196E+03	7.128E-23	1.431E-18	1.275E+02	1.033E-19	1.088E-22
ℓ	4.142E-03	d	10	10	10	20	0.468	1.485	0.876	6.315E+03	2.164E-23	8.588E-19	1.275E+02	1.894E-19	5.792E-24
ℓ	4.142E-03	f	9	14	14	28	0.334	2.079	0.784	9.890E+03	9.871E-24	6.134E-19	1.275E+02	2.946E-19	1.098E-24
ℓ	4.142E-03	g	8	18	18	36	0.260	2.673	0.721	1.383E+04	5.491E-24	4.771E-19	1.275E+02	4.261E-19	3.990E-25
ℓ	4.142E-03	h	7	22	22	44	0.213	3.267	0.674	1.807E+04	3.438E-24	3.903E-19	1.275E+02	5.953E-19	2.171E-25
ℓ	4.142E-03	k	6	26	26	52	0.180	3.861	0.637	2.258E+04	2.328E-24	3.303E-19	1.275E+02	8.207E-19	1.562E-25
ℓ	4.142E-03	l	5	30	30	60	0.156	4.455	0.608	2.732E+04	1.667E-24	2.863E-19	1.275E+02	1.136E-18	1.382E-25
ℓ	4.142E-03	o	4	34	34	68	0.138	5.049	0.583	3.229E+04	1.245E-24	2.526E-19	1.275E+02	1.610E-18	1.437E-26
ℓ	4.142E-03	q	3	38	38	76	0.123	5.643	0.562	3.745E+04	9.605E-25	2.259E-19	1.275E+02	2.399E-18	1.702E-25
ℓ	4.142E-03	u	2	42	42	84	0.111	6.237	0.543	4.279E+04	7.605E-25	2.045E-19	1.275E+02	3.977E-18	2.244E-25
ℓ	4.142E-03	x	1	46	46	92	0.102	6.831	0.527	4.831E+04	6.150E-25	1.867E-19	1.275E+02	8.712E-18	3.241E-25

　次に惑星系モデルの改変結果を次のページの表に示す。上の太陽モデルも含めて、現在、

　　$\kappa = 3.114050\text{E}+14$, 　　$a = -0.12906385$

の状態で示してある。

　太陽系のデータから地球の公転半径は 1.496E+08（km）なので、3.11405E+14という数値は、地球の公転半径の計算結果が 1.496E+08（km）と等しくなるκの値である。公転速度 V も同じ要領で太陽系データと合致させた結果、$\kappa^{1.317432}$ をかけることになった。

§C 太陽系のSSTモデル

【惑星系モデル】	1.496E+08	8.609E-28	GM☉		29.786	1.317432	
原型公転半径 [L] (km)	公転半径 κ L (km)	比公転半径 モデル[L]	比公転半径 太陽系[L]	比公転速度 太陽系[V]	公転速度 κ^1.32 V (km/s)	比公転速度 モデル[V]	Σ Δ²
8.640E+11	-1.578E+62	-1.05481E+54	128.53920		#NUM!	#NUM!	1.11262E+108
8.067E+10	8.444E+45	5.64466E+37	95.07890		3.96E-18	1.33101E-19	3.18622E+75
2.400E+10	-1.812E+28	-1.21146E+20	68.01200		#NUM!	#NUM!	1.46763E+40
9.918E+09	1.070E+10	71.52580	46.66230		3.522	0.118241145	6.18194E+02
4.741E+09	4.498E+09	30.06895	30.06896	0.18247	5.432	0.182364744	1.37493E-10
2.430E+09	2.871E+09	19.19139	19.19138	0.22844	6.799	0.228268945	3.42055E-11
1.278E+09	1.427E+09	9.53708	9.53707	0.32373	9.645	0.32381148	1.43329E-10
6.667E+08	7.784E+08	5.20338	5.20336	0.43873	13.058	0.438386579	3.79947E-10
3.322E+08	2.279E+08	1.52366	1.52366	0.81003	24.131	0.810131224	1.74809E-11
1.496E+08	1.496E+08	1.00000	1.00000	1.00000	29.786	1	0
5.442E+07	1.082E+08	0.72332	0.72333	1.17615	35.023	1.175805967	1.68661E-10
1.134E+07	5.789E+07	0.38702	0.38710	1.60622	47.879	1.607437855	6.65809E-09
3.11405E+14	-0.12906385	3.11405E+14	-0.12906385				7.53921E-09

下の表は自転関係の改変結果である。上と同様に自転半径には$\kappa^{1.415685}$を、自転速度には$\kappa^{0.988532}$をかけることとなった。

その下のΔ図では、水星が現在より12000kmほど、つまり現在の軌道の0.02%外側を公転していることになる。他は数千km以内のΔ値である。相似性とTB則はほぼ完全だ。

1.415685	5.062E+03	3.692E-01	0.988532
	自転半径 $\kappa^{1.416} R_p/\sqrt[3]{2I}$ (km)	自転速度 $\kappa^{0.989} v_m$ (km/s)	自転体積 w (km³)
	1.897E+03	9.664E+04	2.859E+10
	2.736E+03	1.276E+02	8.578E+10
	3.244E+03	8.050E+00	1.430E+11
	3.629E+03	1.708E+00	2.001E+11
	3.946E+03	6.746E-01	2.573E+11
	4.219E+03	3.924E-01	3.145E+11
	4.460E+03	2.985E-01	3.717E+11
	4.678E+03	2.771E-01	4.289E+11
	4.878E+03	3.004E-01	4.861E+11
	5.062E+03	3.692E-01	5.432E+11
	5.233E+03	5.033E-01	6.004E+11
	5.395E+03	7.493E-01	6.576E+11

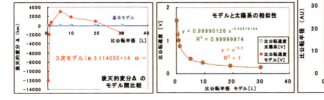
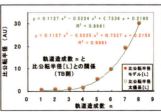

下の姿図をみれば、太陽系とほぼ同じモデルになっていることが分かる。累乗近似式の係数も、360000の桁まで一致している。

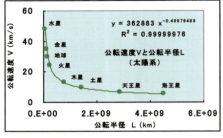 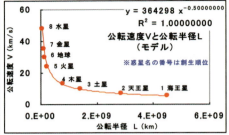

以上のモデル変更により、いくつかのモデル変数にパラメータ κ がかかったり割られたりしたので、モデルは次のように改変されたことになる。

$$L = \kappa(aV_{eO}^3 + bV_{eO}^2 + cV_{eO} + d)$$
$$+ \kappa^2 Gm_s(\gamma_{eR}/m\iota^{\#}\kappa^2)^a(1 - \kappa^{1.9425}v_m^2/V_{eO}^2) \ (km) \cdots 【C6.1】$$

ただし　a = −1.28312E+46（内惑星）,　−5.06806E+47（外惑星）
　　　　b = 2.01542E+29（内惑星）,　　2.71147E+31（外惑星）
　　　　c = −9.70057E+11（内惑星）,　−5.8193E+13（外惑星）
　　　　d = 1.82478E−06（内惑星）,　　3.43579E−05（外惑星）

§C.3で述べたとおり、κ の単位は $(kg \cdot s^3/km^2)$ だったので、【C6.1】式の右辺の単位が（km）とならない恐れが出てくる。しかしこれについては、同じ κ という記号と数値を用いただけであって、次のように（無単位の）時空拡大係数 κ を緑文字で示せば解決することが分かるだろう。基本的に単位は変わらない。

$$L = \kappa(aV_{eO}^3 + bV_{eO}^2 + cV_{eO} + d)$$
$$+ \kappa Gm_s(\gamma_{eR}/m\iota^{\#}\kappa^2)^a(\kappa - \kappa^{2.9425}v_m^2/V_{eO}^2) \ (km) \cdots 【C6.1】$$

次の問題は、全面的なモデル改変を行ったので、改めてモデル【C6.1】で最適化計算を行って a の値を決定する必要が生じることである。

§C　太陽系のSSTモデル

　最適化計算の結果を下の表に示す。この最適化計算をこれまでどおりのプログラムで行うとκの値が初期値から2桁以上小さくなり、時間ばかりかかって、どこが最適化の終点か分からないという問題があった。そこでκの値は初期値から動かさず（ステップ幅を0に設定）、aのほうだけを初期値1から最適化する方法をとった。

　表の下に（κ，a）図を描いたが、前章§C3.5の場合とは異なり、グラフの途中に、不思議な谷間領域が現われる。左右の領域では対数近似が可能であり、

　κ 0.01〜1E+06：$a = 0.04177 \ln(\kappa) + 1.74061737$（$R^2 = 0.9655$）・・・【C6.1.1】

　κ 3.11405E+14〜1E+25：$a = 0.03009 \ln(\kappa) - 1.04459917$（$R^2 = 0.9341$）・・【C6.1.2】

とすることができる。つまり、限定つきで前章の【C5.2】式のような表記が可能であり、現在の太陽系は【C6.1.2】表記が可能な領域に入ったばかりである。

κ	a	差分平方和 ΣΔ²	太陽の最大軌道半径・水星 (km)	太陽の固有sp速度 (km/s)	地球の公転半径 L(km)	地球の公転速度 V(km/s)	地球の自転半径 (km)	地球の自転速度 v_m(km/s)
0.01	1.57115600	9.03749E-09	4.831E-18	1.275E-20	4.804E-09	5.5613E-21	2.264E-20	2.764E-24
1	1.69988626	1.59900E-08	4.831E-16	1.275E-18	4.804E-07	2.3991E-18	1.536E-17	1.642E-21
100	1.90276611	5.00687E-08	4.831E-14	1.275E-16	4.804E-05	1.0349E-15	1.042E-14	9.757E-19
10000	2.21635868	2.46295E-07	4.831E-12	1.275E-14	4.804E-03	4.4645E-13	7.064E-12	5.797E-16
1.E+06	2.27473000	2.82697E-07	4.831E-10	1.275E-12	4.803E-01	1.9259E-10	4.791E-09	3.444E-13
1.E+08	2.53042312	2.82698E-07	4.831E-08	1.275E-10	4.803E+01	8.3081E-08	3.249E-06	2.046E-10
1.E+10	-5.17347944	9.83985E-09	4.831E-06	1.275E-08	4.804E+03	3.5839E-05	2.204E-03	1.216E-07
1.E+12	-1.06446082	8.42932E-09	4.831E-04	1.275E-06	4.804E+05	1.5461E-02	1.495E+00	7.222E-05
1.E+13	-0.54939155	8.00508E-09	4.831E-03	1.275E-05	4.804E+06	3.2111E-01	3.892E+01	1.760E-03
3.114050E+14	-0.12906385	7.53686E-09	1.504E-01	3.971E-04	1.496E+08	2.9786E+01	5.062E+03	2.074E-01
1.E+15	-0.03394303	7.40843E-09	4.831E-01	1.275E-03	4.804E+08	1.3852E+02	2.640E+04	1.046E+00
1.E+17	0.22399807	7.00449E-09	4.831E+01	1.275E-01	4.804E+10	5.9756E+04	1.790E+07	6.214E+02
1.E+20	0.43522577	6.60672E-09	4.831E+04	1.275E+02	4.804E+13	5.3540E+08	3.162E+11	8.998E+06
1.E+23	0.55605805	6.37061E-09	4.831E+07	1.275E+05	4.804E+16	4.7971E+12	5.586E+15	1.303E+11
1.E+25	0.61150712	6.29141E-09	4.831E+09	1.275E+07	4.804E+18	2.0694E+15	3.788E+18	7.742E+13
1.E+30	0.70429644	6.71362E-09	4.831E+14	1.275E+12	4.804E+23	7.9984E+21	4.538E+25	6.660E+20

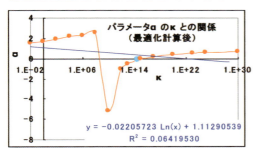

左の図のような（κ，a）図であったが、κ 1E+08から先はaがマイナス領域に向かって低下していき、現在の太陽系があるところ（青○）を通過してκ 1E+15までaの値はマイナスであった。

259

前のページの表では、他のモデル変量はこの谷間領域とは無関係に、秩序正しく数値が大きくなっているように見える。しかし、a が負の値であることは、モデルを、

$$L = \kappa (aV_{eO}^3 + bV_{eO}^2 + cV_{eO} + d)$$
$$+ \kappa\, Gm_s\, (\kappa^2 m\, \iota^{\#}/\gamma_{eR})^{-a}\, (\kappa - \kappa^{2.9425} v_m^2/V_{eO}^2)\, (km) \cdots 【C6.1】$$

という形に（　）内を逆数にすれば分かりやすいが、a の絶対値が大きいほど、また質量密度 $m\,\iota^{\#}/\gamma_{eR}$ の大きな惑星ほど浮力が強く作用して惑星は浮き上がる（公転半径 L が大きくなる）わけで、直感とは逆になる。そのことは下の図にも反映され、山型のグラフが谷型に反転する。

　実際の質量密度にこのような現象が起こるわけではないだろうが、モデル的にはこんなことが起こっていることになる。

　前ページのパラメータ図によると、現在の太陽系モデルは不思議な谷間領域を間もなく脱出し、右の図は反転して直感的に正常な山型に戻り、a も正の値に戻ってくることになる。

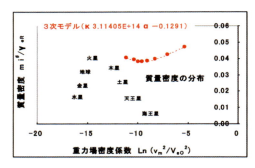

　・・・このとき実際の太陽系に何かが起こるかどうかは何も言えないが、「時空拡大係数」と名づけた κ の値が、空間的拡大だけでなく時間的経過も意味する値であることはイメージされるであろう。

　さて、前ページの計算結果で、表の右側 6 列の変数値が増大する様子を、次のページの図で示してみよう。これらはすべて κ との両対数グラフで直線となった。

§C 太陽系のSSTモデル

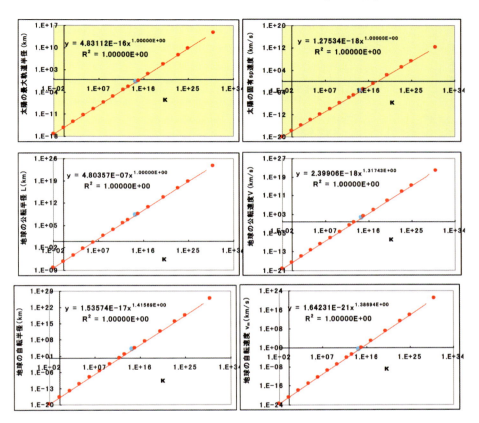

　κは時間と同じような働きをし、ビッグバンの宇宙開闢から138億年後の現在までの、そして未来の太陽と惑星系のサイズ拡大のありさまがすべて示されていることになる。

　また、例えば次のページの図のように、これら6つの変量については、任意の2変量間にも同じような関係が成りたつ。太陽の最大軌道半径（複合核軌道の半径）から地球の（他の惑星も）公転半径Lを求めることができ、地球の公転半径Lは自転速度v_mとも連動していることが分かる。

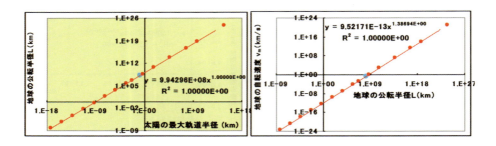

　・・・これらの数値はすべて連動し、偶然そのような値となったものは1つもないのである。現実の宇宙もそうだというのは、このモデルが示唆する1つの確信である。

　両対数グラフの特徴は、縦軸か横軸の対数目盛表示をやめると分かるが、いちばん右端のプロットだけが爆発的に増大したり減少したりすることだ。これはどのプロットを右端にとっても同じなので、現象はつねに爆発的に進行しているということだ。宇宙の加速度的膨張というのも、これと同じことかも知れない。ヒトが宇宙のサイズを測定するかぎり、宇宙は加速度的に膨張するか収縮するかなのであろう。

　パラメータ κ に時間と似たような作用があるとすれば、κ の値をもっと大きくすれば太陽系の未来を描けるはずである。259ページの表の青塗りのセルは、現在より大きな κ の値について計算した結果である。

　下は κ 1E+17 段階の惑星系の評価図。κ 1E+17 段階では、地球の公転速度は59756km/sで現在の2006倍だが、現在の太陽系との相似性は完全に保たれている。

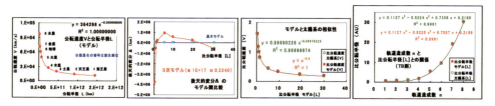

　次に κ 1E+20 の段階では、地球の自転速度は900万km/sとなり、光速度をとっくにオーバーしている。おそらくこの頃には惑星は存在しないと考

§C 太陽系の SST モデル

えるべきなのであろうか？・・・そうでないことは後で論じる。

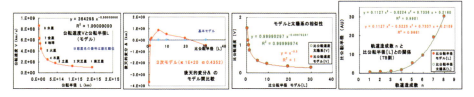

κ 1E+25 の段階に達しても、下の図のようにサイズと速度が大きくなるだけで、惑星系モデルの姿はビクともしない。これは κ 1E+30 でも同じであった。

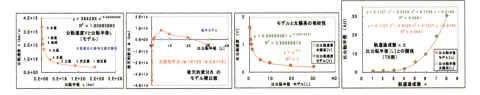

私たちの太陽の最期は、地球の公転半径ぐらいまで太陽が膨張したのち、最後は白色矮星という弱々しい光を放つ星となって終わるとされている。

下の図は、太陽の核軌道の最大半径が現在の地球の公転半径 1.496E+08km に達するときの κ の値を求めたものである。近似式から計算して、κ 3.096E+23 がちょうどその時に当たることを示してある。

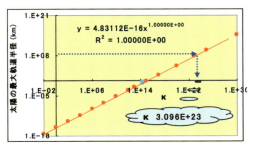

つまり、地球の公転半径ぐらいまで太陽が膨張するというのは、太陽の複合核軌道がそこまで拡大することを意味するのではないかと考えているわけである。現在の κ 3.11405E+14 の段階では、太陽核軌道の最大半径は 0.1504 km にすぎず、シュヴァルツシルト半径 2.954 km に及ばない小さなものだが、図のとおりこれが地球の公転軌道のレベルまで拡大するのは「既定の路線」上にあり十分に可能なのだと考えられる。

太陽の核軌道は κ 1E+17 で 48.31km に拡大してシュヴァルツシルト半

263

径を突き破り、κ 1E+20 段階では 48310 km に達して、現在の太陽の半径 696000km の 6.941 ％ ぐらいの半径となる。それが κ 1E+23 段階では 4.831E+07km まで拡大し、水星の軌道を呑みこむばかりとなり、ついに κ 3.096E+23 段階で地球の公転半径 1.496E+08km に達する[※]。

※比較の対象も同じく拡大することに注意。

・・・核軌道の拡大は、太陽の核融合炉の炉心部分の拡大だと解釈すれば、太陽活動は想像を絶する激しいものとなって観測されるようになるだろう。それが現在の地球の軌道をすっぽり呑みこむような[※]サイズに達した κ 3.096E+23 の段階というのは、赤色巨星となった太陽を想像させる。

※惑星軌道も拡大して安全なはずだが・・・。

　太陽の核融合炉は、核軌道のずっと外側（であることが計算により初めて分かった）にある原子層である。複合核軌道が炉心にあたるが、ここで行われているのは（原子が行う）核融合反応ではない。核融合よりはるかに強烈なエネルギー過程であると考えるしかないのである。

　私たちに観測される太陽活動は、おそらく、複合核軌道のサイズが拡大すればするほど強烈になる。複合核軌道の中心にあるクォーク ℓ （点滅ホワイトホール[※]）が発する強烈なエネルギーを「和らげて」外側の核融合炉に供給しているのが複合核軌道なのである。

※点滅ホワイトホールの概念説明は §1.3 で行った。

　複合核軌道は、強烈な点滅ホワイトホールのエネルギーを直接受けるプロペラであり、プロペラの外側に、核融合反応に適したレベルのエネルギーに変換して送る、エネルギー変換装置なのだ。

　太陽は重力以外には保護隔壁のない核融合炉であり、いずれは核融合炉部分（原子層）は吹き飛ばされて炉心がむき出しとなることが考えられる。

　星の一生の最期は、複合核軌道が巨大化したのち収縮して白色矮星となる私たちの太陽レベルの質量をもつ星か、最期は複合核軌道も吹き飛ばされる超新星爆発でコアクォーク ℓ だけが残る質量の大きな星か、あるいは中間的な何かの形かで分かれるのであろう。

すべてを膨大な原子の集積による重力圧縮や崩壊で説明する、現代物理学における星の最期の姿（白色矮星、中性子星、ブラックホール）であるが、SSTモデルでは、これらは最初から星の最深部に存在していたのであり、最期はそれが裸になり、露わになっただけなのである。・・・いずれも、核融合燃料である水素が密に存在する宇宙の領域に達すれば、ふたたび星を誕生させる能力をもつ、星の種となる天体である。

時空拡大係数 κ の物理的意味を考えてみよう。右の図は前に掲げた（κ, V）の両対数グラフだが、矢印で辿っているのは公転速度 V が光速度（30万 km/s）に達するときの κ を求めようとしている。

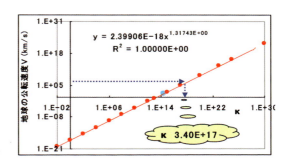

V = 2.39906E-18 $\kappa^{1.31743}$ に、V = 300000 を代入して計算すれば、κ の値は 3.40E+17 として得られる。

公転速度が光と同じだなんて！κ 3.40E+17 の時期に地球は存在しないのだ！図ではあとわずかではないか！・・・と考えるのは早すぎると思われる。
　というのは、時空拡大係数 κ と名づけたように、この図は時間も空間も三次元的に等方拡大する様子を描いてあるからだ。私たちが宇宙の内部に暮らしている限り、速度を測るための時間と空間の尺度も一緒に拡大するのだから、地球の公転速度 V が図のように爆発的に増大するような現象は決して観測されないはずなのだ。

相対性原理が明らかにするように、私たちが測定できる速度というのは、必ず他の物体との距離の時間あたりの変化、すなわち相対速度である。宇宙にあるかぎり絶対速度などというものは定義できない[※]ので、宇宙の最速ランナーである光子との速度くらべによって（それも徹底的に厳密にくらべ

て）粒子や物体の速度は定義しようという考えから生まれたのがアインシュタインの相対性理論だった。・・・と解釈することは可能であろう。

　　　　　※§1.5の１段めでは、ヒグス粒子の速度から絶対速度が定義できるとした。

しかし前のページの図では速度が爆発的に増大するように描いてある。この速度は一体全体なんなのだろうか？　次のように考えるしかないと思われる。

　・・・宇宙開闢のときから宇宙を外側から観察している存在があって、その存在との相対速度が、地球人が光速度と呼んでいる数値と一致するのが、κ 3.40E+17 まで宇宙の時間・空間が拡大したときだと考えるしかないであろう。

　では、時空拡大係数κは測定不可能なパラメータなのかというと、決してそうではないと考えられる。宇宙の加速度的膨張を調べる天文学、その他の研究から明らかにされることだろう。

　そもそも、宇宙の加速度的膨張が事実であるとされるには、赤方偏移を利用するという「誤った方法※」にもとづく速度測定法が不可欠であったはず。今後もこの類の現代物理学の常識から外れた方法論によって、κ測定法は確立できると期待されるのである。

　　　※光を伝える媒体としてのエーテルの存在を否定して相対性理論が成立した。
　　　　ところが、エーテルという媒体がなければ、赤方偏移という「光のドップラー
　　　　効果」は起こらないと考えるのは当然だ。現代物理学は赤方偏移を認めたく
　　　　ないのに、数学を駆使してむりやりそれを容認せざるを得なかったと考えら
　　　　れることから「誤った方法」という言い方をした。

　じつは、SST モデルでいう実体的重力場とか、拘束運動系空間や、拘束系粒子というのは、もっとも新しいエーテル概念なのだと言えるだろう。

　ところで、ずっと先の話ではなく、近い将来（何万年か何十万年先かは特定できないが）について計算すると次のページの表が得られる。

§C 太陽系の SST モデル

κ	a	差分平方和 ΣΔ²	太陽の最大軌道半径・水星 (km)	太陽の固有 sp速度 (km/s)	地球の公転半径 L(km)	地球の公転速度 V (km/s)	地球の自転半径 (km)	地球の自転速度 v_m(km/s)
8.E+13	-0.26463028	7.70394E-09	3.865E-02	1.020E-04	3.843E+07	4.9707E+00	7.391E+02	3.149E-02
9.E+13	-0.25160451	7.68863E-09	4.348E-02	1.148E-04	4.323E+07	5.8051E+00	8.732E+02	3.708E-02
1.E+14	-0.24017821	7.67508E-09	4.831E-02	1.275E-04	4.804E+07	6.6694E+00	1.014E+03	4.291E-02
2.E+14	-0.16991886	7.58908E-09	9.662E-02	2.551E-04	9.607E+07	1.6622E+01	2.704E+03	1.122E-01
3.114050E+14	-0.12906385	7.53686E-09	1.504E-01	3.971E-04	1.496E+08	2.9786E+01	5.062E+03	2.074E-01
4.E+14	-0.10720223	7.50821E-09	1.932E-01	5.101E-04	1.921E+08	4.1425E+01	7.215E+03	2.935E-01
5.E+14	-0.08842017	7.48319E-09	2.416E-01	6.377E-04	2.402E+08	5.5582E+01	9.895E+03	3.999E-01
6.E+14	-0.07354133	7.46310E-09	2.899E-01	7.652E-04	2.882E+08	7.0672E+01	1.281E+04	5.150E-01
7.E+14	-0.06127554	7.44635E-09	3.382E-01	8.927E-04	3.362E+08	8.6586E+01	1.593E+04	6.377E-01
8.E+14	-0.05087504	7.43202E-09	3.865E-01	1.020E-03	3.843E+08	1.0324E+02	1.925E+04	7.675E-01
9.E+14	-0.04186915	7.41951E-09	4.348E-01	1.148E-03	4.323E+08	1.2057E+02	2.274E+04	9.037E-01
1.E+15	-0.03394303	7.40843E-09	4.831E-01	1.275E-03	4.804E+08	1.3852E+02	2.640E+04	1.046E+00
2.E+15	0.01533486	7.33785E-09	9.662E-01	2.551E-03	9.607E+08	3.4523E+02	7.043E+04	2.735E+00
3.E+15	0.04203975	7.29837E-09	1.449E+00	3.826E-03	1.441E+09	5.8897E+02	1.250E+05	4.800E+00
4.E+15	0.06012433	7.27114E-09	1.932E+00	5.101E-03	1.921E+09	8.6039E+02	1.879E+05	7.153E+00
5.E+15	0.07368784	7.25043E-09	2.416E+00	6.377E-03	2.402E+09	1.1544E+03	2.577E+05	9.748E+00

下のパラメータ κ と a の関係図では、99 の精度で予測可能なことが分かる。

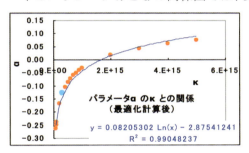

現在は、谷間領域を脱する途上にあり、今後は κ 1.656E+15 と計算される a の「反転ポイント」を目指しつつある。これは、κ が現在の 3.11405E+14 の 5.319 倍まで増大したポイントである。

最後に、質量密度 $m \iota^{\#}/\gamma_{eR}$ の、重力場密度係数 $\mathrm{Ln}(v_m^2/V_{eO}^2)$ 上の分布図を以下に示す。宇宙開闢の時に擬したモデル（κ 0.01）、現在のモデル（κ 3.11405E+14）、そして近未来のモデル（κ 5E+15）の 3 つを描いてある。はじめ山型であったのが、現在のモデル（κ 3.11405E+14）では右方向に移動して（不都合にも）谷型の分布となっている。

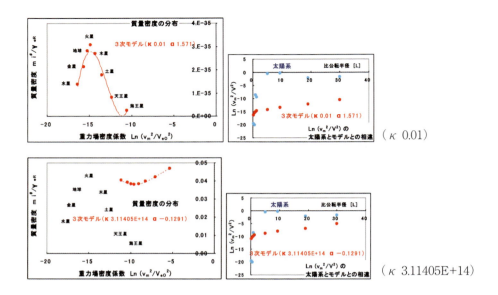

(κ 0.01)

(κ 3.11405E+14)

下の近未来モデル（κ 5E+15）では山型にもどる。その間の反転ポイント（κ 1.656E+15）ではまったくの平地になるわけだが、そのとき何が起こるのかどうかは、おそらく何も起こらないが正解であろうか。

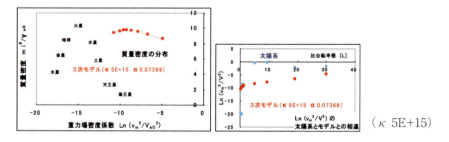

(κ 5E+15)

　分布図の右に、重力場密度係数 Ln（v_m^2/V_{eO}^2）の比公転半径 [L] 上の分布をモデルと太陽系を比較できるように描いてある。モデルでは、実際の太陽系のような不思議なペアリングは現われなかったが、Ln（v_m^2/V_{eO}^2）の数値は太陽系の平均的な値に近づいてくると言える。

さて、この Ln $(v_m{}^2/V_{eO}{}^2)$ というモデル変量のことだが、じつは、モデル研究の最初から浮力補正項にある $(1-v_m{}^2/V_{eO}{}^2)$ は、$[1-\mathrm{Ln}\,(v_m{}^2/V_{eO}{}^2)]$ として計算していたのだ。これは、自転速度 v_m の設定の誤りにより、$v_m{}^2/V_{eO}{}^2$ があまりにも大きな数値になったので、やむなく対数表示にしたもので、研究の終盤でその必要がないことに気づいたのだった。

最終的に、§C.1 の最後に予告したような Ln $(v_m{}^2/V_{eO}{}^2)$ の「大活躍」を見ることはできなかったのだが、どうやら、上の太陽系の分布図で不思議なペアリングを浮き彫りにして見せる変数としての役割にとどまるものらしい。

この不思議なペアリングから、筆者は原子の電子殻の構成原理になっている「パウリの禁則」を連想したのだが、もし将来、惑星系モデルにおけるパウリの禁則が研究されるとしたら、そのとき重力場密度係数 Ln $(v_m{}^2/V_{eO}{}^2)$ は大活躍することだろう。

§C.7　太陽系の SST モデル・・・おわりに

本論文の冒頭「結論」では次のように述べた。・・・ミクロ粒子からマクロな天体や天体系にいたるまで、すべてがビッグバンの一瞬で創生された。その一瞬から 138 億年後の現在にいたる過程は、創生された「種粒子や種天体」を存在させていた「種空間と種時間」が三次元的に等方膨張する過程である。

§A 〜 C で述べたことは、この結論を具体的かつ定量的に支持するだけでなく、太陽と惑星系の未来の姿まで予測可能であることを示した。これらの記述が、現代物理学の高等数学ではなく、すべて初等数学でなされたことは驚くべき成果だと評価できるだろう。すべては、SST モデルという「物理モデル」の正しさが成しえたことだと思われる。

しかしながら、§C 太陽系モデルの構築がきわめて試行錯誤的かつ経験的になされたことはディスカウントしなければならない。たとえば、時空拡大係数 κ を私たちが直感的に理解しうる時間に換算する方法は未解決の課題として残る。またモデル【C6.1】でいくつかの変数に κ をかけたり割ったりす

る理由が明らかではない。a が奇妙な谷間領域を有することの物理的本質も明らかにされていないのである。モデル内に含まれる3次式については、それを物理的に解明可能な形式に改める方法を研究しなければならない。

　しかし、太陽系の原子モデルは一応成功したとは言えるだろう。物理モデルの本領というべき予言力に関しては、現代物理学にくらべれば、数学の予言力に依存するところを著しく薄くするのに成功し、直感的に理解しうる物理モデルの構築は成功した。

参考文献

1) 一休ス兵衛『スピン空間論的宇宙のおはなしⅠ、Ⅱ、Ⅲ』私版　2015

2) ブライアン・グリーン　林一、林大（訳）
『エレガントな宇宙：超ひも理論がすべてを解明する』草思社　2001

3) ニール・ドナルド・ウォルシュ　吉田利子（訳）
『神との対話』サンマーク出版（サンマーク文庫）　2002

4) 野本陽代『ベテルギウスの超新星爆発：加速膨張する宇宙の発見』
幻冬舎（幻冬舎新書）　2011

5) リサ・ランドール　向山信治（監訳）塩原通緒（訳）
『ワープする宇宙：5次元時空の謎を解く』日本放送出版協会　2007

6) 西成活裕『渋滞学』新潮社（新潮選書）　2006

7) 鈴木厚人『ニュートリノでわかる宇宙・素粒子の謎』集英社（集英社新書）
2013

一休ス兵衛（ひとやすみすべえ）

1947年鹿児島県大隈半島の片田舎に農家の次男として出生、70歳。県立甲南高校で物理学大好き少年はアインシュタインに憧れる。東京大学に進んだが、青春の挫折やらで早々と夢は破れたところに、学園紛争の煽りで（お陰で？）、ようやく1972年理学部生物化学科を卒業後日本鉱業に入社し、バイオ研究部門で勤務。1999年に早期退職し、転職先の畜産資材のセキネ子会社で4年間ほど研究職。その後7年間、発明協会から鹿児島TLOに派遣され特許関係の仕事に携わる。2011年に定年退職後、にわかに少年の夢が再発し物理学の勉強に没頭し、本書執筆に至る。
現在、熊本市内の社会福祉法人専務理事として理事長細君の女房役を務める。
著作に『アッ！とおどろく宇宙論』（風詠社）がある。本書は前著の続編となる。

続・アッ！とおどろく宇宙論
・・・この物理学は冗談なのだろうか？・・・

2018年8月27日　第1刷発行

著　者　一休ス兵衛
発行人　大杉　剛
発行所　株式会社 風詠社
　〒553-0001　大阪市福島区海老江5-2-2
　　　　　　　大拓ビル5-7階
　℡ 06（6136）8657　http://fueisha.com/
発売元　株式会社 星雲社
　〒112-0005 東京都文京区水道1-3-30
　℡ 03（3868）3275
印刷・製本　シナノ印刷株式会社
©Hitoyasumi Subeh 2018, Printed in Japan.
ISBN978-4-434-24968-6 C0095

乱丁・落丁本は風詠社宛にお送りください。お取り替えいたします。